万卷方法®

The Essentials
of Political
Analysis 4Ed

政治研究量化分析指导
原理、示例和习题：

[美] 菲利普·H.波洛克三世 (Philip H. Pollock III) 著

张光 等 译

重庆大学出版社

The Essentials of Political Analysis, Fourth Edition, by Philip H. Pollock Ⅲ.

English language edition published by SAGE Publications of London, Thousand Oaks, New Delhi and Singapore, Philip H. Pollock Ⅲ, 2012.

Copyright © 2013 by SAGE Publications, Inc.

政治研究量化分析指导：原理、示例和习题。原书英文版由 SAGE 出版公司于 2012 年出版。版权属于 SAGE 出版公司。

版贸核渝字 2014 第(192)号

图书在版编目(CIP)数据

政治研究量化分析指导：原理、示例和习题／（美）
菲利普·H.波洛克三世（Philip H. Pollock Ⅲ）著；
张光等译. － － 重庆：重庆大学出版社，2021.2
（万卷方法）
书名原文：The Essentials of Political Analysis

ISBN 978-7-5689-2162-6

Ⅰ.①政… Ⅱ.①菲…②张… Ⅲ.①政治学—研究
方法 Ⅳ.①D0-3

中国版本图书馆 CIP 数据核字（2020）第 085377 号

政治研究量化分析指导：原理、示例和习题
（原书第 4 版）
［美］菲利普·H.波洛克三世（Philip H. Pollock Ⅲ） 著
张 光 等 译
策划编辑：林佳木
责任编辑：李定群 版式设计：林佳木
责任校对：邹 忌 责任印制：张 策
＊
重庆大学出版社出版发行
出版人：饶帮华
社址：重庆市沙坪坝区大学城西路 21 号
邮编：401331
电话：(023) 88617190 88617185(中小学)
传真：(023) 88617186 88617166
网址：http://www.cqup.com.cn
邮箱：fxk@ cqup.com.cn（营销中心）
全国新华书店经销
重庆升光电力印务有限公司印刷
＊
开本：787mm×1092mm 1/16 印张：17 字数：356千
2021 年 2 月第 1 版 2021 年 2 月第 1 次印刷
印数：1—4 000
ISBN 978-7-5689-2162-6 定价：65.00 元

献给我的父母

小菲利普·H.波洛克和罗达·A.波洛克

和我的女儿

劳伦·德卡拉·波洛克

中文版序言

二十多年前,菲利普·H.波洛克三世出版了《政治研究量化分析指导:原理、示例和习题》的第一版,以帮助学生培养分析能力和形成统计理性。与这本核心教科书相匹配的,是三本帮助学生使用不同的统计软件——SPSS,Stata 和 R——来运用政治科学分析方法的教科书。我与波洛克博士的合作始于《政治研究的 R 指南》第二版(该版于 2017 年出版),从那时起,我们就在一起工作,制作新的各版核心教材以及与之配套的统计软件应用指导教材。

我们的教科书围绕一个经久不衰且受人尊崇的教育原则展开:先呈资料事例,次释何以重要,再实践运用之。政治科学研究方法由一组有助于我们更好地理解我们自己、我们的社区和两者之间关系的工具和技术构成。它们使我们可以量化如个人偏好这样的抽象概念,并以严格的、符合学术规则的方式验证理论。

方法论概念唯有通过运用,方能使学生的理解力得到提高,因此《政治研究量化分析指导》系列教科书都包含了大量假想的或真实的例证。又因为如果学生们学会了做图的基本技术,就能更好地描述变量,并解释变量之间的关系,本书各章的讲解均借助对所分析变量的图示予以诠释。我们引用的除了美国的政治现象外,还包括了与比较政治学和国际关系学相关的例证。本书的内容结构编排鼓励学生停下来琢磨例证,各章末尾的习题给予学生运用他们刚刚习得的技巧的机会。

我们希望,我们的著作能帮助学生学会使用政治科学研究方法,增进对政治和政府的理解;学会审读图表数据,对他们的所见所闻做出合理的描述;学会遵循一系列程序性指南制作交叉列表、比较比例或均值,画出柱形图,并写出一段话来描述数据。这些都是基本的技巧。同时,我们希望学生能使用他们掌握的分析与统计推理技巧,对习以为常的观点做批判性检讨,发展并检验新的理论,发现新的真理。我们从写作这个系列的教科书中,从教授我们的学生使用政治科学研究方法中,获得了很多乐趣。我们希望中国的学生们发现研究方法是有用的,希望你们从学习如何进行政治分析中获得乐趣。

巴里·爱德华,法学博士、哲学博士
奥兰多,佛罗里达

序　言

关于方法，学生通常有两个观点。许多学生能够考察图表数据，并对他们所观察到的事物做出有意义的描述。按照一定的程序性指南，在制作交叉列表、比较百分比或均值、画柱形图以及对数据进行文字描述上，学生通常展现出相当的能力。然而，与此同时，学生在推论性统计能够作为一种解释工具的观念上却举步维艰。他们倾向于将统计证据视为某种难解之物，是一个额外的复杂因素，与他们的实质性发现完全不同。"我真的不是一个统计人"是一个常见的逃避说辞。一句话，在作为数据的解释者这一点上，学生们能够无所畏惧；但是，在作为统计学的实践者这一点上，他们却畏缩不前。

本书着眼于培养学生形成初步的分析能力，掌握统计推理的技术。第1—5章基本上是以非统计学的方式，帮助学生掌握描述和分析事物的技巧。具备了这些基本知识，学生就能感知理解推论性统计的关键所在。推论性统计在本书的第6—9章中以循序渐进的方式进行介绍和运用。《政治研究量化分析指导》提供了许多例证，有虚拟的，也有实际的。如果学生们学过了制图的基本技术，就能更好地描述变量，并解释变量之间的关系。因此，第6—9章以使用图表展示政治变量的解释方式来进行教学。除了引证美国的政治现象外，本书还包括了与比较政治学和国际政治学相关的例证。本书的编排方式鼓励学生停下来琢磨例证，各章末尾所列的作业可使学生有机会运用他们新近习得的技能。本书的章末练习题超过40个。

本书的结构

本书的这一版保留了此前版本的大多数内容。但是，使用过此前版本的教师将发现它对控制下的比较背后的逻辑做了更简明（也更清晰）的讨论（第4章）。控制因素的导入究竟为何，对这个问题学生常常疑惑重重。控制的问题之所以产生，究竟是因为 X 的值因 Z 的值变动而变？还是因为 Z 的值因 X 的值变动而变？Z 究竟可视为决定 X 的一个原因，还是仅仅是以某种方式与 X 相关？在这本书中，控制变量被定义为一个随自变量值变动而变动的协变量差异。当一个协变量的变动也同因变量相关时，控制问题就出现了。本书对控制问题的这一简明的阐释，是在有关研究设计的讨论的基础上提出的，而在研究设计那里，随机分配实验组和参照组的做法解决了组分差异的影响问题。我们使用一系列图例取代了此前版本中不太美观的箭头图，展示了组分差异在自然情境下可能导致错误的不同途径。

各章结构和特色

本书各章的结构体现了精细分配时间的教学原则：首先是各章主题的预览，然后是具体内容的陈述，最后是要点总结。各章均以学习目标一览开始，紧随其后的是一个诠释性例证，或有关该章内容的路线图。文中出现的关键术语均以黑体字排出，各章均以总结和关键术语结束。例如，当学生开始阅读第 1 章"概念的定义和测量"时，首先就会发现该章有 6 个目的：澄清概念的意义，确认多维度的概念，学会写概念性定义，理解系统测量误差，理解随机测量误差，了解信度和效度问题。然后该章提醒学生，在政治科学中概念问题无所不在，如"女人比男人更容易持自由主义观点？"并请他们考虑政治科学可能会如何解决这些问题。在讨论了 6 个目的之后，本章以呈现全章总结和关键术语一览结束。

大量的表和图，共 80 多个，被用来展示相关方法论的概念和程序。在某些场合我使用的是虚拟的数据，但大多数例证都基于全美选举研究、社会综合调查、一个包含了许多国家的变量的数据集，以及一个由 50 个州的数据的相关研究形成的资料包。许多章末练习题要求学生分析真实的数据。面向教师提供的网页有解题手册。

辅助教科书

本书可单独用作政治科学方法论课程的教科书，也可与名为《政治分析 SPSS 软件指南》(*An SPSS Companion to Political Analysis*) 或《政治分析 Stata 软件指南》(*A Stata Companion to Political Analysis*) 的工作手册配合起来使用。软件指南教导学生如何使用 SPSS 或 Stata 来实践本书所讲授的统计技术：描述性统计分析、双变量和多变量交叉列表、均值比较分析、相关和回归分析、双值 Logistic 回归。软件指南还包括了有关统计显著性和相关性测量以及数据运算变形的程序的章节。两本软件指南的最后一章都提供了研究项目例证，并对学生如何搜集数据、编码、做创造性的分析，以及将研究发现形成文字提供了指导。两本书都包含了大量的练习，SPSS 软件指南超过 50 个，Stata

软件指南超过 40 个。供教师使用的解题手册提供了所有练习的答案。我们还可向本书的使用者提供所有例证和练习的软件语法文件。

　　《政治分析 SPSS 软件指南》提供了 4 组 SPSS 数据文件：选自 2008 年社会综合调查和 2008 年全美选举研究的若干变量数据，以及有关 50 个州和全世界 191 个国家的数据集。在每一章里，都有带有计算机画面截图的练习，可供学生们使用。《政治分析 SPSS软件指南》对 SPSS 的完整版以及学生版都可用，适用于 SPSS 12.0 或更高的版本。

　　《政治分析 Stata 软件指南》也包含了 4 组 Stata 数据文件：选自 2008 年全美选举研究和 2006 年社会综合调查的若干变量数据，以及有关 50 个州和全世界 191 个国家的数据集。该书是基于 Stata 11 编写的，而且还提供了图示编辑器的操作指导。

致　谢

　　在本书的这一版里，铭刻了众多友好批评的洞察。它们来自纽约州立大学水牛城分校的 Johanna Kristin Birnir，维克森林大学的 Pete Furia，伊利诺伊大学春田分校的 James Hanley，纽约大学纽帕兹分校的 Joel Lefkowitz 和犹他谷大学的 Jay DeSart。谢谢威斯敏斯特学院的 Shannon Smithey 指出并更正第 3 版关于信度和随机测量误差的一个错误。我需要向佛罗里达州立大学的 William Claggett 表示特别的谢意，就她对第 4 版提出的许多建议。我还要就本书中使用的最新的材料，特别是第 4 章中经过修改的讨论和新的图示所提出的极为有用的批评，向我的同事 Barbara Kinsey 表示感谢。我应该致谢的还有中佛罗里达大学的同事 Bruce Wilson 和 Kerstin Hamann，他们引导我获得了与比较政治相关的教学例证和练习。我也要向这一版的审阅者——得克萨斯大学艾尔帕索分校的 Charles Boehmer，加州大学圣地亚哥分校的 Scott Desposata，杨百翰大学的 Scott Cooper，詹姆士·麦迪逊大学的 Kathleen Frraiolo，雪城大学的 Jonathan Hanson，中佛罗里达大学的 Jesse Marquette 和普度大学的 Brian Vargus——提供的帮助表示谢意。任何可能存在的错误都由我负责。

　　我非常有幸成为 CQ 出版社的作者。在 CQ 公司，人才济济：产品编辑 Gwenda Larson，书稿编辑 Amy Marks，管理编辑 Catherine Getzie 和编辑助理 Nancy Loh。我要把我的特别感谢献给编辑主任 Charisse Kiino，他从这本书的第一版开始就一直在帮助我、鼓励我，没有他，这本书不可能问世。

目　录

表目录

图目录

专栏目录

导　言

　　美国的总统选举人团制度也许是世上最特殊的选举制度了。每位总统候选人只要获得一州的多数选票,他就可获得该州的全部选票——每个州都是一个"赢者通吃"的战利品,只有两种情况例外[1]。这种制度会造成这样一种可能,即赢得全国普选的候选人也有可能输掉该选举——这种情况在 2000 年的选举中就出现了。确实,近些年,以全国直接普选代替总统选举人团制度的议题已经是改革议程里的常客[2]。如果美国改换一种选举制度,可能的影响会有哪些? 一人一票的许诺会激发公民参与、推动全国性的激烈竞争、动员新的投票者吗? 或者它会削弱大多数州的政治重要性,几乎只服务于大城市和与选举结果不相干的富裕的媒体市场?

　　人们在讨论选举时,制度改革问题并不是唯一的话题。例如,在过去的大约 25 年里,女性变得比男性更倾向于支持民主党的候选人。这种转向的原因是什么? 是相对于男性来说,民主党的政策议程对女性更有吸引力吗? 如果是这样,是哪些政策(造成的这种倾向)? 我们还知道,收入较少的人比收入较多的人更倾向于支持民主党。如果女性比男性的平均收入低,那么也许"性别差距"其实只是一种"收入差距"。把收入相近的男性和女性进行比较时,这种差距依然存在吗?

　　当然,挑战和重要议题并不局限于美国政治。苏联解体结束了几乎半个世纪的对权力和国内统治模式的预测。新兴的独立国家一直在国家合法性的问题上寻求新的依据。然而,随着非民主政府的解体,人们也许会问,民主政体取代非民主政体的前景有多大? 经济关系(如自由市场和开放竞争)自身就可推动民主发展吗? 政治制度、文化信仰或民族对立又在其中扮演了什么角色? 人们究竟应该怎样定义民主政治体系?

　　这些都是政治科学家一直在追问的议题。研究者观察时而杂乱无章时而清晰可辨的政治现象,并对他们的所见所闻做出解释。他们对政治关系提出假设,并收集那些可以阐明政治世界运作方式的事实。他们与其他学者交换意见,讨论不同解释之优劣,对已有的解释力图改进以求精致,有的解释则弃之不用。有时,政治科学家会描述"如果……会怎样"方案,用既定的事实或可行的假设对未来做出预测(如果总统选举系统以直接选举为基础,可能的后果会是什么?)。有时研究者所搜寻的事实已经在那里了,等待被描述和测量(男女收入的差别是什么?)。学者对重要观念之含义可能众说不一,对复杂概念的测量可能争论不已(我们应该如何定义民主?)。通过这一切,政治科学家学会秉持公正并以怀疑的态度去争辩假设,提供替代性解释或测量,质疑分析和结果,以及阐述政治关系。

本书要做什么

你将在本书中学到必要的实证方法,这些方法可用来做自己的政治分析以及批判性地评估别人的成果。本书前 5 章的主要内容是政治研究背后的逻辑。在第 1 章中,我们主要考虑的是在权衡涉及测量真实世界的挑战时,如何清晰地思考政治概念;在第 2 章中,你将会学习如何测量变量,以及了解在描述和分析时不可简化的一些因素;第 3 章我们讨论政治科学中那些可接受的解释的特征,你将会学到政治分析的核心方法论,即如何构建假设和做比较;在第 4 章和第 5 章中,我们将谈及研究设计——检验解释的全套步骤,并描述控制比较的逻辑和实践,讨论把竞争性解释纳入考虑的主要方法。在这几章中,我们把研究重点放在举证事实和评估关系的逻辑上。你将发现,政治研究这个大学科所做的,与思考概念、探寻变量之间的关系,以及创制解释、提出解释模式、控制竞争性解释等密切相关。

你还会发现基本的统计知识对于研究者来说是一种重要资源——一种为理解关系而必不可少的技能。例如,假设你对描述适龄投票人因性别不同而产生的差距的大小感兴趣,尽管未必能拥有观察研究所需的全部男女总体,但是你仍能获取一个样本,一个从大样本中随机抽取出的小规模的男女群体。随之而来的有两个问题:一是样本中的性别差距在多大程度上能够反映看不见的总体;二是性别和党派之争的关系有多强。第一个问题的答案属于推论统计的范围,其精华部分在本书第 6 章和第 7 章部分展示;第二个问题的答案需要一些最常用的关系测量的实用性知识——这些也在第 7 章阐述;第 8 章我们主要讲线性回归分析,这是在政治研究中广泛应用的较精致、有力的方法之一;在第 9 章中,你将学习如何理解和使用 Logistic 回归,这是一种专业的但越来越流行的分析工具。本书提供了很多例子,其中很多都是基于美国大众的公共舆论调查。当然,你真实的研究兴趣可能在别的方面:比较政治学、国际关系、公共政策、司法政治、州政府或许多其他领域的政治研究。但放心,基本原则依然适用。

事实和价值一览

　　长期以来,政治科学家彼此之间一直就两类问题的分野进行大争论:事实问题("实然")和价值问题(即"应然")。这一分野常常是简单明了且很初级的。美国财富是否均等分配的问题是关于事实的问题,该问题可通过定义和测量给予解答;美国财富是否应该被均等分配的问题,则是一个价值问题,这个问题无法通过实证分析给予回答。然而,有时这种"是和应该"的区分并不那么清晰。例如我说,与其他国家相比,枪支所有权在美国更普遍,进一步地,我会断言枪支所有率与涉枪犯罪相关。因此,我也许会提出这样一种意见,即枪支所有权应在司法先例允许的情况下被完全控制。(这是)事实还是价值? 两者兼有。我对枪支管理的意见是基于对真实世界的主张,而这些主张显然对实证检验是开放的。枪支和犯罪之间联系的证据是什么? 有没有看起来合理的替代性解释?你可以看到,在一定程度上价值判断是以经验证据为基础的,政治分析可通过塑造持有该观点的原因来影响该观点。换种说法:无论你对政治议题的个人观点是什么,对新事实和竞争性观点保持开放的态度是重要的。

　　把个人对特定议题的观点与客观、开明的分析区分开来,往往是说起来容易做起来难——它需要练习和实践。总之,政治是一件严肃的事。它涉及不同的观点以及互相冲突的价值观,因此它非常引人入胜。想一下近几年你参与或耳闻的关于国家安全和公民自由权衡的争论与探讨,这些争论的焦点在于美国领土上的生命是否应该(和以何种方式)去改变。很多人强调安全——限制移民,赋予政府权威在拘留和逮捕恐怖分子嫌疑人方面更多的自由度,放松防范电子监控公民生活的法律。另一些人则对这些措施持怀疑态度。他们认为,所有公民的基本自由权将会受到威胁,政府将会非常广泛地诠释这些权力,并且开始限制任何它认为威胁安全的言论或活动。

　　政治分析在解决这些非常严肃的议题时可以发挥什么作用呢? 诚然,你在本书中学到的逻辑和方法无法告诉你怎样去"证明"哪一种竞争性的价值观念——一种是对安全渴求的信仰,另一种是对公民自由权的信仰——是"正确的"。然而即便是在这种争论中,政治研究的方法仍可指导你去探寻有关观点和价值判断的实证基础。公众对安全和公民自由的意见是如何分布的? 有哪些现存法律需要更加严格地执行? 需要哪些新法律? 在过往的国家危机中,美国政府是怎样对待其公民的? 这些历史数据会不会有助于我们对政府将要做些什么进行预测? 这些问题以及无数别的问题都不易解答。但它们都是事实性问题,至少在理论上它们都是可以回答的。本书旨在帮助你构建和解决这类问题。

科学的方法

学习政治研究时,还有一条途径可培养你分析政治关系与事件的能力——甚至提高你的政治价值论证水平。这与一个所有科学家都遵从的潜在规则有关:保持开放,心存怀疑。所有科学,包括政治科学,都在试图拓展我们对这个世界的认识。为确保通往知识的道路不被阻碍,我们必须允许所有观点和理论进入。例如,假如我声称财产犯罪与月相有关,(那么)根据我的"月相理论",犯罪的增减就有一个可预测的模式,新月之时犯罪率增加,满月之时犯罪率减少。可笑吗? 也许吧。但"保持开放"的科学探究宗旨不允许我保持沉默。于是,"月相理论"得以进入探究之路。然而,一旦进入,任何观念或理论都必须遵循某种"可以被质疑"的路径规则。有两类规则:一种规则处理对事实问题的评估,这些问题有时被称为"是什么"问题;另一种规则处理对理论问题的评估,这些问题有时被称为"为什么"问题。

对于事实问题来说,科学知识不以常识、神秘主义或直觉为基础。它建基于实证的观察和测量。进而言之,这些观察和测量必须以一种其他任何科学家都可以重复并获得相同结果的方式进行。科学性的事实是实证并可再现的。因此,如果我说"月相理论"出现在我的梦境里,那么我的结论则既不具有实证性又不可再现,我将达不到评估"是什么"问题的基本准则。相比之下,如果我可以描述一个犯罪率数据的详尽实验并展示这些模式与月相之间的强关系,那么我仍旧走在科学之路上。其他研究者跟随我的步骤也会得到同样的结果。

对于理论问题来说,科学知识必须具有可解释性和可验证性。如果一个想法描述了一种具有因果关系的过程,该过程将一系列事实与其他事实连接在一起,那么可以说该想法是具有解释力的。在科学里,解释与因果关系是联系在一起的。如果我认为月相和犯罪率是相伴相随的,因为犯人与狼人(Werewolves)的行为方式相反,只在新月时出来活动*,那么我的说法几乎是无稽之谈。(因为)我所依靠的事实既非实证的也非可再现的,而且我的"解释"没有任何程序或因果关系。但假如我说罪犯和其他人一样,都在寻求最小化他们所选择行为的风险,满月代表着更大的风险、更大的被看到和被逮到的可能性;新月代表着更低的风险、更低的被看到和被逮到的可能性,那么这种说法是具有解释力的。通过使用关于人类行为的看似合理的假设,它解释了为什么这两组事实可以联系在一起。原因过程的一个方面(高风险)产生了一个结果(低犯罪率),而原因过程的另一方面(低风险)产生了另一个结果(高犯罪率)。

---

* Werewolves,据西方中世纪传说,狼人在满月时出来活动。——译者注

一个观念是可验证的,讲的是如果研究者描述了一系列条件,在这些条件下这个观念可以被拒斥。一个持有可验证观念的研究者会说:"如果我是正确的,我会发现如此如此事项是真的。如果我错了,我不会发现如此如此事项是真的。"假设一个持怀疑态度的观察者(怀疑论者充斥着整个科学界!),阅读到我的"月相理论"时说:"你的解释很有意思。但不像你所定义的那样,并不是所有满月时都有低犯罪率。有时天空多云,创造了与新月夜一样多的掩护。犯罪率在多云时的满月夜是什么情况?"这个观察者提出了一种检验,一种我必须乐意接受的检验。如果我的想法是正确的,那么应该发现多云时的满月夜的犯罪率和新月夜时的犯罪率相似;如果我的想法是错的,那么应该无法发现这种相似性。假设我的想法无法承受该检验,"月相理论"就完了吗?未必。但我反思一开始提出的原因过程时,必须将自己的失败考虑进去。假如我的想法通过了该检验,就能证明理论的正确性了吗?再次未必。通往知识的道路上存在众多的怀疑论者,他们提供着各种各样的替代性理论并提出新检验。

结 论

正如你所看到的一样,政治研究是一项未竟的事业。政治分析需要清晰地思考、去质疑、进行知识交流和被训练。然而它也涉及开放性、创造力和想象力。与瞬息万变、常常自相冲突的政治本身相比,政治分析也许看起来相当古板。基本的逻辑和方法——变量的描述和测量、随之而来的理论、检验假设、理解统计推论以及评估关系的强度——在很多年里都没有变化。例如,你将阅读到的分析技术之一"卡方",已经被用了一个多世纪。这是一个令人欣慰的现象。你在这里学到的技能将是持久的。它们现在服务于你,并且将来你在阅读和评估所有社会科学时也可以用到。在遇到其他话题和媒体时,无论它们是选举还是民意调查,是关于医学治疗的新闻报告,还是某些组织所发布的图谋不轨的政策研究,你都将有一个新的批判性的优势。你将学会自我批判,澄清你所使用的概念,并且利用实证证据来支持你的观点。

注 释

1. 缅因州(自 1972 年起)和内布拉斯加州(自 1996 年起)以全州投票方式选举两票,其余的则以国会选区投票。

2. 参见:Neal R. Peirce and Lawrence D. Longley, *The People's President: The Electoral College in American History and the Direct Vote Alternative* (New Haven, Conn.: Yale University Press, 1981).

第1章 概念的定义和测量

学习目标

在本章中你将学到：

- 如何阐明概念的含义
- 如何界定多层含义的概念
- 如何为概念下一个定义
- 系统性误差会如何影响概念的测量
- 随机误差会如何影响概念的测量
- 如何辨别信度和效度问题

思考一下这个世界上的政治多样性。人们从属于不同的党派：有人是民主党，有人是共和党，也有很多人（自称独立人士）宣称不从属于任何党派。有些国家是民主制国家，有些却不是。即便是这些民主制国家之间也存在差异，有议会制，有总统制，也有两者的混合。被提名的总统候选人秉持从自由主义到保守主义的各种意识形态。党派关系、民主制、保守主义、自由主义……上述每一个术语都对应着可帮助我们讨论和描述这个世界的一种观念，如果不使用这样的一些观念，我们就几乎无法谈论政治。当然，观念是无形的。"党派""民主"或者"自由主义"都是看不见、摸不着、闻不到、听不到，更无法品尝的。这其中的每一个都是一个**概念**（concept），是代表人们对现实世界中的现象的一种观念或想法。有些概念十分复杂，如"全球化""权力""民主化"，而"政治参与"或"社会地位"之类的概念相对来说就简单一些。

概念，简单的概念或复杂的概念，在政治辩论、新闻分析、日常生活，更不用说在政治学研究中都随处可见。如何使用概念呢？在党派或意识形态争论（关于价值的争论）中，概念可以产生有力的象征意义，以使人们更容易认同。例如，一个政治候选人可能会声称他的议题将在全球范围内确保"自由"，创造"平等"，或培育"自主"。这些都是有感召力的信念，目的就是感召人们。在政治研究中，概念不是用来影响价值取向的工具。恰恰相反，在实证的政治科学领域,概念指的是事实而非价值。因此,当政治研究者讨论"自由""平等""自主"时,他们是用这些概念来概括和标注在现实世界里观察到的现象和特征。

政治学研究的主要目的是描述概念并分析概念之间的关系。例如,研究者可能会对美国的社会信任是在增强还是减弱,与普通公民相比政治精英是否对不同政见更宽容,以及经济发展是否会导致民主等问题感兴趣。然而,描述和分析概念(社会信任、政治精英、对异见的容忍度、经济发展、民主,以及其他任何我们感兴趣的概念)是一项艰巨且困难的任务。**概念化问题**(conceptual question),也就是用观念表达的问题,往往不清晰并且难以经验地回答。**具体化问题**(concrete question),即用有形的特性表达的具体化的问题才能被经验地回答。在汉娜·皮特金的开山著作《代议制的概念》一书中,她描写了定义"代议制""权力""利益"这类概念的困难。她写道,"代议制(权力、利益)等概念是可以被观察的,但是这种观察通常建立在对什么是代议制(权力、利益),哪些可以算作代议制,代议制与其他现象的界限在哪里等问题至少有一个初步认识的基础之上。"[1]我们需要设法把概念转化成具体的术语,用能被描述和分析的方式来表达模糊的观念。

同一个概念可能并且经常指称一系列不同的具体事物。"女性比男性更容易持自由主义观点?"这个问题的答案是什么:是或者不是? 你或许会说"这要看你所说的自由主义是什么含义。你指的是与男性相比女性是否更倾向于支持堕胎权、枪支管制、政府扶持教育、救济贫困人口、环境保护、平权法案、同性恋权利、资助戒毒,还是别的什么? 你的含义是包括所有这些问题还是部分问题,或者这些都不包括,或者是完全不同的问题?"对于某些人来说,"自由主义"可能意味着支持枪支管制。而对于另一些人来说,这个概念可能是指支持环境保护。其他人可能还会认为自由主义的真正要义是支持政府资助穷人。

概念化定义(conceptual definition)是指清晰地描述概念可测量的特性,并确定其适用的分析单位(公民、国家、州等)。例如,下面这个对自由主义的概念界定:自由主义是指个人在多大程度上支持政府增加社会项目支出。这种陈述借助一个可测量的特性(对政府支出的支持),阐明了自由主义这样一个含糊的观念。概念中有一个短语——"在多大程度上",这个短语就指出了概念的可测量特性(对政府支出的支持)是因人而异的。支持政府支出的人比不支持政府支出的人有更多的"自由主义"特性。显然,这个特定的定义是为了用于对不同个人的分析。[2]由上文可知,当思考并界定概念时,我们要重点关注实证的方面,即这个概念的具体可测量的特征是什么? 本章的第一部分深入地论及了概念的定义。

阐明并定义了一个概念后,我们必须描绘一种在现实世界中测量概念的工具。**操作化定义**(operational definition)就是这样一种工具。它被用于测量概念,并对其进行操作化。我们不妨着手自由主义的概念的操作化。试想你草拟了十几个问卷调查问题,并在众多人群中进行调查。每个问题涉及一个特定的社会项目:资助教育、扶贫、医疗保障投入及支持育儿补贴等。针对每一个项目向被调查者提问:政府支出是应该缩减、持平还是增加？这样自由主义就可被操作性地界定为回答者说"增加"的次数。得分越高的被调查者自由主义倾向越高,得分越低的被调查者意味着自由主义倾向越低。我们从这个例子中看到,操作化定义提供了一种程序化蓝图,也就是测量概念的策略。然而,在描述测量策略时,我们要重点关注概念本身:操作化定义是否能准确反映概念含义？本章将探讨确定一个操作化定义时可能会产生的问题。第2章将进一步探讨概念的具体测量标准——变量。

概念定义

概念定义的第一步是要阐明概念的经验含义。我们的做法是列出一张概念的具体属性的清单,以此来阐明概念。在建立清单的过程中,通常会遇到3个问题:第一,我们可能会将完全不同的概念的经验特征考虑进来;第二,清单可能会包括一些概念性条目,其属性是无法测量的;第三,经验性特征可能会指代概念的不同维度。在确定了一组最能体现概念含义的属性之后,我们可得出概念的定义。这样得出的定义表明了概念适用的主题领域,并且提出了对其进行测量的策略。我们通过对上文所提到的例子"自由主义"下定义来明确这些步骤。

阐明概念

概念的属性必须具有两个特征:必须是具体化的,必须是差异化的。回到上文所提出的问题,"女性比男性有更多的自由主义倾向吗?"这是一个概念化的问题,问题中存在不具体的"自由主义"术语,因此,无法得到精确的答案。但是,有两个需要注意的地方:其一,概念性的"自由主义"术语的确描述了人的某些可测量的属性。毕竟,当我们说一个人或团体中的人是"自由主义者"时,一定会想到某些特征和属性。其二,这个问题设问自由主义是否在不同的人之间有差异。也就是说,是否有一些人具有更多的这些特征和属性。然后我们尝试描述这些具体而变化的特征。这些特征究竟是什么呢？

一种思维练习能帮助你界定具体化和差异化的特征。试着想两个截然相反的主题。在这个例子中,我们旨在界定个体中的自由主义者,所以我们可能会想到两极分化的人:一极是一个符合该概念大量特征的人;另一极则是一个恰好具有相反特征的人。你心目中完美的自由主义者的形象是什么样的？与之完全相反的反自由主义者或者说保守主义者的形象呢?[3]在构造这些形象时,放开想象,不拘一格。以下列举了你可能会想到的例子:

自由主义者	保守主义者
低收入	高收入
年轻	年老
支持社会公平	反对社会公平
反对自由市场	支持自由市场
支持公费医疗	反对公费医疗
反对减税	支持减税
反对限制堕胎	支持限制堕胎
支持同性婚姻	反对同性婚姻

　　头脑风暴式的二分法是一个开放性的过程，并且通常会产生用以界定概念的元素。但是，清单列出来后，我们要变得更审慎和更敏锐。回顾前两个特征，根据列表，自由主义者是"低收入"和"年轻"的，而保守主义者是"高收入"和"年老"的。仔细考虑一下，人们的收入和年龄真的是自由主义概念的一部分吗？换言之，我们能脱离年龄和收入来考虑自由主义的含义吗？你或许认为是可以的。确切地说，自由主义可能会与收入、年龄之类的人口特征相关联，但是其概念本身与这些特征是有区别的。这是在阐明概念时要检查的第一个问题。有些特征看起来也适用于描述两极化的事物，但它们不是概念的关键部分。我们删除不重要的特征再来重新考虑这份简化了的新清单：

自由主义者	保守主义者
支持社会公平	反对社会公平
反对自由市场	支持自由市场
支持公费医疗	反对公费医疗
反对减税	支持减税
反对限制堕胎	支持限制堕胎
支持同性婚姻	反对同性婚姻

　　根据这份清单，自由主义者"支持社会公平"并且"反对自由市场"。而保守主义者"反对社会公平"并且"支持自由市场"。这些选项都不应出现在清单中。为什么呢？因为这些都是不能被测量的特征。这些词语本身就是概念，而我们不能用一个概念去定义另一个概念。在构建清单时，想象一个持怀疑态度的观察者正在你背后看着你，他坚持要你明确说明具体的、可测量的特征。你如何准确地决定某人是否支持自由市场？你如何界定社会公平？如果你的第一反应是"我无法定义它，但当我看到它的时候我就知道了"——这话出自一段臭名昭著的关于色情作品的评判——那你就需要进一步挖掘更具体的元素。[4]这是我们阐明概念时要检查的第二个问题。有些描述似乎符合两极化事物的特征，但是这些描述本身是模糊的概念性的术语。我们得把这些概念性术语从清单中删除。

自由主义者	保守主义者
支出公费医疗	反对公费医疗
反对减税	支出减税
反对限制堕胎	支持限制堕胎
支持同性婚姻	反对同性婚姻

你有理由认为,所有这些特征都可归入这张自由主义者的经验特征清单。你可想到一些可以进行精确测量的日常现象,它包括针对不同政府政策的民意调查问卷中的选项统计,保险杠贴纸和广告牌的展示,对不同的利益集团政党的政治献金,或者其他的一些公开行为。但是,要认真地对清单进行检查。这些特征可以被划分为不同的类型吗? 一些术语是否与其他的术语相似,或者是否与同一个集合中的其他术语有差别? 你或许已经发现支持(反对)公费医疗和反对(支持)减少征税,涉及支持大政府(自由主义者)和更多的公共服务与支持有限政府(保守主义者)两者之间的传统差异。而其他几项,反对(支持)限制堕胎和支持(反对)同性婚姻,则涉及相对较晚出现的支持个人自由(自由主义者)与支持禁止这些行为(保守主义者)之间的争议。这个例子说明了在阐释概念时要检查的第三个问题:虽然所有的特性都符合对两极化事物的描述,但它们所描述的可能是概念的不同维度。

一个**概念维度**(conceptual dimension)是指由一组相同类型的具体特征所界定的概念含义。诸如自由主义之类的一些概念是多元化的。**多维度概念**(multidimensional concept)具有两组或更多组的不同的经验特征。在一个多维度的概念中,每一组都包含彼此相似的经验特征。进而言之,每一组的特征又与其他组的特征有质的区别。为了避免混淆,不同的维度需要分别进行确认、标记和测量。因此,自由主义的传统维度是指经济自由主义,包含一组相似的特征:支持公费医疗、扶贫、公费教育及投资基础设施等。道德维度的自由主义通常被称为社会自由主义,包括关于男同性恋或女同性恋权利、堕胎、大麻的合法化、进化论的教学及校园祷告等方面的政策。通过对这些特征进行分类,这两个维度可分别标记为经济自由主义和社会自由主义,也可进行单独的测量。[5]

政治科学中的许多观念都是多维度的概念。例如,罗伯特·A.达尔在他的开创性著作《多头政体》中指出了民主政体的两个维度:竞争和包容。[6]竞争指代描述不同政治系统之间竞争的因素——例如,是否参与经常性的选举或者国家是否立法保障言论自由。包容指代测量多少人可以参与的属性,如是否存在对投票权的限制、担任公职的资格条件等。达尔的概念性分析已被证明是对民主的实证研究有影响力的指导。[7]

也有很多政治概念只有单一的维度。例如,政治科学中有重要意义的概念——社会地位或社会经济地位(SES),就有 3 个明确的因人而异的特征:收入、职业和受教育程度。但也可认为,这 3 个都是 SES 的同一个维度的可观察的表现形式。[8]类似的,如果你试图阐明文化多元化的概念,你会得到一系列两极化的有差异但是维度类似的政体特征:很多/很少的宗教信仰,说一种/几种语言,一个/多个种族群体,等等。对每一个概念,无论是 SES 还是文化多元化,你只需通过确定一个人或一个政体是否具有大量的某一概念属性就可进行测量。

给概念下定义的模板

给一个概念下定义必须交代 3 项内容:

　　1.一个或一组被测量属性的差异

　　2.概念所适用的主题或群体领域

　　3.概念的属性如何被测量

下面是一个满足以上 3 点要求的对一个概念定义的有效陈述的模板:

　　_____的概念可定义为_____所展现出来的_____特性的程度。

以"经济自由主义"的概念定义为例:

　　经济自由主义的概念可定义为个人所展现出来的支持政府在公共事业上的支出特性的程度。

第一个元素——"**经济自由主义**"和"……的程度"一句相结合,重申了概念的字面表述,并表明了概念内涵的两极之间的变化。第二个元素——"**个人**"描述了概念所适用的主体。第三个元素——"**支持政府在公共事业上的支出**"表示概念的测量标准。下面让我们更详细地探讨这个模板。

在概念的定义中提到一个或一组主体时,指的是分析单位。一个**分析单位**(unit of analysis)是指我们要分析和描述的一个实体(人、城市、国家、县、大学、州、官僚机构等),是概念所适用的实体。分析单位既可以是个体层面的,也可以是群体层面的。当一个概念是在最低级的层次上描述一个现象时,所使用的就是**个体层次分析单位**(individual-level unit of analysis)。大部分的调查研究所涉及的概念都是适用于个人的,这是你可能会遇到的最常见的个体层次分析。但是,个体单位并不仅限于个人。如果你进行一项研究,针对关于过去几次选举中民主党和共和党的纲领中所包含的政治主题,你的分析单位就是每一大选年的纲领。相同的,如果你对环境立法在国会中是否具有优先地位感兴趣,你可能就要检查每一个法案,将其作为个体层次的分析单位。

很多政治科学的研究涉及**累加层次分析单位**(aggregate-level unit analysis),群体是个体实体的集合。地区、人口普查区就是群体层次上的单位,不同的国会议员选区、州、国家的集合也是。一所大学的管理者如果想要知道班级的规模是否会影响学生的满意度,就要以班级为单位收集信息。在这里，班级作为每个学生个体的集合。如果有人想知道实施宽松的选举立法的州是否比实施相对严格的法律的州有更高的投票率，就必须利用所有州的法律统计数据和投票数据，50 个州在这里就作为群体层面的分析单位。注意，个体实体的集合以及整个群体层次的规模可能有所不同。例如，国会议员选区和州都是群体层次的分析单位，都是行政地理区域内的个人所组成的集合。但是，因为相对于国会议员选区，州由更多的个体实体组成，所以通常代表更高层次的集合。

同样需要注意的是，相同的概念在个体层面和群体层面都可以被定义。请仔细考虑清楚这一点。例如，经济自由主义可以为个体的人定义，同样可以为州而定义，因为州是支持或者反对政府支出的居民的集合：经济自由主义的概念是州所展现出来的拥有支持政府公共事业支出的居民的人数比重。这样的定义是完全有意义的。我们可以想象根据不同州所拥有的支持公共支出的居民的比重不同来进行对比。由于统计上的问题，群体层次上的概念通常不能在个体层面上用作参考。设想我们发现有高比例的大学学位个人的州比有低比例的大学学位个人的州有更高的经济自由主义倾向。基于这个发现，我们就不能下这样的结论：相对于没有大学学位的个人，受过大学教育的个人更有可能是经济自由主义者。

当将群体层面现象用于推论个体层面现象时，会遇到一个被称为**区群谬误**（ecological fallacy）的经典问题。W.S.罗宾逊在 60 多年前创造了这个名词，并通过指出一个违反直觉的事实阐释了区群谬误：国外出生公民越多的州，英文识字率越高。而在个人层面上，罗宾逊发现了相反的模式，国外出生的公民相对于本土公民英文识字率更低。如何解释这种矛盾的结果呢？群体层面的这种模式是由移民倾向于选择本土居民拥有较高语言水平的州居住所导致的。区群谬误并不是新生事物。实际上，爱米尔·迪尔凯姆于 1897 年发表的关于宗教和自杀的杰出著作，可能就曾面临这个问题。[10]这里的重点是一个合适的概念定义必须要厘清分析单位。研究者在基于群体层面做分析研究并得出结论时要小心谨慎。

操作定义

概念定义在表明概念是如何被测量的同时，就清晰地指明了其操作定义。操作定义就是明确、清晰地描述如何经验地测量一个概念。我们如何确定人们持有的意见在什么程度上才与经济自由主义一致呢？用怎样的步骤来测量经济自由主义才能得出最真实的结果呢？假设我们要量化达尔的多元主义民主理论，就得先结合组成多元主义的各种核心要素，并设计合理的度量标准。这个度量标准具体要采取什么形式呢？它能否真实地反映概念维度的多元性，或者我们的测量是否在某一方面存在缺陷呢？这就进入了操作化的阶段。它介于概念定义和操作定义之间,这往往是最困难的阶段。我们通过描述政治宽容概念研究这样一个民意调查中的例子来说明这些困难。

政治宽容对于很多民主政治的研究者来说是极为重要的。可以说只有人民对不同的思维方式和解决问题的方式保持开放态度时,才存在健康的民主政体。如果政治宽容度低,民主政治过程就得不到有力的支撑,自由的意见交换也会受到影响。政治宽容是一个相当复杂的概念,有大量的研究和评论专门探讨。对于比较有限的目的而言,只需参考以下的概念定义:

政治宽容的概念可定义为,个人所展现出来的对不受欢迎群体的基本政治自由的容许意愿这一特性的程度。

抛开拗口的语言不讲,这是一个可用的定义,也是一代学者对这个概念研究产生兴趣的起点。从 20 世纪 50 年代开始,最早的研究询问大量的个人是否认为应该赋予特殊群体——无神论者、共产主义者和社会主义者的成员一定的程序性自由(如公开发表演讲或出版著作),通过这种方式将政治宽容的概念操作化。这看起来是一个合理的操作定义,至少在当时,这些群体代表的思想并不符合传统的主流,不受大众待见。研究的主要发现多少有些令人担忧:尽管执政的政治领导者表达了较高水平的政治宽容,普遍公众却不那么愿意承认这些群体的基本自由。

后来的研究指出,用来厘清和界定政治宽容概念重要属性的概念定义和上述作为政治宽容测量过程的操作定义之间存在着重要的偏离。在最初的研究中,那些被认定为位于主流之外的不受欢迎的群体悉数由研究者自己选择,并且这些群体倾向具有左翼或"左倾"的意识形态信仰。因此,这些研究者仅仅是针对左派群体在测量宽容。这个测量问题值得思考。试想一群人被问及"假设一个公认的共产主义者想要在你的社区里进行一次公开演讲,他是否应该被允许?"对于问题的设计者来说,关键词是"要进行演讲",回答"允许发言"的人被测定为比回答"不允许发言"的人有更大的政治宽容度。但是,对于一些受访者(无法确定有多少人)来说,关键词可能是"共产主义者"。这部分受访者就有可能根据他们对共产主义者的印象,而非根据他们运用言论自由原则的意愿来回答问题。思想观念开放的人可能认为共产主义者比其他群体威胁更小,而思想观念保守的人可能认为共产主义者比其他群体具有更大的威胁。因此,思想观念开放的人会被测定为更宽容。简言之,尽管操作化的目标在于测量宽容,但是这种测量策略同时也衡量了受访者的意识形态认同。

对于更真实的概念来说,更好的测量策略是让受访者来指定他们最反对的群体,也就是被调查的每一个人最不喜欢或最不欢迎的群体,这样才可进一步询问受访者关于他们自己确定的群体的公民自由的问题,而不是由调查者事先选定群体。思考一下,为什么这样的测量方式是更好的? 试想一下这样的场景:首先给一群人提供一个包括种族主义者、共产主义者、社会主义者、同性恋者及白人分离主义者等不同群体的清单。这些受访者按要求先选择他们"最不喜欢"的群体。这时，再重复之前的调查手段："假设'最反感群体中的一员'要在你的社区内进行一次演讲，他是否应该被允许？"由于是受访者自己选择的最不喜欢的群体，因此，这样得出回答"允许发言"的人比回答"不允许"的人更宽容的结果就是可信的。有趣的是，这种更好的策略得出了同样令人担忧的结果：几乎每一个人，无论是精英还是普遍大众，都对他们最不喜欢的群体表现出很低的政治宽容水平。

测量误差

如政治宽容的例子所示，我们试图设计一种能使概念的定义和实证方法尽可能一致或匹配的操作化手段。用"预期特征"来表示我们想要测量的概念特性，"非预期特征"则表示我们的操作化手段所不想测量的任何属性或特征。研究者要搞清楚"这种操作化手段测量了预期特征吗？如果是，那么是仅仅测量了预期特征还是有可能同时测量了一个非预期特征？"政治宽容的研究者有兴趣询问受访者一些能精确衡量他们赋予不受欢迎群体自由的意愿问题。第一种对宽容的测量不能精确地衡量这一预期特征。为什么没有呢？因为它测量了人们对左翼群体的态度这样一个无意测量的特征。无可否认，最初的测量过程也是在探测政治宽容的期望特征。毕竟一个十分宽容的人不会希望限制任何不受欢迎群体的权利，这无关群体的意识形态倾向，然而一个十分狭隘的人可能会希望这么做。在概念定义的操作化过程中，个人对左派群体的态度这样一个预期之外的特性也会被测量。因此，这样的测量策略会在政治宽容的概念和计量结果之间建立起不准确的关联，使得两者不相匹配。

有两种类型的误差会扭曲概念和计量结果之间的联系。如果**系统性测量误差**（systematic measurement error）出现，就会导致严重的后果。系统性测量误差使经验测量存在持续而顽固的扭曲。系统性测量误差通常也被称为测量偏差，它常常使操作性结果持续偏离研究者所追寻的特征。上述关于政治宽容的最初测量就受到系统性测量误差的影响，因为具有自由主义意识形态倾向的主体始终（且不正确地）被测定为比保守主义的主体更宽容。**随机测量误差**（random measurement error）虽很麻烦，但不会导致严重的后果。随机测量误差会导致测量过程中任意的、混乱的扭曲，从而产生反复变化的测量结果。为了更好地理解这两种误差之间的区别，了解每一种误差是怎么影响测量结果的，请参考下面这个例子。

假设一位数学教师要测量一群学生的数学能力。这项测试通过涵盖数学基本特征的 10 个书面问题来操作。一开始我们要问，"这种操作化方式测量目标特征（数学能力）了吗？"看起来很明显，这样的操作有些部分会抓住目标特征，即学生的实际数学知识。

我们还需要更进一步地思考一下测量问题,"这位教师的操作化手段仅仅测量了目标特征(数学能力)吗? 还是它同时测量了无意测量的特征?"如我们所知,除了在数学技能上有差别之外,学生的语言能力也不尽相同,有些学生能更快速地阅读和理解数学题目。因此,这个测试就捎带了一项非预期特征(无意测量的特性)——语言能力。

你可能还会想到其他的特征也在教师的测试中"搭了便车"。实际上,当个体作为分析单位时,往往会有一大批的非预期特征存在。这种现象通常被称为霍桑效应,无意中测量了个体在了解到自己正在被研究后的反应。考试焦虑就是广为人知的一种**霍桑效应**(Hawthorne effect)。抛开对知识的掌握程度不说,有些学生会仅仅因为参加考试本身而过度紧张,并且考试成绩会因为考试焦虑的存在而系统性地降低。[14]

上述所讨论的非预期特征(语言能力和考试焦虑)都是系统性测量误差的来源。系统性测量误差是指会导致持续的不准确的概念测量结果的因素。需要注意系统性测量误差的两个方面:第一,非预期特征,如语言能力和考试焦虑是持久的,不可能随时间而改变。如果在第二天或下一周再进行一次考试,那些语言能力较弱或更紧张的同学会同样得到相对于他们的真实数学能力而言较差的测试结果。试想这样两位同学,他们拥有同样水平的数学能力,但其中一位的语言能力比另一位要差。这位教师的操作化手段就会持续显示两位同学在数学能力上存在差异,而实际上是没有差异的。第二,这种持续性的偏差是内在于测量措施里的。当教师用书面问题进行考试时,对语言能力这一非预期特征的测量就直接嵌入操作性定义中。系统性误差的源头往往就在于测量策略本身,而这通常是不被研究者所注意到的。

现在来看几个可能会发生在教师的数学考试中的暂时性或偶然性的影响因素。有些同学可能很累或生病,而其他同学可能休息充分。座位靠近门口的学生可能会因为教室外面的喧闹而分心;坐在离门口较远位置的学生就不会受影响。乘车往返的学生可能会因小的交通事故引起的交通阻塞而延误,甚至迟到,他们可能有时间压迫感。教师在打分的时候可能会误判,意外地导致一部分学生分数提升,而另一部分学生分数下降。

这一系列的影响因素,如疲劳、喧闹、不可避免的干扰——都是随机测量误差的来源。随机测量误差是指会导致概念的测量偶尔不准确的因素。关于随机测量误差,有两个方面值得注意:第一,如喧哗和打错分一类的非预期特征都是不可持续的,并且其在学生之间没有一致性。如果在第二天或下一周再来一次考试,它们可能会发生在同一个学生身上,也可能不会发生。一位学生可能这个星期生病或迟到,而在下个星期则健康而准时。第二,偶然事件确实可以影响概念的操作化结果,但是它们并非是嵌入操作化定义本身的。当教师进行一次考试时,他没有将交通事故纳入这一测试。也就是说,这些因素是从测量措施之外硬闯进来的。偶发事件引起偶然的外部"噪声",这可能会暂时性或反复无常地影响概念的测量。

信度和效度

我们可有效地利用测量误差的术语来评价一种特定测量策略的优缺点。例如,我们可以说最初对政治宽容的测量包含了大量的系统性误差,可能同时也存在一小部分的随机误差。假设数学教师的测试听起来似乎同时存在一大堆这两类误差——由学生在词汇能力和考试焦虑方面的长期差异所引起的系统性测量误差,以及由一系列的偶发事件导致的随机测量误差。研究者一般不会通过直接参考系统性测量误差或随机测量误差的数量来评估一种测量方式,而是通过讨论两个测量标准:信度和效度。然而,我们却可通过测量误差来理解信度和效度。

测量结果的**信度**(reliability)是指它对概念的测量前后一致的程度。假设多次测量之间概念的属性没有变化,那么一个有信度的测量就能得出每次都相同的结果。利用以上讨论的思想,我们可看到一个完全可信的测量方式是不含任何随机误差的。随着随机测量误差干扰的增强——重复的测量结果会出现无规律的变动——测量也就变得不够可信。一项测量结果不排除系统性误差也是可信的,只要保持前后一致。举一个尽管荒谬但是能解释这一点的例子:假设研究者利用一种激光测试设备通过精确记录受访者的身高厘米数来测度公众支持政府支出的程度,身高越高的人越支持政府支出。这位研究者的测量会是相当可信的,因为它几乎不包含随机测量误差并且是可重复的。但是,它很明显是在测量一个完全不同于公众对政府支出意见的概念。在一个更现实的情境中,假设那位数学老师发现了由随机事件引起的问题并采取措施有力减少了随机测量误差的来源,那么他对数学能力的测量就一定会更一致、更可信。然而,由于测量结果仍然包含了系统性测量误差,因此,它可能还是不能反映出学生的真实数学能力。简言之,尽管信度是一个可取的测量标准(任何能成功清除测量中的随机测量误差的努力都是好的),但是它作为标准不如效度有力。

测量结果的**效度**(validity)是指它在多大程度上记录了预期特征的真实数值并且没有测量任何非预期特征。一个有效的测量结果提供概念及其实证结果之间一种清晰的、畅通的联系。一个有效的测量唯有通过测量误差的概念方可得到解释,它的决定性特征是不包含系统性误差,没有持续使测量结果脱离真实值的偏差。假如有学者通过要求每一位受访者在从左边的"应该增加支出"到右边"应该减少支出"的 7 分制量表中,标出自己的位置来评估公众对政府支出的意见。这是一个有效的测量吗? 构建测量的效度要比构建信度更难。但是似乎有理由说,这种测量方式不存在系统性误差,从而能非常接近地反映受访者关于这个议题的真实意见。再假设那位数学教师试图减少考试中系统性误差的来源——由文字题目转变为基于数学符号的公式,通过减少考试内容或延长规定答题时间来缓解学生的考试紧张情绪。这些改革会减少系统性误差,加强真实数学能力和考试结果之间的关联,从而增强考试的效度。

　　假如有一项测量结果不存在系统性误差但存在随机误差,这会是一个有效的测量吗? 一项测量可能是不可信但有效的吗? 尽管我们发现在这个问题上学术回答相互冲突,但是仍可以选定一个有保留的肯定答案。[15]不要把测量结果分为有效或无效的,而应把效度看成一个连续统,一端是"有效",而另一端是"无效"。存在严重的测量偏差和一大堆系统性误差的操作化手段可归为"无效"的一端,无论它包含了多少随机误差。早期对政治宽容的测量就是一个例子。既没有系统性误差也没有随机误差的方式可归为"有效"的一端。这样的测量方式能得到研究者所要测量的特征的准确结果,并且具有完美的一致性。那位数学教师改革之后的测量过程(改变考试手段以消除系统性误差,努力减少随机误差)可能接近这一端。试想两种对同一个概念的测量方式,两者都不存在系统性误差,但是一个存在更少的随机误差。因为这两种测量方式都克服了测量偏差,所以都位于连续性标准的"有效"一端。但是,更有一致性的测量方式会更接近"有效"的极点。

评估信度

　　评估信度的方法都围绕以下假设来设计:如果一个测量结果是可靠的,它能产生一致性的测量结果。在日常语言中,"一致性"通常意味着"不随时间而改变"。据此,一些评估信度的途径利用测量—再测量的直观形式。另一些方法测试一项测量措施的内在一致性,这就不需要两个时间节点的测量结果。我们首先介绍基于历时一致性的方法,然后再转向基于内在一致性的途径。

　　在**再测法**(test-retest method)中,调查者首先进行一次测量,然后对相同的分析单位再进行一次测量。如果测量结果是可信的,那么,两次的结果应一样或非常相似。如果存在大量的随机误差,那么,这两次的测量结果也是不同的。例如,设想我们构建一种含10个问题的工具来测量个人的经济自由主义水平。首先,我们创制了一个量表,针对10个政府项目的预算是否应该增加而询问每个受访者。然后,统计受访者回答"增加预算"的项目数量。在进行一次问卷调查后,过一段时间我们再对同一个人进行一次同样的问卷调查。如果这个量表是有信度的,每个人的得分随时间变化应非常小。复本法和再测法非常相似。在**复本法**(alternative-form method)中,调查者使用了两个不同但等价的问卷——在时间点 1 采用版本一,在时间点 2 采取等价的版本二。例如,在经济自由主义的例子中,我们可构建两套 10 个指标的量表,每个量表都能得出受访者对这 10 个政府项目的意见。为什么要费劲设计两套不同的量表呢? 复本法可弥补再测法的一个关键弱点:在第二次进行相同的问卷调查时,受访者可能会记住之前的答案并确保自己再一次给出同样的意见。很明显,我们想要测量的是经济自由主义而不是记忆力。

基于时间一致性的方法有两个主要的缺陷:第一个缺陷是这些方法使我们难以分辨随机误差和真实变化。假如在第一次调查和第二次调查期间,受访者变得更倾向经济自由主义了,就可能第一次得分是 4 而第二次得分是 7。评估信度的历时方法假设关注的属性(本例中是经济自由主义)是保持不变的。因此,所观测到的从 4 分到 7 分的变动就被认定为随机误差。两次问卷调查之间间隔的时间越长,这个问题就越明显。[16]第二个缺陷更为实际,问卷调查是很昂贵的项目,尤其是当调查者想要对一大批人采取一项调查的时候。再测法和复本法要求从面板研究中得出数据。**面板研究**(panel study)包含对相同的分析单位在两个或更多的时间点上进行测量的信息。受访者 a,b 和 c 在第一个时间点被访问一次,同样是受访者 a,b 和 c 在第二个时间点再被访问一次。而**截面研究**(cross-sectional study)包含对分析单位在某一时间点的一次测量信息。受访者 a,b 和 c 被采访,仅此而已。虽然远非廉价,但截面研究的测量结果要比面板测量更容易获得。作为一个现实问题,大多数政治学学者都面临着评估利用截面数据进行测量的信度的挑战。[17]内在一致性的方法就是为这种情况而设计的。

二分法(split-half method)是一种内在一致性的途径。它基于这样的思想,那就是从一个量表的一半指标中得到的操作化测量结果应与另一半的测量结果是相同的。在二分法中,调查者将量表中的指标分为两组,分别计算得分,然后比较测量结果。如果这些指标能有信度地测量同一个概念,那这两组得分就应一样。根据这种方法,可把我们的 10 个政府预算问题分为两组各 5 个指标,对每位受访者计算两个得分,然后比较得分。简单地说,如果我们对一个有信度的测量手段进行划分,受访者在一个 5 个指标的量表中的得分就应与在另 5 个指标的量表中的得分非常接近。**内在一致性系数**(Cronbach's alpha)是一种更精致的内在一致性方法,是二分法在方法论上的自然延伸。内在一致性系数对每个指标进行成对比较并提供整体的测量信度报告,而不是对量表中一分为二的两部分的一致性进行评估。[18]想象一个关于经济自由主义的一致性的完美测量,在一个指标中回答"增加支出"的每一位受访者都在其他的所有指标中回答"增加支出",在一个指标中回答"不增加支出"的每一位受访者也都在其他的所有指标中回答了"不增加支出"。在这种情境下,内在一致性系数的报告值为 1,意味着完美的信度。如果受访者对这些指标表现得完全没有一致性(对一个政府项目的意见与对其他项目的意见无关),内在一致性系数就是 0,这就告诉我们这个量表是完全没有信度的。显然,大多数的测量结果的信度报告都落在这两种极端之间。

很容易看到评估信度的方法是如何能帮助我们发展和提升对概念的测量的。为了更好地说明这一点,假定我们希望测量社会自由主义的概念,即个人在什么程度上接受道德价值和个人自由。列出一个经验清单之后,基于对以下 5 项政策的支持与否构建一个量表:同性婚姻、大麻合法化、堕胎权、干细胞研究及安乐死。我们期望通过汇总受访者的 5 个立场能得出对社会自由主义的一个可靠的操作化结果。包括这 5 个指标在内的量表的内在一致性系数是 0.6。经过不断改进后发现,如果排除安乐死这一指标,我们可把系数提升到 0.7,这一项可喜的改善使测量的信度接近可接受的门槛。[19]要记住更重要的一点是:你在操作化阶段所进行的工作常常有助于改善在阐明概念阶段所做的工作。

评估效度

信度是一个很重要且备受青睐的关于测量的评价标准。大部分标准化的测试都因其信度而广为人知。SAT(学术能力评估测试)、LSAT(法学院入学考试)、GRE(美国研究生入学考试),包括其他一些考试,都能再现一致的测试结果。但是,关于这些考试的争论不是集中在它们的信度上,而是集中在其效度上:这些考试测量到了它们所打算测量的东西吗? 仅仅测量了它们打算测量的东西吗? 批评者指出,由于这些考试的很多问题都预设的是一个对白人、中产阶级文化通晓的对象,因此无法有效地测量应试者的能力和技能。再次回顾关于政治宽容的早期测量,这些测量通过询问受访者是否应把最基本的自由赋予特定群体——无神论者、共产主义者和社会主义者——来测量概念。由于多个不同的研究者利用这种操作化方法产生了相似的结果,说明这一测量是可信的。但问题是有一个持续的非预期特征(它们一直在测量受访者对左翼群体的态度),产生了对这一概念持续一致但却不准确的测量结果。

评估效度的挑战之处在于发现一个操作化测量工具是否额外纳入了持续性的非预期特征,即要发现系统性测量误差的来源。诚然,有些系统性误差的来源,如语言技能和考试焦虑之类,是广为人知的,而且可通过采取一定的措施对其影响予以纠正。然而,在大多数的情况下,不为人知的因素可能对效度产生影响。怎样发现这些问题呢?

通常有两种途径来评估效度:一种是**表面效度**(face validity)的途径,调查者利用明智的判断来决定操作化过程是否测量到了计划要测量的特征。研究者会问,"从表面上看,是否有充足的理由认为这种测量不是对预期特征的精确计量?"另一种是**结构效度**(construct validity)的途径,研究者检查一种测量结果和其他相关概念之间的定量关系。这里研究者的问题是:"这种测量结果是否同人们期待会有关系的其他概念存在联系?"下面就每一种途径各看一个例子。

调查研究者利用对以下这个问题是否同意的回复来测量政治效能感(个人认为自己能够对政府产生影响的程度)——"投票是像我这样的个人能够对政府做事方式有发言权的唯一途径"。根据对这个问题的操作化设计,政治效能感低的人除投票之外几乎看不到其他的可以影响政府的机会,因此,他们会回答"同意"。政治效能感高的人会觉得对于"像我这种人"来说还有其他途径存在,因此,会回答"不同意"。但是,仔细检查一下这个调查方式,利用常理判断表面效度的问题:是否有充足的理由认为这种方式会产生对预期特征（即政治效能感）不准确的测量结果？试想一个人或一群人，他们的政治效能感是如此之低以致他们认为任何政治参与行为，包括投票都是徒劳的行动。在概念层面上，我们可确定地认为这些人具有较少的预期特征。但是，他们会如何回答这道调查题呢？一个合理的预期是，他们会说"不同意"，而这个回答会使他们被测定为具有较多的预期特征。从表面来看，这个调查问题并不是一个有效的测量方式。[20]这个例子凸显了一个由影响效度的因素引起的普遍问题。有时，我们可以确定系统性误差的潜在来源并想到这种误差是如何在影响操作化的测量过程。例如，持续低效能的人却可能被测定为政治上有效能的。然而，这种影响的范围是难以确定的。有多少人的测量结果是不准确的？小部分？很多？我们无从得知。

从给人以希望的角度来说，问卷调查方法论学者已开发出有效的工具来减轻测量偏差中的持续性扭曲，即使偏差的原因或者偏差的范围有多大尚不清楚。举例而言，考虑一下由受访者回答民意调查者问题的顺序而引发的系统性误差。想象一下提问人们以下两个关于堕胎的问题："你认为一位怀孕的女性是否应该有获得合法堕胎权利的机会，如果她已经结婚而且不想要更多的孩子？""你认为一位怀孕的女性是否应该有获得合法堕胎权利的机会，如果这个婴儿有很大的可能是严重的残疾儿？"第 1 个问题回答"是"的比重，在先问它再问第 2 个问题的情况下，比在先问第 2 个问题再问它的情况下，显著高了许多。[21]针对这种问题顺序的影响有一个权宜之计：使问题在调查中以随机顺序出现。采取这种方式，系统性测量误差就被转变为随机测量误差。随机测量误差或许并不值得调查设计者们庆祝，但是如你我所见，随机测量误差确实比系统性误差要容易处理。[22]

评估效度的第二种途径结构效度，考察了对概念的测量与其他相关概念之间的关联。这是解决问题的一条合理途径。例如，如果 GRE 是对学生进入研究生院的准备程度的有效测量，那么，GRE 分数就应与研究生后续所取得的平均成绩是强相关的。如果 GRE 并非准确的测量，那么，这种关系就是微弱的。[23]

这里有一个政治科学领域的例子。很多年来，全美选举研究一直在提供对政党认同（个人感觉自己对一个主流政治党派的忠诚或依附的程度）概念的测量结果。这个概念的测量采用 7 分制。每一个人都被分为强民主党、弱民主党、独立偏民主党、完全中立、独立偏共和党、弱共和党或者强共和党。如果我们采取表面效度的途径，这种测量方式无可指摘。根据最初的倾向（民主党、中立者、共和党）测试，采访者细致地对受访者进行一系列探测，记录下他们的政党归属的强度等级：强党性者、弱党性者、中立但偏向一党以及完全中立者。[24]持续性的非预期特征并未在这种测量策略中出现。但是，让我们来运用一下结构效度的方法。如果这种 7 分制准确测量了政党认同的强度，那么，它应该支持对其他概念的预测关系。

例如，我们预期党性强的人，无论是民主党还是共和党，在大选中会较多地参与选战——在私家车上贴标语、佩戴徽章、参加集会，或许还会给某个党派捐助资金。在相同的假设之下,我们会期望弱党性者参与较少的这类活动,中立但有党派倾向者更少参与,绝对中立者最少。这就是结构效度的逻辑。如果 7 分制是对党性强度的有效测量,那么就可以预期它应与政党行为(选战活动)明确相关,政党认同的概念在结构效度的测试中表现如何呢?

表 1-1 展示了一个 7 分制政党认同测量和一个竞选测量结果之间的经验关系。表中的数字是对在大选中参与了至少一项选战活动的人,在强民主党人、弱民主党以及政党认同量表上其他各类群体所占的百分比计算的结果。请注意,与预期一样,处在强党性两级的强民主党人和强共和党人,有最多的选战行为记录。同时,又如预期一样,完全中立者最不可能参与政党活动。但是,除了这些预期之外,还有没有什么地方不对头呢?请注意,弱民主党人,虽然被测定为比偏民主党的中立者具有更强的党派倾向,但其参与选举活动的比例却与后者几乎一样。在量表的共和党人一边情况相似,弱共和党人与偏共和党中立者人相比也显示了同样的状况。弱党性者与有政党倾向中立者在选战这一具体的政党行为上,并没有显示出明显的差异。

表 1-1　政党认同度与选举活动之间的关系

政党认同度	参与至少一项竞选活动人数百分比[a]
强民主党	43
弱民主党	20
偏民主党中立	21
中立	14
偏共和党中立	20
弱共和党	20
强共和党	38

资料来源:2008 年美国大选研究。

注:a　选举活动包括:参加会议或集会;展示徽章、标语或标志;从事竞选工作;捐献给候选人资金;给政党捐献资金;向其他任何支持或反对候选人的政治团体捐钱(2008 ANES source variables:V085030-V085035)。

有学者还把这个 7 分制政党认同量表和其他概念之间的关系做了比较,结果也发现了与表 1-1 相同的模式。[25]在应用结构效度方法时,我们可利用表 1-1 的经验关系来评估操作化测量工具。从上述对党派的测量效度的例子中,我们可得出什么结论呢? 显然,这一测量确实触及了党派认同的预期特征的某些方面。毕竟在强党性者和完全中立者那里,量表的测量结果"符合预期"。但是,我们该如何解释弱党性者和偏民主或共和党的中立者那里出现的非预期行为呢? 这个政党认同量表还测量了什么持续性的非预期特征? 有些学者认为,这个量表触及了两种持久的特征——人的党派特性的程度(预期特征)和独立程度(非预期特征)——而这两个概念应分别来测量。[26]其他学者则指出政党认同的概念和用以测量它的问卷问题之间，存在严重的不匹配，需要一套新的调查工具。关于政党认同的测量问题，如上述例子所显示的这样的问题或其他的问题，一直存在着激烈的争论。

有一点确信无疑，这些关于政治科学中的效度的争论并不是学术"把戏"，由一个研究者提出一种操作化测量，再由另一个研究者搜集经验证据来推倒它。应当说，这种争论是有益的。它专注于发现潜在的系统性误差的来源，并且旨在提升可广泛应用的操作化测量工具的品质。它也强调，尽管效度问题在整个政治分析事业那里都存在隐患，但是某些研究却更容易在这方面出问题。州政治研究者可通过计算各州人均教育支出而直接获得各州对教育的支持力度的相对精确的测量。国会学者通过计算在一系列投票中大多数民主党人反对大多数共和党人的次数占投票总次数的比例来对政党凝聚力进行有效测量。在这些例子中，概念与其操作化定义之间的联系是直接且显而易见的。与之相反，对个人层面的民意调查感兴趣的研究者通常会面临更严重的效度问题，这从之前所举的例子就可以看出。

总　结

本章介绍了概念及其测量的要义。概念是一种思想，一种心理印象，是不能被测量和量化的。社会研究的一个主要目的就是要用精确的语言来表述概念，来鉴定概念的经验属性，从而使其能被分析和理解。本章的描述旨在启发并帮你明晰概念的具体属性：想象一下位处对立两极化的主体，其中一个具有大量某概念的属性，而另一个则完全没有这些属性。你用来定义概念的，本身不能是概念，也不应是描述另一个不同概念的特征，你所感兴趣的概念可能不止一个维度。

本章描述了如何写概念性定义，该定义是这样一种陈述：它表达了一个属性变化的概念适用的分析单位，以及概念是如何被测量的。我们在测量概念的经验属性时（也就是对概念性定义进行操作化时）可能会出现严重的问题。我们的测量策略可能伴随着大量的随机测量误差，这些误差会导致对概念的测量偶然的不准确。随机误差会削弱测量结果的信度。我们的测量策略可能包含了系统性测量误差，这会导致测量结果持续性不准确。系统性误差则会削弱我们的测量结果的效度。尽管测量问题一直都困扰着社会科学学者，但是并非没有希望。研究者已开发出提升测量结果的信度和效度的有效方法。

关键术语

累加层次分析单位(aggregate-level unit analysis)

复本法(alternative-form method)

概念(concept)

概念化定义(conceptual definition)

概念维度(conceptual dimension)

概念化问题(conceptual question)

具体化问题(concrete question)

结构效度(construct validity)

内在一致性系数(Cronbach's alpha)

截面研究(cross-sectional study)

区群谬误(ecological fallacy)

表面效度(face validity)

霍桑效应(Hawthorne effect)

个体层次分析单位(individual-level unit of analysis)

多维度概念(multidimensional concept)

操作化定义(operational definition)

面板研究(panel study)

随机测量误差(random measurement error)

信度(reliability)

二分法(split-half method)

系统性测量误差(systematic measurement error)

再测法(test-retest method)

分析单位(unit of analysis)

效度(validity)

练　习

1.假设一位学者想要研究宗教信仰或宗教性在社会中的角色。通过对比有宗教信仰的人和没有宗教信仰的人的精神形象,他列出了一份属性清单。清单所列的 a,b,c 属性 3 条如下:

有宗教信仰的人	没有宗教信仰的人
a.反对道德相对主义	a.支持道德相对主义
b.定期祈祷	b.从不祈祷
c.反对同性婚姻	c.支持同性婚姻

A.这份清单里有两条不应归入这个列表:(1)是哪两条不应归入?(2)本章讨论了在构建一份经验清单时会遇到的一些问题。请你参考这些问题,解释你对(1)中所选的条目为什么不应归入这个列表。

B.确定应归入列表的清单选项。发挥想象再多写一项与该选项相似的条目。

C.基于你在 A,B 部分的概念化工作:(1) 从以下定义(x,y,z)中选出最好的关于宗教性的概念化定义。(2)解释你的选择。

定义 x:宗教性的概念被定义为个人所展现出的反对那些把非传统性别角色合法化的政府政策的程度。

定义 y:宗教性的概念被定义为个人所展现出的宗教是生活中的重要部分的特性的程度。

定义 z:宗教性的概念被定义为个人所展现出的宣扬极端教义的特性的程度。

2.发现1:一项对州一级公众关于移民限制的民意数据的考察揭示,拉美裔移民的人口占比越高(非拉美裔移民越少)的州,公众就越倾向于支持限制移民的法律。

结论:拉美裔公民比非拉美裔公民更倾向于支持限制移民的法律。

A.出于本练习的目的,我们假设发现1是正确的——也就是说,假设发现1准确地描述了实际数据,那么,上述结论能得到支持吗?参考本章所讨论的一个问题来解释你的答案。

B.假设利用个体层次的数据,比较每个州拉美裔和非拉美裔公民的移民意见得出了下面的发现。

发现2:拉美裔的公民比非拉美裔的公民更不倾向于支持限制移民的法律。

解释发现1和发现2怎样才能都是正确的。

3.本章还讨论了霍桑效应,一个在以人为研究对象时可能会引起的测量问题。

A.用一个本章没使用过的例子来描述一个会引起霍桑效应的测量情境。

B.霍桑效应是何种测量误差——随机测量误差还是系统性测量误差?解释你的答案。

4.两位学者独立开发出了不同的操作化测量方式来测度个人的政治知识水平。第一位学者的操作化测量分为从0(低认知)到100(高认知)的度量范围。第二位学者的测量同样是从0(低认知)到100(高认知)的度量范围。出于练习的目的,我们假设你知道——而学者不知道——受访者 X 的真实认知水平是50。第一位学者利用他的测量程序得出受访者 X 的4次测量结果分别是:60,61,59,60。第二位学者利用她的测量程序得出受访者 X 的4次测量结果分别是:52,46,54,48。

A.(1)哪一位学者的操作化测量更可信,是第一位还是第二位?(2)解释你是如何知道的。

B.(1)哪一种操作化测量更为有效,是第一种还是第二种?(2)解释你是如何知道的。

5.两位候选人竞逐市政委员会的一个席位。你想要对哪一位候选人在你邻里的居民中有更高的选前支持率展开一项有效的测量。你的操作化测量方式是:对各家草坪里支持候选人的标志板进行精确地计数。得到更多数量的草坪标志板的候选人就被测定为拥有更高的选前支持率。

A.这种测量策略具有低表面效度。列出两条原因来说明这种测量策略不能得出关于居民对候选人选前支持的有效测量结果。

B.数草坪标志板的方法搁置了几天后,你决定要开发出一种更有效的测量方式来测量候选人的选前支持率。(1)请描述一种能得出候选人选前支持率的有效测量结果的测量策略。(2)说明你是如何构建你的测量方式的结构效度的。

6.如本章所述,早期的关于政治宽容概念的操作化定义,是以一系列询问受访者赋予非主流群体基本自由意愿的问题为基础的。如果操作化测量结果是基于一系列的问题——如分别关于共产主义者、无神论者和社会主义者的问题,那么它就是累加量度或累加指数。在下一章,我们将进一步了解累加指数。如果一系列的问题都测量了预期特征而且没有测量任何非预期特征,那么,这个累加指数就是对概念有效的测量结果。早期的政治宽容的累加指数存在效度方面的问题,是因为它们的基础问题也计量了一个非预期特征——个人对左翼群体的态度。

A.假设你要开发一项累加指数来测量平均主义的概念,平均主义就是个人认同政府和社会应减少人与人之间差距的程度。以下哪一个"同不同意"的问题不应包括在你的累加指数内:a,b,c 还是 d?(注意:对 a 和 c 选项,回答"同意"的人被测定为更多平均主义,而回答"不同意"的人被测定为更少平均主义。而对 b 和 d 选项,回答"不同意"意味着更多平均主义,而回答"同意"意味着更少平均主义)。

　　a."我们的社会应该竭尽所能来确保每一个人都有平等的获得成功的机会。"

　　b."我们这个国家在推动平等权利方面走得太远了。"

　　c."如果我国人民有更多的自由的话,我们面临的问题就会大大减少。"

　　d."若我们少关心一些人与人之间的平等状况,那么,这个国家会更加富裕。"

B.解释你对 A 的答案背后的理由。

C.思考并写出一个有效的"同不同意"的问题来替代你在 A 中所选择的问题。

注 释

1. Hanna Fenichel Pitkin, *The Concept of Representation* (Berkeley: University of California Press, 1972), 1-2 (emphasis in original).

2. 当然,你可能想用一个概念来研究不同的分析单位。这是下面要讨论的内容。

3. 很多经常提到的有趣的概念都有被普遍接受的对立相反的标签。例如,我们把政治体制分为"民主制"和"集权制",或者把个人分为"宗教的"和"世俗的"。在这个例子中,我们将把"自由主义"和"保守主义"进行对比。

4. 最高法院的法官 Potter Stewart 在 *Jacobellis v. Ohio* 案(1964)中说:"我得出了这样的结论……根据宪法第一和第十四修正案,刑法在这个领域的适用性仅限于硬色情…… 我今天不打算进一步确定我认为属于这种描写的材料种类,并且我也永远不能清晰地定义这些材料。但是,当我看到它的时候我能够认出,本案中的这部电影不在这个范围。"

5. 自由主义可能有更多的维度。种族问题,如平权运动,可能会形成一个独立的维度,还有在外交政策上关于是选择军事力量还是外交手段的态度也可能是独立的维度。关于这个多元化概念的一个很好的介绍可参见 William S. Maddox 和 Stuart A. Lilie 所著的《超越自由和保守:再绘政治光谱》(*Beyond Liberal and Conservative: Reassessing the Political Spectrum*)(Washington, D.C.:Cato Institute, 1984)。

6. Robert A. Dahl, *Polyarchy: Participation and Opposition* (New Haven, Conn.: Yale University Press, 1971).

7. 案例参见 Michael Coppedhe, Angel Alvarez, and Claudia Maldonado, "Two Persistent Dimensions of Democracy: Contestation and Inclusiveness"(民主制的两个永恒维度:争论和包容), *Journal of Politics* 70, no.3(July 2008): 632-647。

8. 社会科学研究者之间在社会地位的测量方式和维度上存在跨学科的争论。政治学者通常选择基于收入、受教育程度和职业地位(使用频率较少)等客观的测量标准。参见 Sydney Verba 和 Norman Nie 的经典作品《美国政治参与:政治民主和社会平等》(*Participation in American: Political Democracy and Social Equality*)(New York: Harper and Row, 1972)。而社会学者和社会心理学者支持主观测量,通过询问个人其所属的社会阶级来测量这一属性。此外,社会地位可能还有一个基于个人在社会团体中的地位的单独维度,一个与社会地位不同的维度。参见:MacArthur Scale of Subjective Social Status, John D. and Catherine T. MacArthur Research Network on Socioeconomic Status and Health.

9. W. S. Robinson, "Ecological Correlations and the Behavior of Individuals"(生态相关与个人行为), *American Sociological Review* 15, no.3 (June 1950): 351-357. 也可参考 William Claggett and John Van Wingen, "An Application of Linear Programming to Ecological

Influence：An Extension of an Old Procedure"（生态影响中的线性规划应用：传统过程的延伸），*American Journal of Political Science* 37（May 1993）：633-661。

10. Emile Durkheim,《自杀论》（*Suicide*, 1897），英文译本（New York：Free Press, 1951）。Durkheim 发现新教徒占比高的人群比天主教徒占比高的人群自杀率要更高。但是，Frans van Poppel and Lincoln H. Day 有不同看法，参见"A Test of Durkheim's Theory of Suicide—Without Committing the 'Ecological Fallacy'"（检验迪尔凯姆的自杀理论——摆脱区位谬误），*American Sociological Review* 61, no. 3（1996. 6）：500-507。

11. 操作性定义（operational definition）这个社会研究的常用词在某种程度上可以说是用词不当的。操作定义并不具有和概念性定义一样的形式；在概念定义中，一个概念性词语是用经验语言定义的。与此不同，操作性定义描写一个测量概念的过程。用测量策略来描述这个名词可能会比操作性定义更合适。

12. 有大量丰富的关于政治宽容的研究。这里的讨论主要基于 Samuel A. Stouffer 的作品《共产主义、服从和公民自由》（*Communism, Conformity and Civil Liberties*）（New York：Wiley, 1966），概念化过程出自 John L. Sullivan, James Piereson, George E. Marcus, "An Alternative Conceptualization of Tolerance：Illusory Increases, 1950s-1970s", *American Political Science Review* 73（September 1979）：781-794. 进一步的阅读可参见 George E. Marcus, John L. Sullivan, Elizabeth Theiss-Morse, and Sandra L. Wood, *With Malice Toward Some*（New York：Cambridge University Press, 1995）. 一个关于概念和测量的精彩评论参见 James L. Gibson, "Enigmas of Intolerance：Fifty Years After Stouffer's *Communism, Conformity, and Civil Liberties*," *Perspectives on Politics* 4, no. 1（March 2006）：21-34.

13. 这种"最厌恶"的方法是由 Sullivan, Piereson 和 Marcus 在 "An Alternative Conceptutlization of Tolerance"（宽容的另一个概念化过程）一文中首先提出的。这种测量技术更忠于宽容的概念，因为它满足 Gibson 所提出的"前置条件客观"原则。也就是说："不能说一个人对他支持的人的意见宽容（宽容一词不适用）。政治宽容是一种忍耐，是指抑制住自己想要压制政治敌人的冲动。不能说民主党对民主党宽容，但他们也许会或者不会宽容共产主义者。因此，政治宽容是指容许一个人的政治敌人的政治活动。"Gibson, "Enigmas of Intolerance", 22。

14. **霍桑效应**（Hawthorne effect）得名于 20 世纪 20 年代在芝加哥的西部电气公司霍桑工厂进行的一系列关于工人生产力的研究。霍桑效应，有时也称**回应性测量效应**（reactive measurement effects），可能是非常持久、较少随时间变化的。考试紧张就是一个持久的回应性测量效应的例子。其他的测量效应则没那么持久。有些作为研究对象的人可能一开始会对被研究的新鲜感有所反应，再次测试的时候这种影响就会较小。最初的霍桑效应就是这样一种对新鲜感的回应。参见：Neil M. Agnew and Sandra W. Pyke, *The Science Game*（Englewood Cliffs, N. J.：Prentice-Hall, 1994）, 159-160.

15. W. Phillips Shively 认为，信度是效度的一个必要（但不充分）条件。用一个瞄准目标的弓箭手作为比喻,Shively 描述了 4 种可能出现的模式:(A)随机的一簇弓箭分散在靶心之外的一定区域(高系统性误差并且高随机误差),(B)弓箭紧密集中但不在靶心(高系统性误差,低随机误差),(C)一簇弓箭分散射在靶心(低系统性误差,高随机误差),(D)弓箭紧密集中在靶心中央(低系统性误差,低随机误差)。根据 Shively 的观点,只有最后一种情况才算是一个有效的测量。但是,Earl Babbie 认为信度和效度是相互独立的测量标准。用与 Shively 完全相同的例子,他将 C 模式概括为"有效但不可靠的",D 模式是"有效且可靠的"。参见:W. Phillips Sheively, *The Craft of Political Research*,6th ed.(Upper Saddle River, N.K.: Pearson Prentice Hall,2005), 48-49; Earl Babbie, *The Pratice of Social Research*,10th ed.(Belmont, Calif.: Thomson Wadsworth, 2004),143-146.

16.关于这一点,可参考 Edward G. Carmines and Richard A. Zelleer,《信度和效度评估》(*Reliability and Validity Assessment*)(Thousand, Oasks, Calif: SAGE Publications, 1979)。

17.其他的形容词也可用来描述数据设计。**纵贯研究**(longitudinal study)是面板研究的同义词,但是纵贯研究通常有比面板研究多得多的测量点。时间序列是指按时间顺序排列的一系列的截面数据。受访者 a,b 和 c 被问及问题 1,2 和 3,在之后的时间里,受访者 x,y 和 z 被问及问题 1,2 和 3。

18.Lee J. Cronbach, "Coefficient Alpha and the Internal Structure of Tests", *Psychometrika* 16, no. 3(September 1951):297-334.

19.大部分方法论学者推荐最小的 alpha 系数介于 0.7 和 0.8 之间。参见:Jum C. Nunnally and Ira H. Bernstein, Psychometric Theory, 3rd ed.(New York: McGraw-Hill, 1994); Carmines and Zeller, *Reliability and Validity Assessment*,51.

20.这个例子出自 Herbert Asher, *Polling and the Public*: *What Every Citizen Should Know*, 5th ed.(Washington, D. C: CQ Press, 2001), 88-89. Asher 提到这个问题已经从美国大选研究中删掉了。

21.Howard Schuman, Stanley Presser, and Jacob Ludwig, "Context Effects on Survey Responses to Questions about Abortion"(堕胎问卷调查中语境对调查结果的影响), *Public Opinion Quarterly* 45, no. 2(Summer 1981):216-223。Schuman, Presser 和 Ludwig 发现"不想再生更多的孩子"选项中的问题顺序影响是"很大并且高信度的",尽管"关于这种影响的具体解释相对于其信度而言并不清晰"(219)。对引用了"严重残疾的婴儿"问题的答复同样受到影响,无论将其放在什么位置。关于堕胎问卷语言问题的精彩评论和分析,参见 Carolyn S. Carlson, "Giving Conflicting Answers to Abortion Questions: What Respondents Say"(对堕胎问题的相互矛盾的答案:受访者说什么),论文发表在南方政治科学联盟的年会上,New Orleans, January 6-8, 2005。

22.个人易受问题顺序影响的特性可视为一种持久的非预期特征。有些人容易受影响,而也有人不易受影响。如果将所有受访者的问题都按照同样顺序排列,易受影响的受访者的答案就会被一致性地测量,将偏差引入对支持堕胎的整体测量结果中。通过随机安排问题顺序,对问题顺序的敏感性就会得到不一致的测量——有些受访者会先看到"严重残疾"的问题,其他人可能先看到的是"不想生更多孩子"的问题——将随机误差带入了对堕胎权的测量中。

23.关于结构效度途径在 GRE 中运用的讨论参见 Janet Buttolph Johnson 和 H. T. Reynolds,《政治科学研究方法》(*Political Science Research Methods*, 6th ed.)(Washington, D. C.: CQ Press, 2008, 99)。

24.调查者问,"一般来说,你认为自己是一个共和党支持者,民主党支持者还是中立者,或其他?"受访者有 6 个选项可选:民主党支持者、共和党支持者、中立者、其他党派、无偏好及不知道。再问那些选择共和党支持者和民主党支持者的人,"你会称自己是强民主党[共和党]支持者还是非强民主党[共和党]支持者?"对选择中立、无偏好和不知道的人,则问"你认为自己和共和党更接近还是和民主党更接近?"调查者记录这些答复:和共和党更接近、都不接近或者和民主党更接近。在 2008 年全美选举研究中回答这个问题的 2 323 位受访者中,有 2 299 人可按照 7 分制来分类,有 8 人认同其他党派,2 人与政党无关,8 人拒绝回答,6 人回答"不知道"。

25.Bruce E. Keith, David B. Magleby, Candice J. Nelson, Elizabeth Orr, Mark C. Westlye, Raymond E. Wolfinger, *The Myth of the Independent Voter*(Berkley: University of California Press, 1992)。

26.Herbert F. Weisberg, "A Multidimensional Conceptualization of Party Identi-fication", *Political Behavior* 2(1980): 33-60. 表 1-1 所阐述的测量问题被称为非可迁性问题。关于非可迁性和其他测量问题的学术争论的一个简明的综述,参见 Richard G. Niemi and Herbert F. Weisberg, *Controversies in Voting Behavior*, 4th ed.(Washington, D. C.: CQ Press 2001), ch.17.

27. 参见 Barry C. Burden 和 Casey A. Klofstad, "Affect and Cognition in Party Identification", *Political Psychology* 26, no. 6(2005): 869-886. Burden 和 Klofstad 指出政党认同曾被概念化地定义为一种感性的归属,基于个人的感觉——很像是个人的宗教信仰或社会团体归属感。相反地,测量政党认同的问题则利用经验认知的提示,并基于理性思考:"一般来说,你认为自己是一个共和党支持者,民主党支持者还是中立者,或其他?"通过对比两组受访者,一组回答传统的基于思考的问题,另一组回答新的基于感觉问题的受访者,Burden 和 Klofstad 发现了两组的党派认同分布有显著的差异。

第 2 章 测量和描述变量

学习目标

在本章中你将学到：

● 如何识别一个变量的重要特征

● 如何决定一个变量的测量层次

● 如何描述一个变量的集中趋势

● 如何描述一个变量的离散程度

概念的操作性定义为其测量提供了一个蓝图。沿着计划前进，按照这个蓝图的指引进行构建，我们就会得到一个变量。变量为描述和分析社会和政治的世界提供原始素材。一个**变量**（variable）是对一个属性的经验性测量。我们可通过让每一位受访者来选择描述他或者她的婚姻类型来测量一组成年人的婚姻状态：已婚、丧偶、离婚、分居及未婚。这 5 种类型是婚姻状态这一变量的值。测量时，一个回答了"已婚"的人与回答了"离婚"的人被测定为具有不同的变量值。相同的，当一张申请表要求填写"年龄：_____"时，实际要求填写的是年龄变量的一个值。在变量的值上填写"20"的人比填写"29"的人年轻了 9 个测量单位（年）。

所有的变量都具有一定的相同特征。每一个变量有一个名称和至少两个可能的值。同时，如果要利用计算机进行分析，那就必须对一个变量的值进行数字化的编码。因此，一个名称、两个或更多的值和数字化编码——这些是任何变量所共有的组成部分。但是，正如婚姻状态和年龄这样的简单例子所显示的那样，变量之间也存在重要的不同。一些属性相比其他的可以更精确地测量，如年龄可以比婚姻状态测量得更精确。相应地，一些变量的值和数字化编码与其他变量的相比传达了更多的信息。在对一个样本变量进行初步探究后，我们转向讨论其测量层次，以及一个变量的值和编码所传达的信息量。一个变量的测量层次决定了我们可以如何精确地描述它。在本章中，我们考虑描述的两个基础：集中趋势（central tendency）和离散程度（dispersion）。集中趋势涉及一个变量的典型的或"平均的"值。离散程度涉及一个变量的变化量或变量值的"散布"状态。

你将会发现,在一个变量中集中趋势和离散程度是不可分割的两部分,它们共同为一个变量提供完整的描述。

测量变量

图 2-1 展现了一个变量的关键特征,也导入了相关的重要术语。这个图还可能有助于澄清关于变量的某些疑惑。像所有的变量一样,婚姻状态有一个名称,同时,与所有变量一样,它至少有两个值(在这个案例中有 5 个:已婚、丧偶、离婚、分居及未婚)。在对一个变量的名称和值的区分上,人们往往会感到困惑。如图 2-1 所示,"已婚"和"丧偶"不是两个不同的变量,它们是婚姻状态这一变量的不同的值。有个方法可帮你更好地区分一个变量的名称和值。思考一个分析单位,并问这样一个问题:"这个单位的＿＿＿＿＿是什么?"填到这个空格里的绝对不是一个值,它通常是一个变量的名称。以这种方式完成这个问题——"这个人的离婚是什么",这毫无意义。但是,"这个人的婚姻状态是什么"却是一个有意义的问题。提问,填空,你就得到一个变量的名称——在本例中就是婚姻状态。而回答这个问题,你就得到一个变量的值:"这个人的婚姻状态是什么?""离婚"("已婚""丧偶""分居""未婚")。"离婚"是被称为婚姻状态的变量的一个值。[1]

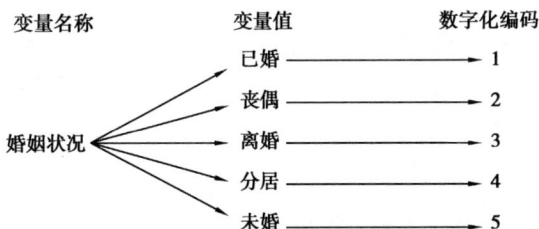

变量名称	变量值	数字化编码
	已婚	1
	丧偶	2
婚姻状况	离婚	3
	分居	4
	未婚	5

图 2-1　一个变量的分解

一个变量必须至少有两个可能的值。然而,除了这些基础性的要求,变量在它们测量一个属性的精确程度方面是不同的。注意,婚姻状态的值允许我们把人们分为不同的类型——仅此而已。同时,与婚姻状态的每一个值相连的数字化编码,编码 1 到编码 5,也只是代表不同的类型——仅此而已。"已婚"与"未婚"不同,"1"与"5"不同。婚姻状态是定类层次变量的一个例子,这种变量的值和编码只能把一个属性分为不同类型。现在设想一下另一个变量——年龄这个变量的结构是什么样的。与婚姻状态一样,年龄也有一个名称。同时,年龄也有一系列不同的值,从"18"到(例如)"99"。现在从值转向编码,年龄的数字化编码是什么? 年龄的数字化编码会与年龄的值一样。年龄是一个定距变量的例子,它的值告诉我们一个属性的确切数量。一个定距变量的值比一个定类变量的值传达了更多的信息。定序变量是另一种类型的变量,它所传达的信息比定类层次变量多,却比定距层次变量少。让我们仔细观察一下这些测量层级。

测量层级

研究者将对变量的经验特征测量的精确度分为 3 个层级。定类变量最不精确。**定类层次变量**(nominal-level variable)显示出分析单位在被测量的属性上的不同。如上所述,婚姻状态是一个定类变量,它的值允许我们将人们划分为不同的类别。与大多数的变量一样,名义变量的值一般是用数字化编码来记录的。但是,一定要记住,这些编码不是代表其数量。它们仅仅是记录了其差异性。因此,可用 5 个值来测量宗教信仰:新教、天主教、犹太教、其他宗教及没有宗教信仰。为了简便,可选择数字化编码 1,2,3,4,5 来代表这些分类。但是,也可随意地选择 27,9,56,12,77。这些数字化编码本身并无内在意义。它们的意义仅在于"它们是不同的"这个简单的事实。一个名义变量的值和编码告诉我们有一个值(如新教徒)的主体与另一个(天主教)值的主体是不同的。性别(男/女)、地区(南部/北部/中西部/西部)、种族(黑种人/白种人)、出生地(在美国出生/不在美国出生)、工会会员(会员/非会员)、就业部门(政府从业人员/个体部门从业人员)——所有这些都是被定类变量所测量的属性的例子。在每一个例子中,这些值以及与这些值有关的数字化编码都仅仅只代表着被测量属性的不同分类。

定序变量比定类变量更加精确。**定序层次变量**(ordinal-level variable)显示出分析单位之间的相对差异。定序变量有可排序的值。同时,这些排列等级可在变量的数字化编码中体现出来。设想一个命名为"支持学校祷告"的定序变量,它具有 4 个可能的值:强烈反对、反对、支持及强烈支持。请注意,如名义变量那样,你可用这些值将受访者分为不同的类别。在被测量时,一个回答"强烈反对"的人与一个回答"反对"的人是不同的。但是要注意,与名义变量不同的是你可用这些值来区分被测量属性的相对数量。在学校祷告问题上,一个回答了"强烈支持"的人比一个回答了"支持"的人有更高的支持度。定序变量的值有数字化编码,它可反映被测属性的相对数量。为了简洁,"强烈反对"编码为 1,"反对"为 2,"支持"为 3,"强烈支持"为 4。这些编码将变量值所包含的等级表露出来:1 是最少支持的,4 是最大支持的。如这个例子所示,当涉及个体的态度测量时,定序变量几乎总被用上。

定距变量能进行最精确的测量。**定距层次变量**(interval-level variable)传达了分析单位之间的准确差异。例如,用年来测量年龄,就是一个定距层次变量。它的每一个值——18 年、24 年、77 年等——都测量了属性的确切数量。此外,你可用这些定量的值测量两个分析单位之间的精确差异。一个 24 岁的主体与一个 18 岁的主体之间存在多少差异? 正好 6 年。因为一个定距变量的值正是被测量属性的数字化的数值,变量的值没有必要再单独用一组数字化编码来表示。关键是什么呢? 值本身告诉了你需要知道的东西。如果有人问你,"你每天驾驶的距离是多少"你的回答可很容易地用一个定距变量来计量,如"16 英里*"。注意,这个值不仅仅是一个数字。它是一个表示有关属性的精确数量的数字。调查者很容易确定你的回答与别人的回答是不一样的(如"15 英里"),你每天驾驶得更远(因为 16 英里比 15 英里更远),这两个答案存在精确的 1 个单位(1 英里)的区别。定距层次变量被认为是最高水平的测量,因为它们的值做了定类变量和定序变量所有可以做的——它们允许研究者把分析单位放在不同的类别里,它们允许根据测量的属性把单位进行排列。此外,它们还测量分析单位之间的细小差异。[2]

在日常生活中,定距变量十分常见:一听苏打水的液体体积,一个学期有多少周,一场棒球比赛的得分,一个人在学习上花费的时间占总时间的百分比。当政治学研究者使用累加层次分析单位的整体层面时,定距变量也是很普遍的。一个州政治研究者可能会测量州长选举中投票者占有投票资格的选民的比例,州选民在选举前多少天进行注册,或者一个州的教育预算规模。一个比较政治学专业的研究者可能会记录在一个国家中相同政体掌权的年份,或者是国防支出占国家预算的百分比。一个利益团体的研究者可能想知道会员规模,团体建立了多少年,或者是加入此团体的费用。

当政治学研究者分析个体层次的分析单位时,定类和定序变量比定距变量更普遍。定序层级变量在社会研究尤其是调查研究中大量存在。测量对政府政策或者社会行为支持或者不支持的问题——手枪登记法律、移民改革、福利支出、堕胎权、同性恋、毒品使用、育儿实践及实际上你可以想到的其他的问题——几乎全部是由定序性的值组成的。

差序累加

由于定序变量的丰富性(尤其是在态度的测量上),累加指数在社会研究中是很常见的。一个**指数**(index)是若干定序变量的累加组合,这些变量的编码方式是相同的,并且都是对同一个概念的测量。一个累加指数也称为一个总和量表或定序量表,它提供了一种更精确和更可靠的属性度量方式。在第 1 章中描述了一个关于经济自由主义的简单指数:给受访者 10 个政府项目,累加他们说"增加支出"的次数。指数的得分在 0 到 10 之间变动。当然,还可通过用含 3 个值的定序变量来获得一个更精细的测量。对每一个政府项目,受访者可以选择"减少支出"(编码为 0)、"保持不变"(编码为 1)和"增加支出"(编码为 2)。把 10 个项目的编码加总,指数的得分会在 0 到 20 之间变动。

刚才提到的两个例子(0 到 10 的指数和 0 到 20 的指数)都大体适用李克特指数构建方法。正如这个方法的创始者伦西斯·李克特(Rensis Likert)所构想的那样,**李克特量表**(Likert scale)是一个有 5 个或 7 个定序变量的累加指数,每一个定序变量都通过描述性叙述获得受访者同意(或不同意)的强度和方向。[3]看一下表 2-1,它展现了 6 个为测量平等主义而创建的李克特类型的陈述,以测量个人对政府和社会应该减少人与人之间差异的意见。针对每一个叙述,受访者被提问他们是否"强烈同意""部分同意""无所谓"

---

* 1 英里 = 1.609 千米

"部分不同意""强烈不同意"。注意到1,3,6条目表示对平等主义更多的同意。2,4,5表示对平等主义较少的同意。问题的设计者这样做的目的是减轻受访者对调查叙述回答同意的趋势———一个很顽固但是可纠正的系统性测量误差的来源。问题量大且有冗余(对同一个事物,访问者可以有多少种方式提问?)乃是李克特量表的标志。问题的相似性确保只有一个概念被测量。同时,一般来说,问题的数目越多,则量表的信度就越大。[4]

表 2-1　李克特量表中的条目

1.我们的社会应该竭尽所能确保每一个人都有平等的获得成功的机会。
2.我们这个国家在推动平等权利方面走得太远了。
3.这个国家存在的最大问题之一是我们没有给每一个人平等的机会。
4.若是我们少关心一些人与人之间的平等状况,那么这个国家会更加富裕。
5.一些人在生活中比其他的人拥有更多的机会实际上不是那么大的问题。
6.在这个国家里,若是每个人都被平等地对待,那么我们就不会有那么多的社会问题。

资料来源:2004 美国国家选举研究。变量 V045212,V045213,V045214,V045215,V045216,V045217。

注:看完每一个叙述后,受访者均被提问:"你对这个陈述是强烈同意、部分同意、无所谓、部分不同意还是强烈不同意?"

李克特量表可能是定序量表技术的大家族中最常见的成员。[5]显然,方法论学者在发展出更好的以定序变量为基础的测量方法上,已取得很大的进步。但是,在社会研究中有一个公开的秘密,就是调查者对这些数据进行常规性的描述和分析时,好像它们就是定距层级的测量。这是在社会研究方法论中长期存在争议的问题之一。这里出现两个问题:将定序量表当成定距变量处理合适吗?为什么这个问题很重要?对第一个问题:若是具备一定的条件,那么它的答案就是肯定的。[6]对第二个问题,我们的回答也是肯定的:因为对一个变量的测量水平决定了我们可以多么详细地去描述它。下面转向讨论描述性统计的精髓。

描述变量

最好理解的描述性统计是我们日常生活中的熟客:**平均**(average)。世界就像是由平均来定义的一样。当你的学院或者大学想要总结你的全部学业时会用哪个数字?在你的国家里高等教育机构的平均学费是多少?当人们出去度假时,他们通常会待几天?对举行婚礼而言哪个月最受欢迎?大多数人驾驶由哪些厂商制造的汽车?政治学研究对这一标准也很有热情。国会的候选人在一次竞选中一般会花费多少?平均而言,那些描述自己是共和党的人与描述自己是民主党的人相比,会有更高的收入吗?大多数人在堕胎观点上持什么意见?在平权举措上呢?在移民改革上呢?

当涉及描述性变量时,平均是必不可少的。但是,政治学研究者很少按照在一般语言中的方式来使用平均这个术语。他们讲的是一个变量的**集中趋势**（central tendency）——即它的典型或者平均值。一个变量的集中趋势可用 3 种方式测量：众数、中位数和平均值。测量是否合适取决于变量的测量标准。

集中趋势最基本的测量是**众数**（mode）。一个变量的众数是变量中最常见的值，这个值包含最多数量的案例或者分析单位。众数可用来描述任何变量的集中趋势。但是，对于定类层级变量而言，这是它唯一可使用的测量方法。在描述测量层次更高的即定序或定距变量时，**中位数**（median）开始起作用。中位数是正好把案例从中间分开的变量值，案例的值一半在中位数之下，一半在中位数之上。一个定序层级变量的集中趋势可用众数或中位数来测量。对定距层级变量，还有第三个测量尺度，**均值**（mean）也可用来描述集中趋势。均值与日常语言里说的**平均数**很相似。事实上，一个变量的平均值是它的算数平均数。对于一个变量，我们把案例的单个值进行加总再除以案例个数，即得到变量的均值。集中趋势所有的测量尺度——众数、中位数和平均值——都是描述变量的主力，是我们在进行比较和检验假设时所使用的主要元素。

但是，描述一个变量不仅限于报告对其集中趋势的测量。一个政治学变量也可以通过它的**离散程度**（dispersion）来描述。一个变量的离散程度有时是它最有趣和最显著的特征。例如，当我们说对枪支管理的意见是"两极化的"，我们描述的正是它们的这种差异：这是特殊形式的变量值的分布——许多人支持枪支管理，许多人反对它，只有一小部分人持中立态度。我们说在美国人中就"资本主义比社会主义好"这个问题存在"共识"是指人们意见差异很小，或者一项选择比另一项容易取得广泛的认可。当比较政治学者讨论一个国家的经济平等水平时，他们对财富的差异或者离散程度感兴趣。是大多数的经济资源被一小部分人所掌握（还是经济资源分散在众多或者是大多数公民手中，分配比较平等）？

与滥用平均数（概括和简化的首选）相比，我们在日常生活中考虑变量离散的情况不太常见。同样地，在社会科学中变量的差异也没有得到足够的重视。[7]本书在这里讨论集中趋势的测量尺度——众数、中位数和平均值的合理使用和意义，也探讨描述变量的离散性的非统计性方法。

集中趋势和离散程度

让我们从测量个人不同特征的 3 个变量开始：他们住在哪里（居住地区，定类变量），他们的宗教信仰有多深（参加宗教仪式的频率多少，定序变量），他们看多长时间的电视（一天看电视的时间，定距变量）。在我们使用的调查结果中，地区有 4 个可能的值（东北部，中西部，南部，西部）；宗教参与有 7 个可能的值（从不参加或一年参加不到一次，一年参加一次，一年参加几次，一月参加一次，一月参加2~3次，几乎每周参加，每周参加或每周参加多次）；个体每天看电视习惯的时间范围为0~24 小时。居住地区、去教堂、看电视的典型值是什么? 大多数人是落在"典型值"上,还是广泛地分布在变量的不同值上?

首先看一下地区分布这个定类变量和宗教参与这个定序变量。表 2-2 展示了 2008 年综合社会调查中大样本受访者对地区分布这一问题的回答情况。表 2-3 显示了宗教参与变量的统计结果。表 2-3 和表 2-4 均为频率分布表。**频率分布表**(frequency distribution)用表格的方式对变量值的分布加以总结。频率分布表在各种数据展示中是很普遍的,从调查研究和媒体的民意调查到市场研究和企业年度报告。频率分布表的第一列给出了变量的值。第二列报告了每个选项所获得的个体回答的累计数,即**原始频数**(raw frequency),原始频数总计在这一栏的底部。此即**总计频数**(total frequency)。第三列报告了落入变量的每一个值占全部案例的比重。[8]计算每一个值的百分比的方程式为

$$每一个值的百分比 = \frac{原始频数}{总的频数} \times 100$$

表 2-2 居住地区(列表)

地区	频数	百分比
东北部	344	17.0
中西部	427	21.1
南部	737	36.4
西部	515	25.5
总计	2 023	100.0

资料来源:2008 年综合社会调查。

表 2-3 参与宗教活动(列表)

参与	频数	百分比	累计百分比
从不或一年不到一次	579	28.8	28.8
一年一次	272	13.5	42.3
一年几次	223	11.1	53.4
一月一次	151	7.5	60.9
一月 2~3 次	182	9.1	69.9
几乎每周	93	4.6	74.5
每周或更多	513	25.5	100.0
总计	2 013	100.1[a]	

资料来源:2008 年综合社会调查。

注:问题:"你参加宗教活动的次数是多少?"综合社会调查记录了 9 类回答。表 2-3 把"从不参加"和"一年不到一次"选项做了合并,把"每周参加"和"每周参加多次"做了合并。

a 百分比总计由于四舍五入不等于 100.0%。

定序层级变量的频率分布表通常还另有一列。与测量分析单位之间差异的定类变量不一样,定序变量告诉了我们被测量属性的相对量。这个更高水平的精确度让我们可以确定**累计百分比**(cumulative percentage),即在变量的一定值上或其之下的个案所占的

百分比。因此,在表 2-3 中,有 42.3% 的受访者参加宗教活动的频率,为一年一次或从不参加,60.9% 的受访者参加频率,为一月一次或更少。

　　古话说,一图胜千言。这句话非常适合形容频率分布,后者常以**柱形图**(bar chart)的形式呈现。对于定距层级变量,我们看到,图形对变量的描述更加重要。图 2-2 和图 2-3 分别展示了居住地区和参加宗教活动的频率分布的柱形图。柱形图看起来更直观、更简洁。变量的值标注在横轴线上,百分比(换言之,原始的频数)标注在纵轴上。因此,每一条柱的高度清晰地描述了该变量值的个案所占的百分比或数值[9]。

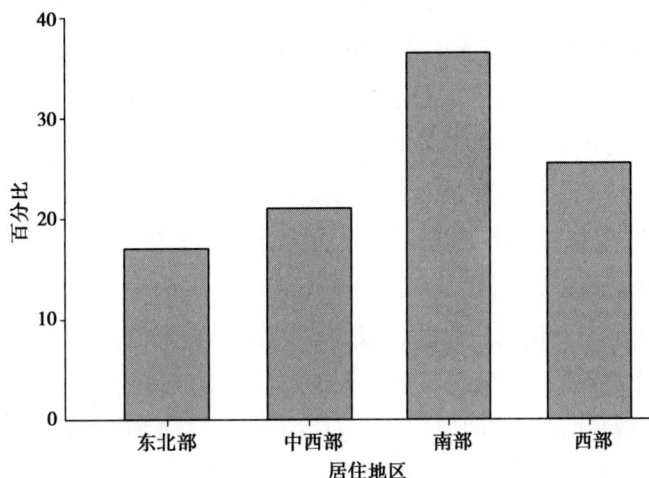

图 2-2　居住地区(图形)

资料来源:2008 年综合社会调查。

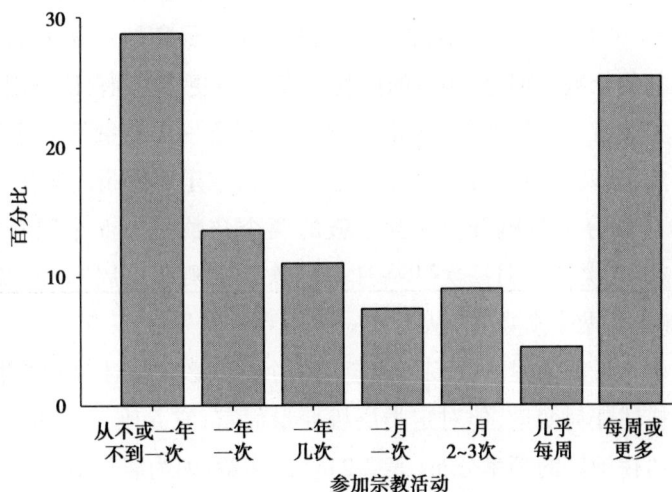

图 2-3　参加宗教活动(图形)

资料来源:2008 年综合社会调查。

注:问题:"你参加宗教活动的频率是多少?"

花点时间来仔细研究一下频率分布和柱形图。假设你必须对每个变量写一段话，尤其是宗教参与，它看起来有不寻常的特性。你怎么去描述它？

> 在2013个受访者中，接近30%（28.8%）几乎不或从未参加宗教活动。尽管参与水平极低是最常见的，但是仍有超过1/4的样本是严格遵守教规的，他们一周一次或者更多次地参与宗教活动。大多数受访者落在两极中的一极，其余的分散在变量的中间值上。整体上似倾向于较低的宗教活动参与：一半的样本（53.4%）报告他们一年几次或者更少地参加宗教活动。

你会发现，在描述频率分布表或者图形里的信息时，你会不自觉地通过引用一个变量最显著的特征来充实你的描述。上述这段话揭示了两个特征：对宗教参与的典型回答和回答分布于变量的各个值的离散程度。在描述一个变量的典型或平均值时，我们报告的是分布的集中趋势。在描述变量值之间的差异时，我们报告的是变量的离散量。

如前所述，集中趋势最基本的测量尺度是众数，它被定义为一个变量最常见的值。宗教参与变量的众数（表2-3）是"从不或一年不到一次"，因为最大比例的人群都在这个分类下。居住地区这一变量的众数（表2-2）是"南部"，这个值占最高的比例。注意众数本身不是一个百分比或者频率，它就是一个值。一个好的描述需要遵守以下形式："在（分析单位）里，众数是（最常见的值），（百分比的分析单位）拥有这个值。"在地区的例子中就是："在被调查的2 013个个体里，众数是南部，36.4%的个人来自这一地区。"

一个频率分布中有两个拥有大量案例的不同的值，称为**双峰分布**（bimodal distribution）。许多定类和定序变量有一个通过众数清晰得到的单极集中趋势。例如，居住地区有一个很容易辨认的单极。相反，宗教参与是一个双峰变量，因此，它是更有趣的一个。其中的一个回答——"从不或一年不到一次"在案例中有最高的百分比，因而其在技术上被认为是宗教参与的众数。但是，相反的回答（"每周或更多"）有几乎相同数量的案例，使分布中产生两类非常显著但非常不同的回答。在判定一个变量是不是双峰分布上，你还需要练习。当然，这两个值的百分比应相近。同时，在定序变量的案例中，两个众数应该被至少一个非众数分类分隔开。因为宗教的两个众数是被5个回答类别间隔开的（"一年一次""一年几次""一月一次""一月2~3次"和"几乎每周"），所以是很明显的双峰分布。相反，如果这两个众数是"从不或一年不到一次"和"一年一次"（也就是说，如果回答集中在两个相近的值里），我们可能会用单个的众数来描述分布的集中趋势。

众数可用来描述任何变量，但对定类层级变量而言，它是唯一可用的集中趋势测量尺度。再看一下居住地区的频率分布（表2-2）。请注意，因为居住地区是一个定类变量，它的行列可按任何顺序排列。将南部列在第一个，然后是西部、中西部和东北部，这样排列有同样的意义。但对于宗教而言，情况就有所不同。因为我们可根据他们的参与频率来调整或排列受访者，从而可能发现一个分布真正的中心。至于定序变量（定距变量也一样），我们也有可能发现一个把受访者平分为两个部分的数值，有 50% 的个案位于这个值之上，50% 的个案位于其之下。一个变量最为中间的值是中位数。

中位数是被称为百分位的有关定位测量的大家族中特殊的一员。任何已经参加过一个标准化大学入学考试的人，如 SAT（学生能力测验），一定会对这个家族非常熟悉。**百分位**（percentile）报告了在一个分布中在其以下的案例所占的百分比。这些信息用来确定一个个体的值在所有值中所处的相对位置。如果某人达到了目标学校的入学 SAT 成绩要求，假定是 SAT 上的第 85 个百分位，这样他就知道在这个考试中，85% 的其他考试者的分数低于这个分数（15% 高于这个分数）。中位数就仅仅是第 50 个百分位，这个值将一个分布分为相等的两部分。

那么，宗教参与的中位数是什么？这就是表 2-3 中累计百分比这一列发挥作用的地方。我们得知，“从不或一年不到一次”不是中位数，因为只有 28.8% 的案例具有这个值；也不是“一年一次”，因为 42.3% 的案例处在或者低于这个值。同样很明显，若是我们跳转到“一月一次”，我们就移动到了太高的位置，因为 60.9% 的受访者处在或是低于这个值。中位数在“一年几次”里，因为真正地将案例一分为二的点必然在这个值里。我们是怎么知道这些的呢？因为 53.4% 的案例落在或是低于这个值。有些研究者利用更精细的点来计算中位数，但是我们所要找的定序变量的中位数是包含中位数的变量值。因此，我们说中位数是“一年几次”。

现在退后一步，重新整体考虑。你会说“一年几次”是人们被问到他们参加宗教活动的频率时所给出的典型回答吗？可能不会。宗教参与的例子强调，在确定对一个变量集中趋势的测量值真的就是它的平均或典型值之前，应先考虑其变异量。

这里有一个普遍的规则：任何变量的最大的离散量都出现在案例均匀地分布在变量的各个值之间的时候。相反的，当所有的个案都集中在变量的一个值的时候，最小的离散量就出现了。若是各有七分之一（大约 14%）的案例落在宗教参与变量的每一个目录里，这个变量就会有最大的离散程度（最大化分散）。案例会恰好平均地分散在变量的所有值里。若是相反，所有的受访者都报告自己遵守教规，那将没有任何离散（最小化分散）。在相同的设定下，居住变量的最大化离散程度是它的 4 个值（东北部、中西部、南部和西部）各自包含案例的 25% 的时候，即图 2-2 中的所有柱形都一样高。如果变量的某个值（如“西部”）包含了所有的个案，则没有离散。

另一个离散程度的指标，至少是对定序变量而言的，可通过比较众数和中位数得出。假如众数和中位数之间间隔了不止一个的值，与众数和中位数是同一个值相比，案例分布就会更加分散。这两个离散指标，无论根据哪一个，都表明宗教参与变量的离散度很高。如果离散是一个定类或定序变量最重要的特征，那么用一个众数或中位数来描述它将会令人误解。在这样的情况下，如宗教变量例证的那样，我们将会把描述建立在变量的离散程度上。

这听起来可能很莫名其妙,中位数的主要优点是它不受变量的变异程度的影响,它只定位最靠中间的值。在双峰分布中,正如我们已知的,这可能是一个问题。但是,对于单极分布而言,它们只有一个众数,中位数不受极高值或极低值的干扰绝对是一个优点。这个优点在定距变量那里,相对于均值而言,表现得同样稳定,而后者更易受极端值的影响。

记得定距层级变量能给我们精确的测量。与仅仅代表差异性的定类变量的值不一样,与可排序的定序变量的值也不同,定距变量的值表达了被测量特性的准确数量,而且由于定距层级的变量是测量的最高形式,集中趋势的每一个"较低的"测量尺度——众数和中位数——也可用来描述它们。表 2-4 报告了收看电视时间变量的频率分布。众数,即在看电视上花费的最常见的小时数是什么? 每天花 2 小时看电视的人最多,所以 2 是众数。中位数也就是最中间的值是什么? 和我们在宗教信仰变量的分析一样,往下读累计百分比,直到遇到第 50 个百分位。由于54.3%的受访者看电视的时间为 2 小时或是更少,2 就是中位数。

表 2-4　收看电视小时数(列表)

小时	频数	百分比	累计百分比
0	79	4.0	4.0
1	422	21.2	25.2
2	577	29.0	54.3
3	337	17.0	71.2
4	226	11.4	82.6
5	136	6.8	89.4
6	99	5.0	94.4
7	23	1.2	95.6
8	34	1.7	97.3
9	4	0.2	97.5
10	23	1.2	98.6
12	14	0.7	99.4
13	1	0.1	99.3
14	7	0.4	99.7
15	2	0.1	99.8
18	2	0.1	99.9
25	1	0.1	100.0
总计	1 987	100.0	

资料来源:2006 年综合社会调查。

注:问题:"你每天平均花费多少小时看电视?"

那么,平均值是什么呢? 如在本章开头所提及的,平均值是定距层级变量分布的算术中心。通过加总所有分析单位的值再除以单位的总数就得到平均值。在计算每天看电视花费多少小时的平均值时,我们统计所有受访者看电视的时间的总数(本调查中是 5 833 小时),然后除以受访者总数(1 987)。其结果是 2.94 小时。因此,众数是 2 小时,中位数是 2 小时,平均值接近 3 小时。现在,让我们从整体分布观察,看一下集中趋势的 3 个测量尺度——众数、中位数和平均值——哪个最好地表达了典型的电视观看小时数。

图 2-4 展现了电视观看时数变量的柱形图。它的构造与前面的居住地区和宗教参与的柱形图相似。电视观看变量的值沿着横轴呈现。落在每一个值上的受访者所占百分比呈现在纵轴上。仔细观察表 2-4 和图 2-4。你会怎样描述这一变量? 受访者较密集地落在了较低的范围内,大约 70% 的人看电视时间为 3 小时或更少。超过 5 小时的人数迅速减少。一小群痴迷者(10%)每天看电视时间为 6 小时或者更多。但是请注意,落在这个变量的较高值上的个体已使柱形图右边的尾巴长于左侧的尾巴。事实上,图 2-4 中的数据呈偏态分布,也就是说个案的分布是非对称的。右侧尾巴更长(更瘦长)的分布是**正偏态分布**(positive skew);而左尾更瘦长的分布是**负偏态分布**(negative skew)。平均值易受偏度影响。在这个例子中,位于较大值上的受访者拉升了平均值的水平,使其偏离了每天看 2 小时电视的个体的集中区域。极值可能对平均值有明显的影响,但对中位数却几乎没有影响。在这个例子中,中位数(2 小时)报告了将受访者分为平等大小的两组的值,确实没有受到分布的正偏态影响。因为这个原因,中位数被称为一个对**集中趋势的稳健性测量**(resistant measure of central tendency),你也能看出为什么有时中位数能对定距变量的真正中心给出更可靠的答案。

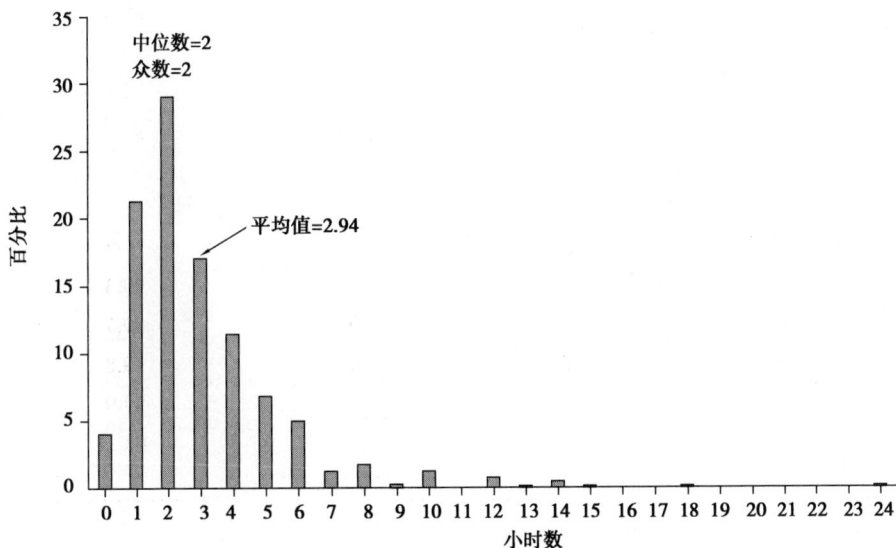

图 2-4　收看电视小时数(图形)

资料来源:2006 年综合社会调查。

注:问题:"你每一天平均花费多少小时看电视?"

这里有一个普遍的规则:当一个定距层级的变量的平均值高于它的中位数时,分布就是正偏态的。当平均值低于中位数时,分布就是负偏态的。因为看电视花费的小时数的平均值是2.94,并且其中位数是2,图2-4所描述的分布就是正偏态的。由于平均值和中位数很少是相同的,定距层级的变量几乎都有一些偏态。鉴于此,我们应直接忽视平均值而只报告一个变量的中位数吗? 多少的偏态是过多? 许多能对偏态进行统计性测量的计算机程序在这一点可以帮助分析者。[10]但是,作为一个实际的问题,你必须要练习并能判断、确定合理的偏态范围。

仔细观察表2-5和图2-5,它们分别显示了受访者对政府17类项目支出的观点的频率分布和柱形图。综合社会调查一直就政府在多个政策领域支出是"太少了""正好"或"太多了"询问受访者的意见。表2-5和图2-5报告了在政府项目支出上受访者的观点是"太少了"的数据。这个变量可用作测量经济自由主义的一个指标,它可以是0(受访者不认为政府在任何项目上的支出太少)到17(受访者认为政府在这17类项目上的支出都太少)的任何值。其得分越高,表明越倾向经济自由主义。仔细观察一下频率分布表和柱形图,这个分布是偏态的吗? 是的。它的平均值是7.69,低于中位数和众数,后两者均为8。这个分布为轻微的负偏态,将平均值拉低,稍微远离8这个中位数。依靠你的判断来决定:用平均值7.69作为这个分布的集中趋势会令人误解吗? 在这个例子中,以平均值测量集中趋势是恰当的。

表 2-5　认为政府支出"太少了"项目的数量分布(列表)

项目数值	频数	百分比	累计百分比
0	14	2.0	2.0
1	11	1.7	3.7
2	17	2.5	6.2
3	23	3.5	9.7
4	31	4.6	14.4
5	57	8.6	22.9
6	72	10.7	33.6
7	88	13.2	46.8
8	93	13.9	60.7
9	70	10.4	71.4
10	72	10.7	81.8
11	53	7.9	89.6
12	23	3.4	93.0
13	25	3.7	96.7

项目数值	频数	百分比	累计百分比
14	15	2.2	98.9
15	6	0.9	99.8
16	1	0.1	99.9
17	1	0.1	100.0
总计	672	100.0	

资料来源:2008 年综合社会调查。

注:问题:"在这个国家,我们面对很多的问题,没有一个是可以很容易或廉价地解决的。我将要列举其中的一些问题。对每一个问题,我希望你告诉我,你是否认为我们已在上面花费的钱是太多了,还是太少了,或者正好。"表2-5 的数据报告了受访者对以下政策项目的政府支出是"太少了"的回答数:"改善和保护环境""提高和保护国民健康""解决大城市的问题""阻止犯罪率提升""解决毒品问题""改善国家的教育系统""改善黑人的条件""福利""社会安全""育儿资助""对外援助""高速公路和桥梁""公共交通运输""公园和娱乐""军队、武器和国防""太空探索"和"支持科学研究"。

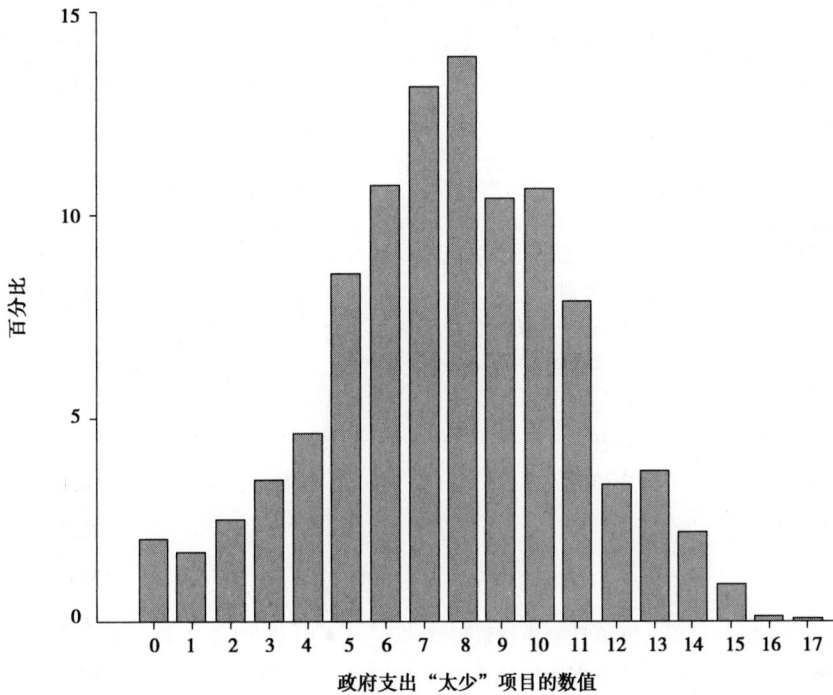

图 2-5 政府支出"太少"项目的数值(图形)

资料来源:2008 年综合社会调查。

总　结

读完本章后,你会发现,变量这个概念比你之前所意识到的更具变化。表 2-6 提供了按测量层次区分的变量不同特征的扼要总结。让我们回顾这些要点,从定类—定序—定距变量的区别开始,这是一直给我们造成困扰的根源,但通过审视变量的值和名称之间的差异,我们可以消除这一困惑。一个变量的名称告诉你它所测量的属性,而一个变量的值告诉你变量的测量层次。为了弄清一个变量的测量层次,针对变量的值可以问以下问题:这些值告诉我被测量属性的确切数量了吗? 若答案是肯定的,那么,变量就是在定距层次上被测量。若答案是否定的,问另一个问题:比较这些值我们能否得出一个分析单位的被测量属性会比另一个分析单位更多? 若答案是肯定的,那么,变量就是在定序层次上被测量。若答案为否,那么,变量就是在定类层次上被测量。让我们用这些步骤来分析一个例子。

表 2-6　测量和描述变量

测量层次		
定类 (例子:地区)	定序 (例子:宗教参与)	定距 (例子:看电视时数)
精确度 值允许你: ● 将案例分为属性不同的类别	值允许你: ● 将案例分为属性不同的类别 ● 通过属性的相对量排列案例	值允许你: ● 将案例分为属性不同的类别 ● 通过属性的相对量排列案例 ● 确定属性的准确量
集中趋势 众数	众数 中位数	众数 中位数 平均值
离散程度 低: ● 一个显著的众数 ● 柱形图单峰 ● 在非众数分类里案例显著减少	低: ● 众数和中位数相似 ● 柱形图单峰 ● 多数案例聚集中位数周围,极值案例很少	低: ● 中位数和平均值相近并有清晰的"典型值" ● 柱形图单峰 ● 案例聚集在平均值周围,极值案例很少

续表

测量层次		
定类 (例子:地区)	定序 (例子:宗教参与)	定距 (例子:看电视时数)
高: ● 双众数或多个众数 ● 柱形图不出现单峰 ● 个案在不同值广泛分布	高: ● 众数和中位数被至少一个非众数值分开 ● 柱形图不出现单峰 ● 个案在不同值广泛分布	高: ● 中位数和平均值可能不同;平均值不清晰地"显著" ● 柱形图不出现单峰 ● 个案在不同值广泛分布 偏态: 负偏态: ● 平均值小于中位数 ● 左尾瘦长 ● 使用平均值误导 正偏态: ● 平均值大于中位数 ● 右尾瘦长 ● 使用平均值误导

问卷调查研究者和人口学家对测量地域流动性感兴趣,地域流动性是指人们在一生中从一个地方迁移到另一个地方的程度。测量这个变量有哪些值呢? 通常会问受访者这样的问题:"你 16 岁时住的城市,和现在住的是同一个城市吗? 你住在相同的州但是不同的城市吗? 或你住在不同的州?"所以变量的值有"同一城市""同一个州的不同城市""不同的州"3 个。按照上面的步骤来分析这些值。这些值告诉你地域流动(被测量的属性)的确切值了吗? 没有,这些值没有在一个定距单位里表现出来,如英里。因此,这不是一个定距层级的变量。这些值能让你判断出一个人会比另一个人有更多的测量属性吗? 例如,你能得出一个仍居住在同一城市的人会比仍住在同一个州但不同城市的人有更多或是更少的地域流动吗? 是的,第二个人比第一个人有更多的地域性流动。因为这些值能使我们比较个体之间的相对差异,所以这个变量是在定序层次上被测量的。

正如我们看到的那样,一个变量的测量层次决定了它可被描述的完整程度。我们也知道,描述一个变量需要结合定量的知识和明智的判断。表 2-6 提供了一些理解集中趋势和离散程度的普遍规则。

对定类变量而言,找出众数。以一个柱形图为直观的指导,问你自己这些问题:是只有一个显著的众数单峰分布吗? 还是有不止一个众数? 设想个案在变量的所有值上均等地分散分布,那么,柱形图会是什么样? 若它有最大的差异量,那么,个案落在变量的每一个值里的百分比是多少? 将设想的个案分布图与实际的分布相比较,你会说变量的离散度很大? 或者离散度中等? 还是个案集中在众数上?

对定序变量而言,找出众数和中位数。仔细观察柱形图,在内心里组织一些句子来描述变量。正如定类变量一样,设想一个最大化的离散情境:案例在变量值里的实际分布接近最大的差异量吗?对定序变量,你也可以比较众数和中位数的值。众数和中位数在值上相同,或是很接近吗?若是如此,变量的集中趋势可以用它的中位数来很好地描述。若是众数和中位数很明显是不同的值,那么,把集中趋势作为描述的重点可能令人误解。相反地,这时应着重描述变量的离散度。

对定距变量而言,找出众数、中位数和平均值。因为定距变量的频率分布表并不简洁,所以以为获得一个清晰的分布有必要使用柱形图。[11]考虑一下集中趋势的 3 种测量,并思考分布的形态。若众数、中位数和平均值相互靠近,落在变量值的连续区间内,并且个案倾向于聚集在中心点附近,那就可用平均值去描述它的典型值。正如定类变量和定序变量那样,个案的分散分布表示变量具有较大的离散度,对定距变量也可进行对称性的评估。平均值比中位数高很多或低很多吗?若是如此,那么,分布可能是偏态的。描述偏态的来源。审视柱形图,确定使用平均值是否会导致对变量扭曲的描述。对严重偏态的变量,使用中位数来测量其集中趋势。

关键术语

柱形图(bar chart)

双峰分布(bimodal distribution)

集中趋势 (central tendency)

累计百分比(cumulative percentage)

离散(dispersion)

频率分布(frequency distribution)

指数(index)

定距变量(interval-level variable)

李克特量表(Likert scale)

均值(mean)

中位数(median)

众数(mode)

负偏态(negative skew)

定类变量(nominal-level variable)

定序变量(ordinal-level variable)

百分位(percentile)

正偏态(positive skew)

原始频数(raw frequency)

集中趋势的稳健性测量(resistant measure of central tendency)

总计频数(total frequency)

变量(variable)

练 习

1.观察以下词汇。对每一个词:(1)说明它是一个变量的名称,还是一个变量的值;(2)说明测量的层次。例子:支持同性婚姻   变量名称,定序。

A.年龄

B.保守的

C.强烈反对

D.地区

E.57 年

F.严格执行

G.天主教

H.性别

2.以下是两个定序变量的原始频数:一个关于个人的平等主义信仰的测量(A 部分),另一个关于个体宗教宽容水平的测量(B 部分)。平等主义变量,建立在个体认为政府应尽力使社会更加平等的内容上,有 4 个值:低、中低、中高和高的平等主义。宗教宽容变量是建立在受访者认为所有的宗教应被尊重的程度上。这个变量有 4 个编码值:低、中低、中高和高的宗教宽容。[12]

对每一个变量:(1)构建一个频率分布表,包括频数、百分比和累计百分比;(2)画出一个柱形图;(3)确认众数;(4)确认中位数;(5)说明变量的离散程度是高还是低;(6)给出你的理由。

A.平等主义变量的原始频数:低平等主义,181;中低,246;中高,288;高平等主义,304。

B.宗教宽容变量的原始频数:低宗教宽容,49;中低,165;中高,142;高宗教宽容,964。

3.参议员弗格洪以这样的方式描述其政治敌手:"杜威・齐图姆是一个非常两极化的人。人们要么喜欢他要么恨他。"假设大量的达到投票年龄的成年人被要求在 0~10 分给杜威・齐图姆打分。受访者可给杜威・齐图姆打分的范围是从 1(消极评价)到 10(积极评价)。

A.若弗格洪对杜威・齐图姆的描述是真的,一个关于他的评估率的柱形图是什么样的?粗略地画出一个与弗格洪的描述相符的柱形图。

B. 仍然假设参议员弗格洪是对的,下列哪一组值,第 1 组或第 2 组,更真实些?

1 组:平均值,5;中位数,5;众数,5。

2 组:平均值,5;中位数,5;众数,2。

解释你的选择。为什么你选择的那组数值比另一组的数值更真实?

C.现在假设数据显示参议员弗格洪是不对的,并且下面的特征描述最好地描绘了关于杜威・齐图姆评价率的柱形图:"杜威・齐图姆寻求共识,不是两极分化者。他通常在大多数人中得到积极的评价,支持率的变化量不大。"请粗略地勾画与这个表述相符合的柱形图。为分布的平均值、中位数和众数给出可信的值。

4.下面是一个有很多值的水平轴,从左到右值依次增大。这个轴可用来记录一个定距变量的值。根据 A,B,C 要求画出并标注 3 条水平轴。

```
                                                                    ───→
        低                                                          高
```

A.设想这个变量为负偏态。若这个变量是负偏态,它的分布会是什么样? 在你画的第一条轴上,粗略地画出一条曲线来描述一个负偏态分布。

B.设想这个变量为正偏态。在你画的第二条轴上,粗略地画一条曲线来描述一个正偏态分布。

C.设想这个变量没有偏态。在你画的第三条轴上,粗略地画出一条曲线来描述没有偏态的分布。

注　释

1.这个有用的提示源自:Robert A. Bernstein 和 James A. Dyer, *An Introduction to Political Science Methods*,3rd ed.(Englewood Cliffs, N. J.: Pretice-Hall, 1992),3.

2.一个更高层次的测量通常也被论及:定比变量。定比变量拥有定距层次测量的所有特性,此外,还另加了一个有意义的零点——被测量属性的完全缺失。从实践的层面看,区别定距和定比测量没有太大的意义。

3.Rensis Likert, "The Method of Constructing an Attitude Scale". in Scaling:*A Sourcebook for Behavior Scientists*,ed.Gary M.Maranell(Chicago: Aldine Publishing, 1974), 233-243.

4.Edward G. Carmines 和 Richard A. Zeller, *Reliability and Validity Assessment* (Thousand Oaks, Calif.: SAGE Publications, 1979),46.虽然多维问题量表的优越性早被认可,但其重要性仍是被低估的。参见 Stephen Ansolabehere, Jonathan Rodden, James M.SnyderJr., "TheStrength of Issues: Using Multiple Measures to Gauge Preference Stability, Ideological Constraint, and Issue Voting", *American Political Science Review*102, no. 2 (May52008): 215-232.

5.李克特量表只要求每一组成条目和测量的属性有一个定序的关系。例如,在表 2-1 呈现的条目上,李克特量表假设,随着一个受访者的平等主义水平上升,他对各条目问题做平等主义者回应的可能性也会增加。因为李克特量表是在严格累加基础上把受访者的编码得分加总,所以在李克特量表里得分相同的受访者,未必对所有的问题给出相同的回复。另有一个叫古特曼量表的工具,要求每一个条目和被测量属性有定序的关系,并且与量表里的所有其他条目有定序的关系。因此,在古特曼量表里得分相同的受访者必须对所有的问题给出相同的回答。在古特曼逻辑那里,如果我们不能用一个受访者的全部的量表值来预测他对每一个问题的答案的话,那么,我们就不能确定这个量表所涉及的内容都是一个测量维度的不同表现。参阅 LouisL. Guttman，"The Basis For Scalogram Analysis"，in Scaling：*A Sourcebook for Behavioral Scientists*，142-171.更好地讨论 Likert，Guttman 和其他量表方法，参阅 John P. Mclver 和 Edward G. Garmines，*Unidimensional Scaling*（Thousand，Oaks，Calif.：SAGE Publications，1981）。

6.关于这一辩论的文献回顾，并认为一个定序量表可作为定距变量进入模型的论证可参阅 Bryno D. Zumbo，Donald W. Zimmerman，"Is the Selection of Statistical Methods Governed by Level of Measurement?" *Canadian Psychology* 34，no，4（October 1993）：390-400.也可参阅 Jae-On Kim，"Multivariate Analysis of Ordinal Variables"，*American Journal of Sociology* 81，no.2（September 1975）：261-298.

7.Bear F. Braumoeller，"Explaining Variance；Or，Stuck in a Moment We Can't Get Out Of"，Political Analysis14，no.3（Summer 2006）：268-290.在这篇令人深省的文章里，Braumoeller 论证了在学界占有统治地位的"以均值为中心"的描述和解释，使我们难以建立理解和解释变化的理论。有关"以均值为中心"的思维如何导致错误结论的阐释，参阅 Stephen Jay Gould，Full House：*The Spread of Excellence from Plato to Darwin*（New York：Three Rivers Press，1996）。

8.为了避免术语的困惑，我们应注意到，比重就是原始频数除以总计频数。百分比就是比重乘以 100。不计四舍五入偏差，比重总数为 1.00，百分比总计为 100%。

9.在描述一个变量时，在柱形图的纵轴上，选择展示个案的百分比还是个案数，在很大程度上是个人偏好问题。无论做何选择，柱形的相对高度是相等的。在比较两组或多组个案的分布变化时（例如，比较白种人和黑种人的宗教参与的分布时），则必须使用百分比，因为各组的个案数不同。

10.从统计学上来说，一个完全对称的、没有偏态的分布，其偏态等于 0。数据分析软件，如 SPSS 或 Stata，能计算并报告变量的偏态测量值。该值为正或为负，标明了偏态的方向。SPSS 提供了一个辅助统计工具，偏态的标准误，帮助研究者决定变量值的分布偏态是否距离 0 太远。Stata 的命令之一，sktest，能检验分布是不是显著偏态的假设。

11.另一种图形为直方图。它经常用来展示定距层级变量。直方图与柱形图相似。柱形图显示的是个案落在变量的每一个值的百分比（频率），而直方图显示案例落在变量区间的百分比或是频率。这些区间又称分段（bins），可以使显示更简练，消除了柱与柱之间的间断和空白。柱形图和直方图都能很好地帮助研究者描述定距层级变量。

12.这个练习里的变量来自 2008 年综合社会调查。平等主义变量是基于 GSS 的变量 GOVEQINC（"同意或不同意：减少高收入群体与低收入群体之间的差距是政府的责任"）、INCGAP（"同意或不同意：在美国，人们的收入差距是非常大的"）和 INEQUQL3（"同意或不同意：不平等继续存在是因为它有利于有钱人和有权者"）。宗教宽容是基于 GSS 变量 RELGRPEQ（"同意或不同意：在美国的所有宗教团体都应该享有相同的权利"）和 RSPCTREL（"我们必须尊重所有的宗教"）。

第 3 章　提出解释、构建假设、进行比较

学习目标

在本章中你将学到：

- 如何辨别可接受的解释与不可接受的解释
- 自变量与因变量之间的不同
- 如何用一个假设来表述自变量与因变量之间的关系
- 如何用交叉列表分析和均值比较分析来检验假设
- 如何描述变量之间的线性关系和非线性关系

政治研究的第一个目标是定义和测量概念。你已知道了测量过程的 3 个步骤：明确地定义要测量的概念、确定如何进行准确的测量、选定能精确测量概念的变量。测量过程从一个模糊的概念名词开始，直到对一个具体特征的精确测量。测量过程的设计考虑"是什么"的问题。例如，政治宽容是什么，什么是对其有效的测量？

本章关注政治研究的第二个目标：提出并检验对政治现象的解释。这个目标不是由"是什么"定义的，而是由"为什么"定义的。为什么有的人比其他人在政治上更宽容？经验领域充满了"为什么"的问题。现实中，我们观察到人与人之间有这样或那样的差异时，就会很自然地遇到此类问题。为什么有些人每周参加宗教活动而有人从不参加？尝试去解释你观察的人或事物的行为，是一种你一直都在进行的智力活动。我们所观察到的现象，有些似乎是微不足道的，仅仅引起我们的好奇。为什么有的学生喜欢坐在教室的后面，而另一些学生喜欢坐前面？其他的一些现象则会引起更认真的思考。例如，堕胎合法化的支持者和反对者在流产诊所外对峙的新闻镜头，就可能会引发这样的思考：为什么一方如此声嘶力竭地反对堕胎，而另一方却如此热衷于支持堕胎合法化？或者思考一下这样的事实，如政治评论者所经常观察到的，只有大约一半有选举权的选民会在大选日当天出现在投票所。为什么有些人去投票，而有些人不投票？再想一下选举的情境，为什么有些人把选票投给民主党，而有些人则投给共和党，还有人会投给第三党派的候选人？

　　所有这些问题以及你所能想到的其他"为什么"的问题,都由两个元素构成:第一,每个问题都是对一个变化的特征的明确观察。每个问题都引用了一个变量。政治研究中的解释开始于观察一个变量——一种我们要理解的变化。人们对堕胎的看法是"反对堕胎",还是"支持女性有选择权";学生的选座偏好有"后排"和"前排"之分;投票结果从"已投票"和"没投票"中取值;等等。这样的思维过程对任何"为什么"的问题都适用。第二,每一个问题都隐含着对所观察到的差异进行因果解释的要求。每个问题都可按照"什么导致了人们在这个变量上的差异"这种句式来改写。是什么导致人们在堕胎的态度上存在差异?什么导致学生在选座上有不同的偏好?什么导致有选举权的选民在投票行为上存在差异?政治研究中的解释必定涉及因果关系。例如,在解释投票行为差异时,研究者可以提出教育是一个决定因素。随着人们的教育水平增高,他们对政治的认知随之增强,从而形成一种政治效能感,相信自己能对政治输出产生一定的影响。于是,根据这一解释,教育导致政治认知和效能感的提升,而这又导致投票率的提升。这个解释提出在教育与投票之间存在因果关系。

　　提出解释正是政治研究的创造性的精髓。它之所以是创造性的,是因为它促使我们思考:造成我们所观察到的对象之间差异的究竟有哪些可能的原因。它使我们能在研究中十分自由地思考,提出所想到的解释变量,并描述这些变量是如何可能解释我们的所见所闻。但是,提出解释并非是一种"什么都行"的活动。解释必须按照一定的方式来描述,以便为经验数据所检验。解释意味着提出**假设**(hypothesis)。所谓假设,乃是一个关于因果经验关系的可验证表述。例如,教育-投票解释就提出了关于教育和投票的关系假设。如果这个解释是正确的,那么,教育程度较低的人的投票率将比教育水平较高的人低。如果这个解释不正确,那么,在教育水平和投票率之间就不存在经验相关关系。[1]

　　因此,假设是一个条件陈述。它告诉我们在观察数据时应该寻找什么。当用经验数据来考察某种关系时,我们就是在检验假设。检验假设是政治研究方法论的关键。之所以是方法论的,是因为它遵循一系列决定假设是否正确的程序。我们如何检验教育与投票的假设呢?我们可以利用经验数据来比较受教育较少者与较多者的投票率。这样的经验比较才能检验我们的假设。

　　在这一章里,我们首先了解如何构建解释。正如我们已经了解到的,观察政治生活中的变量,看起来是一种自然、简单的活动。实质上也是这样。但是,在解释的语境中,我们以一种特殊方式看待变量,将它视为某种未知因素的效果。表示因果解释中效果的变量,被称为**因变量**(dependent variable)。我们思考如何针对一个因变量提出一种可接受的解释,并且避免不可接受的解释。提出一个可接受的解释通常要经过大量的思考,而且可能还需要有一定的想象力。可接受的解释必须看起来是符合道理的,并且需要一段较长的语言来陈述它。但是,可接受的解释并不必须是正确的,这听起来可能会很奇怪。事实上,在本章所使用的可接受的解释的例证中,大多数在构建中都完全没有考虑其正确与否。一个可接受解释的区别性特征,不是它具或不具有正确性,而是能否被检验以发现它是否正确。

在本章的第二部分，我们讨论如何形成一个假设。假设直接基于已提出的解释。在形成假设的过程中，研究者选取一个能代表解释所提出的原因因素的变量。与其他所有变量一样，这个变量测量不同主体在某一特征上的差异。但是，在解释的语境下，我们以特殊的方式来对待这个变量，将其视为因变量的原因。在一个解释中代表原因因素的变量被称为**自变量**（independent variable）。假设就是对我们提出的自变量（测量原因）与因变量（测量结果）之间关系的陈述，这种陈述可以被检验。假设所表述的是，随着主体的自变量的值发生变动，其因变量的值也应发生变动，而且是以解释中所提出的方式变动。假设是政治科学解释现象的主力。在本章里，你将学会使用一个十分简单的模板来表述可检验的假设。

在本章的第三部分，你将学习检验假设的核心方法：比较自变量取值不同的主体的因变量值。假定我们就教育决定投票进行推理。我们认为，教育程度高的人比教育程度低的人更有可能投票。要检验这个假设，我们就要比较教育程度（自变量）不同的主体的投票率（因变量）。比较使用的方法通常是一样的，但究竟选用何种假设检验工具，则取决于自变量和因变量的测量层次。如果自变量和因变量是按分类来测量的（也就是定类变量和定序变量），则采用交叉列表分析。如果自变量是分类变量，而因变量是定距变量，则采用均值比较方法。

在这一章里，你还将学到如何确定自变量和因变量之间的线性和非线性关系。在线性关系中，自变量的变化会与因变量的持续一致变化相关联。例如，在检验教育-投票的观念时，假定我们发现低教育水平人群的投票率是 40%，中等教育水平人群的投票率是 55%，而高教育水平人群的投票率是 70%。这就是一个线性关系模式，自变量每一次变化关联着因变量 15% 的提升。但是，假定我们得到的投票率结果是低教育人群 40%，中教育人群 55%，而高教育人群 60%。这就是一个非线性模型，自变量的变化没有对因变量产生持续一致的影响。从低教育水平到中等教育水平的变化对应 15% 的投票率提升，而从中等教育水平到高教育水平的变化则只有 5% 的效果。在本章里，我们将讨论几种常见的线性和非线性关系模式。

提出解释

我们大部分人都很擅长发现有趣的变量。本章的开始就给出了几个例子。政治科学家无时不在观察和测量变量。试想这样的问题：在美国，很多人认为政府应让人们更难购买到枪支，然而也有很多人认为政府应顺其自然，甚至应使购买枪支更简单。[2] 如果我们要把这个支持限制枪支的变量引入一个"为什么"的问题中，它就变成了一个因变量，是对我们所希望解释的一项特征的测量，"为什么有些人支持对枪支的限制而有些人却反对？是什么引起人们在这个因变量上的不同？"有些人可能会提出："这很简单，人们支持严厉的法律是因为人们支持控制枪支。人们反对这些法律是因为不支持控制枪支。"这不是一个有启发性的解释，它是一种无意义的重复，这种循环往复的说法必然是正确的。好的解释从不同语反复。这里有第二种尝试。"对枪支的看法与党派有某种关系。民主党和共和党就枪支管制有不同的看法。"这样的答案就更靠谱了。它引入了另一个变量——党派，并且指出这个新变量与因变量（对管制枪支的看法）有"某种关系"。但这种说法仍然不是一个有力的解释。它提出的两种特征（党派和看法）之间的关联实在太不明确了。好的解释从不模棱两可。确切地说，党派差异是如何引起或产生不同的对枪支的态度？这种效果的方向或趋势是什么？民主党倾向于反对枪支管制，而共和党倾向于支持管制？还是相反，民主党比共和党更支持枪支管制？好的解释需要把两个变量联系起来，并且提供变量之间因果链条的详细描述。好的解释需要一些思考，也需要文字陈述的功夫：

> 人们在步入成年之初，只有最基本的政治取向。党派就是这些取向之一。与孩子接受父母的信仰教派一样，孩子倾向于接受父母的政治党派。民主党家庭所养育的孩子更容易认同民主党人，而在共和党家庭中长大的人就更可能认同共和党人。这些党派认同可能只是最基础的认同，但当人们在以后的生活中决定在重要政治议题上站队时，这些认同就变得非常有用。民主党人会关注民主党人的意见领袖（如国会中的民主党议员）的政治立场，并且自己采纳这种立场。同样，共和党人也会向其意见领袖看齐。枪支管制就是一个很好的实例。枪支管制是一个把民主党和共和党的意见领袖区分开的议题。从地方政府到中央政府、从总统到国会中的民主党人意见领袖，都支持更严格的管制措施。共和党人则反对新的枪支管制措施。普通公民的意见都跟随这些领袖。因此，民主党人比共和党人更有可能支持枪支管制。

这个解释要比之前的好得多。是什么决定这是一个好的解释呢？第一，它描述了因变量（枪支管制）和一个原因变量（党派）之间的联系。在解释的语境中，原因变量被称为自变量：枪支管制意见的变化取决于党派的差异。[3]第二，它显示这些变化的方向或趋势。随着自变量的值从民主党变为共和党，因变量的值将会以一种特定的方式变化：民主党人比共和党人更有可能支持对持枪权的管制。第三，它是可检验的。如果发现民主党人和共和党人在对枪支的意见上没有区别，我们就可严谨地质疑或抛弃这种解释。因此，这个解释将一个因变量同一个自变量联系起来，显示这种联系的趋势，并提出一种可检验的实证关系。

但是要注意的是，这个解释不仅仅提供了一个可检验的实证关系。它说明党派和对枪支管制的态度之间的关系，是意见领袖塑造公民态度这样一个普遍的因果过程所导致的一个结果。受早期生活形成的不成熟但却持久的党派认同影响，人们在决定自己政治议题上的立场时，往往会选择跟随党内精英人士的领导。这个解释还指出在经验数据中还有别的关系存在。研究童年社会化的学者应能在儿童中发现党派依附萌芽，而且这些早期形成的依附感会与儿童父母的政党依附感相重合。媒体研究者会发现，密切关注政治新闻的人会很容易将自己的政治观点（如支持枪支管制）与投票选择（投给一个民主党人而非共和党人）连接起来。相反，那些不关心政治的人就不那么容易知道如何根据自己的观点来做出政治选择。公众舆论学者会发现，重要议题的民意变化发生在意见领袖的态度具体化之后（不是之前）。例如，与这个一般过程相对应，移民改革的战线首先由政党领导人划定，然后他们的观点得到民主党和共和党大众的响应。现在，我们知道这些说法是正确的吗？不，我们不知道。但是，这些关系中的每一个都是可检验的，都提示了如果这个解释是正确的我们能得到的结果。一个好的解释描述了一个普遍的因果过程，而且从后者中可导出多个可检验的关系。一个好的解释能激发好奇心："我们还能找到什么？"

社会科学中许多有趣的解释开始于下面这个例子所展示的方式。一位学者观察某现象时，得出一种因果解释，然后问："我们还能找到什么？"在罗伯特·普特南备受争议的作品《独自打保龄球》中，他从一个看起来无关紧要的观察开始：尽管保龄球运动受人们欢迎的程度在过去的几十年一直稳定增长，但是保龄球社团的数量却急剧下降。[4]也就是说，虽然这项运动的个人参与增加了，但集体参与却减少了。正如普特南著作的一位评论者所说，这个观察结果"对保龄球场边的业主很重要，他们的收入严重依赖来打球的朋友之间分享的啤酒和小吃"。[5]但是，有组织的保龄球运动的萧条是否由某种普遍原因导致，并且这种原因还导致了其他后果呢？普特南提出，年轻群体取代年老的一代，也就是代际变化，与社区和各种社会团体的衰退有一定的因果关系。生于第二次世界大战前的"漫长的公民一代（*the long civic generation*）"，比年轻的一代更有可能参加有组织的社交活动。代际变化的影响可见于所有社区组织活力的丧失，包括家长教师联盟、民权推进群体、慈善组织、宗教团体，当然，还有保龄球社团。老一代比年轻一代更有可能支持这些社会活动。这种影响同样可以见于一些正在兴起的活动——分布散漫且不需要社会互动的团体、网络虚拟聊天，当然，也包括个人保龄球娱乐。相对于年轻一代，年老一代更不支持这些活动。普特南因此将一个因变量——保龄球社团的萧条，与一个自变量——美国社会的代际构成变化，联系起来了。他描述了这种关系的趋势：年老一代比年轻一代更乐于参加保龄球社团。更重要的，普特南构建了一个普遍的解释，一个也适用于许多其他的各种社团参与和代际之间关系的普遍解释。他的书中大部分内容都是关于检验这些关系是否正确。[6]

请看另一个例子，它很好地说明了创造力和想象力在提出解释中的重要作用。马尔科姆·戈莱德威尔的畅销书《引爆点：小事件如何造成大不同》（*The Tipping Point: How Little Things Can Make a Big Difference*）同样开始于一个好奇的观察——关于鞋子的观察。暇步士（Hush Puppies），一种即使不算时髦但很舒适的绒面鞋品牌，突然开始出现在曼哈顿的街头和俱乐部(戈莱德威尔在这里生活和工作)里年轻、有地位的男士脚下。这种奇怪的潮流起源于哪里呢?戈莱德威尔做了一些调查。1994年,暇步士销量曾跌至30 000双,大部分是在街头的小零售店中出售。这种鞋的制造商沃尔夫伦认为这个品牌毫无希望了。但在当年晚些时候,暇步士开始出现在一个不太可能出现的地方,曼哈顿写字楼和格林威治村街区的零售店。1995年,销量蹿升至430 000双,1996年超过1 500 000双,暇步士成为纽约时尚人士的标配。戈莱德威尔好奇的是:"一双30美元的鞋是如何在两年内,从曼哈顿的一小群嬉皮士和设计师那里走向全美国的商场的?……为什么有的思想、行为或产品会流行开来,而其他的则不会?"[7]

戈莱德威尔指出,导致暇步士成为风尚的因果过程,与导致传染病暴发的因果过程别无二致。思想、消费品和生物病毒都需要一样的引致条件来进行传播。条件之一,必须有一小群具有高度感染力的人,戈莱德威尔称为"连接者",通过他们,感染体被传导至一个关系密切的共同体之外的众多人群。在性传播的疾病案例中,如HIV病毒引起的艾滋病,那些和很多伴侣有弱关系的乱交者就是连接者。在一种思潮或风尚的事件中,连接者就是那些拥有大量的日常非正式社交关系的人。参与这些社交关系的人可能彼此认识也可能不认识,但是他们都认识连接者。[8]这样,戈莱德威尔就将一个因变量(传播的成功与否)和一个自变量(连接者的存在与否)关联起来了。他声称他的因果解释可以解释很多社会结果,从暇步士热到纽约犯罪率的急剧下降,到青少年吸烟久存不去,甚至到保罗·瑞威尔传奇夜骑的巨大成功。[9]无可否认,戈莱德威尔的解释很有趣也很有想象力,但是这种解释可检验吗?

从提出一个可检验的关系的角度出发,戈莱德威尔关于保罗·瑞威尔著名的口口相传的战争警告的解释具有特别的启发意义。当然,保罗·瑞威尔满足典型连接者的描述,他"是渔夫又是猎人,喜欢纸牌并且热爱戏剧,是酒吧常客又是成功商人",是一个组织者和沟通者,是在波士顿茶党之后出现的秘密且分散的革命社团之间公认且受到信任的连接者。[10]因此,毫不奇怪,在瑞威尔行进沿线的城市地方民兵,都被他成功地动员起来。同时,使戈莱德威尔的解释有说服力的,是它同时解释了瑞威尔的战友的失败。瑞威尔的同袍革命者威廉·达维斯也在那个晚上出发,带着同样的警报信息,穿越了相同的距离,相似的乡村,进入了相同数目的城镇。相同的"疾病"——"英军就要来了"的消息——导致了不同的结果:在达维斯走过的路上,只有一小部分人在第二天现身同英军作战。"为什么瑞威尔成功了而达维斯却失败了呢?"戈莱德威尔问道。[11]威廉·达维斯与瑞威尔一样,都是坚定、勇敢的革命者。但与瑞威尔不一样的是,达维斯没有很好的社交关系。他只是一个只有正常的亲戚朋友圈子的普通人,只有少数人认识并信任他,这些人也都是只在自己的社会圈子之内活动。这一历史事件就为戈莱德威尔的解释提供了一次检验。自变量的一个值产生了因变量的一个值,连接者的存在导致了一种思想的成功传播。自变量的另一个值产生了因变量的其他值,连接者的缺失使得传播失败。

构建假说

上述各例证都展现了解释提出过程中创造性的一面。在可能的广泛范围内,研究者能够描述因果性解释,这些解释把原因和结果联接起来,确定趋势,并提示各种其他可能出现的结果和关系。同时,我们也看到了解释所包含的任何关系都必须是可检验的。可检验关系告诉我们,在检验数据时应发现什么。可检验关系提出的是一种假设的比较。关于党派-枪支观点的解释告诉我们,在考察民主党人和共和党人对枪支管制的态度时,应发现什么。这个解释意味着一种假设的比较。如果按照自变量的值(党派)来划分对象,比较因变量的值(对枪支管制的态度),我们会发现差异:民主党人比共和党人更有可能落入因变量的"枪支管制应更严厉"这一分类。

提出可检验的比较,看似简单容易,实则不然。它构成政治研究方法论的核心,无此则无政治科学研究。可检验比较的正规表现形式是通过假设完成的;假设可定义为关于一个自变量和一个因变量之间经验关系的可检验陈述。假设告诉我们,自变量不同的值和因变量不同的值是如何联系在一起的。以下是关于党派和枪支管制态度关系的一个假设:

> 在个人层面的比较中,民主党的个人比共和党的个人更倾向于支持枪支管制。

这个假设做了一个明确、可检验的对比。它说明当比较具有不同自变量值(党派)的分析单位(个人)时,我们会观察到因变量值(枪支管制态度)的差异。这个假设同时也反映了这种关系的趋势。随着自变量值由民主党变为共和党,因变量值从更多地支持管制转到更少地支持。这个例子包含了一个写假设的模板:

> 在[分析单位]的比较中,具有[自变量的一个值]的,比具有[自变量的另一个值]的更有可能具有[因变量的一个值]。

我们来看一个不同的例子,用其他的分析单位和变量来看一下模板是否适用。

假定一位比较政治学的学者观察到以下因变量值的有趣差异:国会或议会选举等全国性的大选中适龄选民最终投票的比例。现实中,投票率跨度很大——有些国家低于50%,而有些国家高于80%。学者提出了以下解释:

> 潜在选民看待他们选票的方式和潜在的投资者看待美元的方式相同。如果人们认为能用他们的钱得到很好的回报,他们就更有可能投资。如果人们认为一项潜在的投资可能会有风险,他们可能就不那么容易出钱。在同样的假定下,如果人们认为他们的选举能够选出他们支持的政党并出台他们支持的政策,他们就更有可能参加投票。相反,如果有选举资格的选民认为他们的选票对选举结果或政策导向不

会产生影响,他们就更有可能待在家里。如同股票在把投资的美元转变为回报的表现有所差异,不同的国家的选举体系将选民选择转化为立法机构代表性的表现也不相同。很多国家实行比例代表制(PR)。在比例代表制下,一个政治性党派基于其在选举中赢得的选票比例来分配立法机构的席位。因此,有些代表特定政策或观点的政党,如一个关注环境的政党,就能在比例代表制中获得政治权力。实行比例代表制的国家,一般都有多样化的政党为选民提供一个广泛的选择范围。由于选民能看到投票和他们对政府的影响之间有很强的关联,这种国家的投票率会很高。其他的国家实行多数代表制。在多数代表制下,只有赢得最多选票的政党才能得到立法机构的代表权。获得少于最多数选票的政党,还以环境政党为例,最终得不到代表权。实行多数代表制的国家会有较少的政党,它们提供在一大批议题上模糊的选择。这些国家的投票率会很低,因为选民感觉到他们的投票和对政府影响之间只有弱的关联。

这个解释描述了几种因果关联。在选举体系把公民投票转化为立法权的关系问题上,各国的表现不一。比例代表制有助于培育多样化的政党,为公民提供更多选择和更大影响力。多数代表制产生更少的政党,给个人的选择更少,因此,个人的影响力更小。这个解释将因变量(投票率)和自变量(选举体系类型)联系起来,而且还表明了两个变量是如何联系的。利用模板,可以为这个解释写出一个基本的假设:

在不同国家的比较中,具有比例代表选举制度的国家,比具有多数代表选举制度的国家更有可能产生较高的投票率。

在这个假设中,自变量和因变量一目了然,两者之间的假设关系趋势也很明确。这个假设告诉我们要比较什么——比例代表制国家的投票率和多数代表制国家的投票率——以及我们会发现什么:比例代表制国家的投票率会更高。当我们观察到自变量值从比例代表制变为多数代表制时,因变量的值应从较高的投票率变为较低的投票率。因此,模板是有用的。

写假设时的常见错误

这个写假设的模板绝不会把你导向错误的方向。按照这个模板,你总是能够起草一个关于自变量和因变量之间关系的可检验的描述。大多数情况下,这个模板能产生一个清晰可读的假设。选举体制与投票率假设就是一个很好的例子。其他情况下,你可能需要编辑叙述使其更具有可读性。利用这个模板,我们写出了关于党派-枪支管制意见关系的假设:在个人的比较中,那些是民主党的人比那些是共和党的人更倾向于支持枪支管制。再看一下这个语句更加友好的写法:在个人的比较中,民主党人比共和党人更倾向于支持枪支管制。第一个版本是可以接受的,但我们更喜欢第二版本。在任何情况下,通过对模板的熟悉掌握,你可以学习去确认(并且避免)一些假设写作中的常见错误。[12]检讨一下以下陈述:

  A.在个人的比较中,一些人比另一些人更有可能捐助政治候选人。

  B.有高度宗教信仰的人投票率也高。

  C.在个人的比较中,对堕胎的态度和性别相关联。

  D.由于1970—1980年所发生的社会文化变革,当代的政治冲突涉及政府在限制个人自由中的作用。

陈述 A 不是一个很差的假设。它根本就不是假设!它描述了一个变量——人们是否愿意捐助政治候选人。但它没有描述两个变量之间的关系。一个假设必须比较自变量取值不同的对象在因变量上的取值。陈述 B 是一个很差的假设。这是由于它没有做出准确的比较。高度宗教信仰的人和什么人相比有高的投票率?它可能隐含了一种比较,但是不把比较的主要部分写出来绝不是一个好主意。陈述 C 是有缺陷的,它没能说明关系的趋势。性别和态度,准确地说,以什么方式相关?我们已知,一个可接受的解释并不仅仅是简单地将两个变量联系起来。一个好的假设准确地告诉我们自变量不同的值是如何与因变量不同的值相关联。陈述 D 听起来很有趣,它一定是一段对话的开始。然而,假定陈述 D 是一个假设,那么它太模糊了以至于不能算是一个可检验的假设。模糊的假设往往会导向模糊的解释。"社会文化变革"和"限制个人自由"是什么意思呢?因变量是什么?自变量又是什么?我们如何描述它们之间的因果联系过程呢?

中介变量

  一个好的解释通常描述一个因果过程:一个或几个因果链条将自变量和因变量联系起来。这些因果链条进而又提示了其他可检验的关系的存在。我们来看一个因果链条特别丰富的例子。这个例子有助于阐释关于解释和假设的另一个要点。

  总统选举的研究者对个人投票者在候选人之间做出不同选择的解释一直有争论。学者们提出的一个典型的"为什么"的问题是:"为什么有些投票者选择现任总统,而其他人则选择挑战者?"

  在做投票决定的时候,人们观察现任总统在管理经济上的工作表现。大多数投票者对政治和社会问题不太了解,但是有一件事是他们知道的:自己的经济状况在现任总统的任期内是变好了还是变差了。如果他们的境况变好了,他们将其归功于现任总统在处理经济问题上的良好表现,并且愿意把票投给作为在任总统的候选人。相反,如果他们的经济状况变差了,他们会责备现任总统治理经济的不力,并且会支持作为挑战者的候选人。正如前总统克林顿的一位顾问令人难忘的说法:"傻瓜,经济才是关键啊!"选民经济境况的差异导致了其投票选择的不同。[13]

这个解释描述了作为自变量的投票者经济状况的值,"变好"或者"变坏",并且将这个自变量同一个因变量联系起来,选择投给现任候选人还是挑战者候选人。它提出了以下假设:

在对选民的比较中,经济境况变好的人比经济境况变差的人更有可能选择现任候选人。

这个解释还包含了一个自变量与因变量之间的因果链条。选民评估自己的经济状况,变好了还是变坏了,将这个评估结果和现任总统的管理技能联系起来,然后据此投出选票。因此,自变量影响了另外一个变量,对现任总统执掌经济的工作表现是否持满意态度,进而影响了因变量。这个因果链条包含了两个附加的假设:

在选民的比较中,经济境况变好的人,比经济境况变差的人,更有可能对现任总统执掌经济的表现持满意态度。

在选民的比较中,对现任总统执掌经济的表现持满意态度的人,比持不满意态度的人更有可能给现任投票。

第一个假设说明选民对现任执掌经济的表现的态度取决于其经济境况。在第一个假设中,工作表现变量是因变量。第二个假设说明投票选择取决于选民对现任总统执掌经济表现的态度。因此,在第二个假设中,工作表现变量是自变量。在使用同一个解释构建不同的假设时,我们可能会让同一个变量在一个假设中当因变量而在另一个假设中当自变量。

这个例子绝非罕见。很多政治科学解释都描述了**中介变量**(intervening variable)——在自变量和因变量之间起到过渡或者媒介作用的变量。在描述自变量是如何与因变量联系起来这一点上,中介变量通常起核心作用。如果有人要问个人的经济境况是如何同他们的投票选择联系起来的,解释这种关联的任务就落到了中介变量身上,这里的中介变量是选民对现任的工作表现的态度,并且如果解释是正确的,那么,这两个附加的假设(选民的经济状况影响对现任总统工作表现的态度,这种态度进而又影响投票决定)应经得住实证检验。

一个变量不是固定作为中介变量,它在描述一个因果过程的解释文本中承担介入者的角色。事实上,中介变量经常是在我们仔细思考某种关系的过程中产生的。再想一下关于教育水平(自变量)与投票可能性(因变量)之间假设性的联系。人们在思考此类关系时不愿意费太多脑子。我们可能会简单地说:"显而易见,接受更多年份教育的人比那些接受较少年份教育的人有更高的投票率。"因此,教育神奇地将一个不投票者变成了一个投票者？毫无疑问,教育经历一定会影响一个(或几个)中介变量,进而影响投票率。教育生活伴随着一系列参与式经历,如校园选举,俱乐部以及其他课外活动,还有班级同学之间的协作。此外,这些活动从象征性的仪式(五年级的班级选举)发展成为真正承担责任的管理手段(大学中的学生管理组织选举)。因此,我们似乎有理由假定学校提供了"公民教育"实践课——例如,灌输给人们一种政治效能感,即参与集体选择有助于实现期望的社会目标的信念。根据这种解释,教育程度高的人会有更多这种经历,从而比教育程度低的人有更高的效能感。而政治效能感强的人比效能感低的人更有可能参与政治。[14]如这个例子所示的,中介变量往往隐藏于深处,在精心构建的解释中常常可以见到它们的身影。

进行比较

假设意味着比较,意味着如果我们依据自变量取值来区分对象,并比较对象的因变量取值的话,我们应该发现差异。自变量取值不同的对象,应按假设的方式有不同的因变量取值。我们现在可以在这个方法上更进一步。当自变量和因变量都是分类变量(也就是说,是在定类或定序层级上测量)时,我们可利用交叉列表分析来检验假设。如果有一个分类的自变量和一个定距层级的因变量,则可采用均值比较。让我们来仔细了解一下这些情况。[15]

交叉列表

为了阐明交叉列表分析,我们将使用由枪支管制的党派解释所构建的假设:在对个人的比较中,民主党人比共和党人更有可能支持管制枪支。因变量,是否支持枪支管制,有两个可能的值:"支持"或"不支持"。作为自变量的党派是一个定序变量,其分布从"强民主党人"的一极到"强共和党人"的一极,"中立者"介于两极之间。为了简化这个例子,我们把党派划分为3类:民主党人、中立者和共和党人。

在看实际的调查数据之前,请尝试想象一个三列并立的频数分布表,每一列对应一组党派群体。想象一组对象所有人都是民主党,分布于因变量的两个值"支持"或"不支持"上;一组中立者也按其因变量值分布;而共和党人一组中则有一定的百分比支持枪支管制,一定的百分比反对。现在自问一下:如果党派-枪支管制假设是正确的话,这3组频率分布之间会呈现一种什么样的对比？

这种益智练习是政治研究中基本假设检验的基础。表3-1展示了党派和枪支管制态度之间的关系,它为我们引入了分析两个变量之间关系最常用的工具——**交叉列表**

（cross-tabulation）。交叉列表是用来展示自变量取值不同的个案在因变量不同值上的分布的表。因此,表 3-1 的第一列展示了 468 位民主党人在枪支管制变量值上的分布,第二列是 483 位中立者的分布,第三列是 353 位共和党人的分布。每一列都有包含落在因变量各类下的个案原始频数和百分比。因此,468 位民主党人中的 407 位,也就是 87.0%,赞同要求人们在购买枪支时需要获得许可的法律,483 位中立者中有 382 位(79.1%)赞同,353 位共和党人中有 243 位(68.8%)赞同。注意最右侧的"合计"一列,该列把所有的 1 304 位受访者加总,报告了因变量的频数分布。在所有的 1 304 个个案中,1 032 个(79.1%)落入了"赞同"的因变量分类中,272 个(20.9%)落入了"反对"的分类。

表 3-1　按党派划分的枪支管制态度（交叉列表）

关于购枪需要许可的意见	党派认同			合计
	民主党人	独立人士	共和党人	
赞同	87.0%	79.1%	68.8%	79.1%
	(407)	(382)	(243)	(1 032)
反对	13.0%	20.9%	31.2%	20.9%
	(61)	(101)	(110)	(272)
合计	100.0%	100.0%	100.0%	100.0%
	(468)	(483)	(353)	(1 304)

资料来源:2008 年综合社会调查。

注:问题:"你赞同还是反对要求个人须获得警察许可后才能购买枪支的法律?"

表 3-1 是根据以下 3 条规则构建的,这 3 条规则通常也能指导你建立交叉列表。前两条规则帮助你正确组织数据。第三条规则帮助你理解关系。

规则一:设立交叉列表,应以自变量的分类定义列,因变量的值定义行。在自变量的每个值上,展示落入因变量各个分类的原始频数(按惯例加括号),并在各列最底端求和。

规则二:永远按自变量分类计算百分比。绝不要按因变量分类计算百分比例。这听起来有点古板,但是规则二是最关键也是最容易违背的规则。前述党派解释认为自变量党派认同是原因。因变量对枪支管制的态度是结果。随着党派从民主党人变为中立者再变为共和党人,对枪支管制的态度应该是支持限制枪支的程度由强变弱。态度变化的天平,是否如假设所预期的那样,随我们从一个原因层转到另一个原因层而发生变化呢?为了回答这个问题,我们要搞清楚起因即党派的差异,是否会导致结果的差异,即不同的枪支管制态度。我们需要知道按自变量划分的每一类受访者中支持或反对限制枪支的百分比。因此,各列的百分比数据都是根据各列,而非各行的合计计算出来的。作为一个直观的证明线索,各列的百分比加总结果为 100%,并在各列的底部得到报告。

规则三:通过比较相同因变量值上不同列的百分比来解释交叉列表。正是这一比较使假设得以验证。我们可以把赞同购枪许可的民主党人的百分比,与独立人士和共和党人的赞同购枪许可百分比加以比较,或者我们也可在因变量的另一个值即"反对购枪许可"上,对不同党派的受访人的选择比例加以比较。但是,我们不可以将两者混为一谈。

这些简单的规则有助于我们避免一些常见错误。如上所述,这些错误中最严重的是按因变量计算百分比。另一个错误会影响我们对结果的解释。这个错误是分析者容易受百分比的绝对数值干扰,而忽视了按假设所要求的进行比较。你可能注意到了每个党派组别都有很大的百分比落在因变量分类中的"赞同"上。在解释此类百分比——如本例中的百分比显示在每个党派中支持枪支许可制度的都占绝对多数——时,我们可能会说:"假设是错误的。大多数的民主党人、共和党人、独立人士都支持限制枪支。"这是一个错误的解读。记住,假设是一个比较性的陈述。它要求依据自变量取值的不同对因变量的差异进行比较。记住永远要采取比较的标准。

让我们回到表 3-1 的数据上来。关于党派枪支管制态度的假设是正确的吗?根据这些规则,我们应该关注每个党派支持枪支管制的百分比并按列读取数据,从民主党人开始。大部分(87%)的民主党人都支持,独立人士支持程度略低(79.1%),共和党人支持程度最低(68.8%)。这种模式是系统性的,并且与假设一致。我们将自变量从民主党人变为独立人士再到共和党人,每改变一次,因变量的分布也随之按照假设的方式改变。

再看另一个例子。假定我们对年龄和对同性婚姻支持程度之间的关系感兴趣。年轻人比年纪大的人更倾向于认为同性恋者应该被允许结婚吗?思考以下假设:在对不同个人的比较中,年轻人比年纪大的人更倾向于支持同性婚姻。再提醒一次,在考察数据之前,先尝试构建一个交叉列表。你应该看到人群依据自变量(年龄)被分成了几组。每一组都会按因变量(支持或不支持同性婚姻)分布。年轻人中一定百分比的人会认为同性婚姻应被允许,年纪大的人中也有一定百分比的人认为同性婚姻应被允许。如果假设是不正确的,这两个百分比的比较结果会怎样呢?如果假设是正确的,我们又会发现什么呢?

表 3-2 展示了这个交叉列表,它是依据上述 3 条规则构建的。将年龄划分为 5 个值的定序变量来作为自变量定义列,因变量的值(允许或不允许)定义行。表的单元格包含自变量的每一个分类下受访者回答"允许"和"不允许"的原始频数和频率,并在每一列的底部加总。样本整体的频率分布在最右侧的一列。

表 3-2 按年龄区分同性婚姻支持率（交叉列表）

同性婚姻允许度	年龄组					合计
	18~30 岁	31~40 岁	41~50 岁	51~60 岁	61 岁及以上	
允许	60.3%	49.1%	35.2%	28.7%	20.2%	39.2%
	（325）	（182）	（154）	（114）	（98）	（873）
不允许	39.7%	50.9%	64.8%	71.3%	79.8%	60.8%
	（214）	（189）	（283）	（283）	（387）	（1 356）
合计	100.0%	100.0%	100.0%	100.0%	100.0%	100.0%
	（539）	（371）	（437）	（397）	（485）	（2 229）

资料来源：2008 年全美选举研究。

注：问题："同性伴侣应该被允许结婚吗？还是你认为他们不应当被允许结婚？"在表 3-2 中，"不允许"包含了选择"不应该被允许"回答的受访人，以及自行做出同性恋者"不应被允许结婚但应被允许依法组成民事结合体（civic union）"回答的受访者（基于变量 V083214）。

你会如何理解这些百分比呢？显然，如果假设是错误的，每一类的人们回答"允许"的百分比应该是大致相等的。但事实不是这样的。对比同一因变量值（关注"允许"的百分比）中的不同列的百分比，受访者回答"允许"的比例随着年龄上升而系统性地下降，从 49.1% 跌至 35.2%，再到 28.7%，最后在年纪最大的一列中跌到 20.2%。假设通过了检验。

均值比较

同样的比较逻辑适用于另一种常见的假设检验情境，即当自变量是定类变量或定序变量而因变量是定距变量的时候。由于背景的改变，让我们考察一个用国家作为分析单位的假设。这里我们关心的因变量是对各国公民所享有的权利和自由的测量。这个指标的范围从 0（公民拥有很少的权利和自由）到 12（公民有很多权利和自由）。你可能也会猜到，不同国家在这方面差距很大。在我们分析的 172 个国家中，25% 的国家在这个 13 分制下得分少于或等于 4 分，另有 25% 得到 12 分，剩下的 50% 十分均匀地分布在变量的中间范围。是什么导致了国家之间的政治自由有如此之大的差距呢？我们知道，与经济发展相关的一些现象，如经济增长和教育水平，会产生一种有助于增进自由的社会和政治环境。对此类发展的一个测量为人均国内生产总值（人均 GDP），在这里的假设中成为自变量：在国家的比较中，相对于人均 GDP 更高的国家，人均 GDP 较低的国家具有较少的政治权利和自由。

让我们做一个益智练习。想象 172 个国家依据自变量分成 4 组：低人均 GDP 国家、中低人均 GDP 国家、中高人均 GDP 国家和高人均 GDP 国家。然后，对每一组国家"计算"其因变量平均值，即在 13 分制的政治自由指数上，低人均 GDP 国家、中低人均 GDP 国家等的平均得分。与以前做过的一样，你来操练建立我们一直进行的比较：如果假设是正确的,这些均值之间会有差异吗? 如果有差异,是以什么样的方式呢?

表 3-3 给出了一个均值比较表,它显示了利用真实数据进行分析的结果。**均值比较表**(means comparison table)是一种显示具有不同自变量取值的个案因变量均值的表。表 3-3 介绍了一种常见的均值比较表格式,它是你在研究文章和计算机输出中最常见到的表格展示类型。[16] 在表 3-3 中,因变量的均值与个案数位于单独一列,并与自变量的值相邻。简单地按自变量值从低到高往下读,我们就能看到因变量的平均值是如何变化的。我们看到,42 个低人均 GDP 国家在 13 分制的政治权利和自由指标中的平均得分是 5.4,43 个中低人均 GDP 国家是 6.4,44 个中高人均 GDP 国家是 8.1,43 个高人均 GDP 国家是 10.1。所有 172 个国家的均值 7.5 展示在表格最底部"合计"的一栏。

表 3-3　按照各国人均 GDP 分组的政治权利和自由指数

国家人均 GDP	平均分[a]
低	5.4
	(42)
中低	6.4
	(43)
中高	8.1
	(44)
高	10.1
	(43)
合计	7.5
	(172)

资料来源:人均 GDP 基于来自世界银行的数据,世界发展指数(2008)。政治权利和自由得分基于自由之家的数据,所有的变量都出自哈佛大学肯尼迪政府学院的 Pippa Norris,并且都可以从他的个人网站获得。

注:a　得分是通过加总自由之家的政治权利 7 分制指数和 7 分制的公民自由指数得到的。综合指数重新调整为从 0(最少权利和自由)到 12(最多权利和自由)。数据年份是 2008 年。

我们应该如何理解表 3-3 呢? 如同理解交叉列表一样,我们应比较自变量取值不同的个案的因变量值。如果假设是不正确的,我们应发现所有自变量分类的政治权利和自由得分大致相同。但是,当我们沿着列往下从低 GDP 到高 GDP 移动时,数据揭示了什么呢? 很明显,每一次对比自变量取值较高的国家和自变量取值较低的国家时,我们都得到了假设的差异:人均 GDP 越高的国家,自变量的均值也越高。因此,假设通过了检验。

图解关系并描述模式

当自变量是在定序(或定距)层级进行测量的变量时,我们可以探寻自变量和因变量之间的关系是正向还是负向的。GDP 和政治权利与自由之间的关系是一种**正向关系**

（direct relationship），即沿正方向运行的关系：自变量（人均 GDP）的增长与因变量（政治权利和自由）的增长相关联。年龄和支持同性婚姻之间的关系是一种**反向关系**（inverse relationship），即沿负方向运行的关系：自变量（年龄）的增长关联着因变量（支持同性婚姻的可能性）的下降。如果自变量是定类变量，情况又是怎样的呢？例如，自变量是地区、种族或性别。毕竟，要构建合理的假设就要求我们描述关系的趋势，包括具有定类层级自变量的关系。如果有人说女人比男人更倾向于支持枪支管制，他所做的就是对这一关**系趋势**进行描述——女人比男人更有可能支持枪支管制。这一对趋势的逻辑运用是很正确的。但是，如果把性别和枪支态度之间关系的方向描述为"正向"或"负向"就没有意义，这是因为性别不是定序或定距变量。在这一章里，我们关注有方向的关系，也就是具有定序层级自变量的关系。在第 5 章里，我们将利用趋势来描述具有定类层级自变量的复杂关系。

　　我们已经见识了柱状图在描述变量时是如何发挥作用的。**折线图**（line chart）作为柱状图的一种变形，同时作为另一种可视化展示的形式，也能帮助我们描述变量之间的关系。图 3-1 展示了与年龄-同性婚姻交叉列表（表 3-2）相对应的柱状图。柱状图和交叉列表一样简单，甚至更为简单。自变量（年龄）的不同分类沿水平轴分布。自变量的这种分布与我们在第 2 章中介绍的基于单变量频率分布的柱状图一样。但是，在利用这种图形式来描述关系时，纵轴并不代表落入自变量不同取值的个案比例。准确地说，纵轴记录自变量的每一个值对应的个案中落入因变量的一个值中的比例——认为同性婚姻应该被允许的人数比例。因此，每个柱子的高度表明每一个年龄组中回答"允许"的人数的百分比。随着你沿着横轴从年轻到年老移动，你会发现柱形的高度以系统性的模式在下降。图 3-1 显示了一种负向或反向关系的视觉特征。随着自变量值的增长，因变量的值（认为同性婚姻应该被允许的人数的百分比）不断下降。

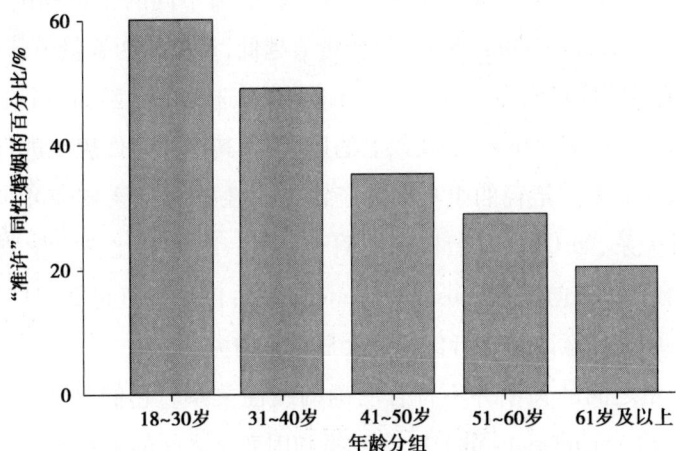

图 3-1　对同性婚姻的支持，按年龄划分（柱状图）

资料来源：2008 年美国大选研究。

注：问题："同性伴侣应该被允许结婚吗？或者，你认为他们不应该被允许结婚吗？"

对具有定距层级变量的假设,如人均 GDP 与政治权利和自由之间的关系(见表 3-3),可使用折线图(见图 3-2)。其基本形式与柱状图相同,自变量的值(各国GDP 水平)沿横轴分布。纵轴记录每一个自变量取值对应个案的因变量均值。这张均值比较表的图形版揭示了正向或同向关系的视觉特征。随着人均 GDP 的增长,权利和自由指数的均值也不断上升。

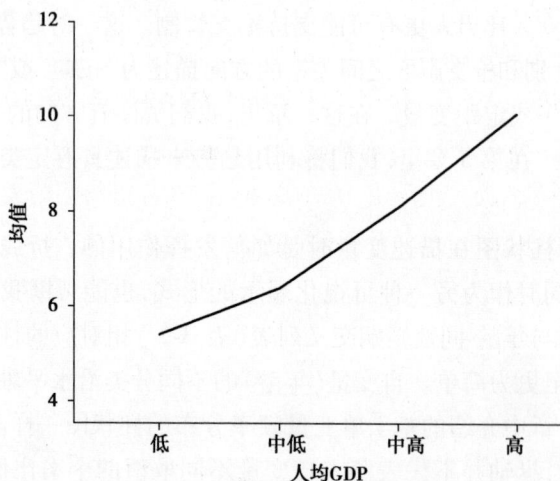

图 3-2　政治权利和自由,按各国人均 GDP 划分(折线图)

年龄-同性婚姻关系和 GDP-政治权利关系都是线性的。在**线性关系**(linear relationship)中,自变量的增长伴随着因变量的持续增长或减少。线性关系可以是正向或负向的。在负线性关系中,任何时候你比较自变量取值不同的主体的因变量值,都能发现一种**负向关系**(negative relationship):自变量值越低,对应的因变量值却越高。例如,在年龄-同性婚姻关系的柱状图中(见图 3-1),你可随意选两个年龄组进行比较——18~30岁和 31~40 岁比,41~50 岁和 61 岁及以上的比,或者其他任何你想要进行的比较。每一种比较都显示负向关系。年轻的组更倾向于认为同性婚姻应该被许可。同样的想法也适用于正向线性关系,如 GDP-政治权利的例子。每一次你对比自变量取值不同的个案的因变量值,都会得出**正向关系**(positive relationship):自变量值越低,对应的因变量值也越低。对图 3-2 中的任意两组进行比较都会显示正向关系。

很多政治变量之间的关系并不符合明确的线性关系。它们是非线性或曲线性的。在**曲线关系**(curvilinear relationship)中,自变量和因变量之间的关系取决于自变量的测量区间或范围。关系可能会改变方向,由正向变为负向或者由负向变为正向。或者虽然关系的方向不变,但关系的强度和稳定性会发生变化,由强变弱或者由弱变强。当沿着自变量值移动并对因变量的值进行比较时,你有可能会发现一种正向关系;也就是说,随着自变量的增长,因变量也会增长。但继续沿自变量移动并进入自变量的另一个范围时,这种关系可能会变为负向的;也就是说,随着自变量继续增长,因变量开始下降。或者,一种最初是正向或负向的关系可能会变成不升不降,随着自变量的增长,因变量没有变化。还存在许多其他的可能。我们来看一些常见的模式。

第一种模式是你的日常经验所熟悉的。你花在学习上的小时数(自变量)和你得到的成绩(因变量)之间的关系是怎样的? 毫无疑问,一般而言,这个关系是正向的:学习时间越多,就学得越好。但是,你从学习的前两个小时中得到的进步和你从第五、六小时中得到的是一样的吗? 图 3-3 描绘了这个例子对应的一种假设的关系。注意,对自变量的最低的值(在 0 到 1 之间),自变量与因变量之间有很强的正向关系。第一个小时转化成 20 分左右的考试成绩提升,从 50 分到了 70 分。增加第二个小时也得到了回报,但是并不像第一个小时那么多:只增加了 10 分左右。随着小时数的继续增加,这个关系变得越来越弱,虽然仍是正向关系。曲线开始变平。"回报率递减"这个通常的说法概括了这种曲线关系的特征。

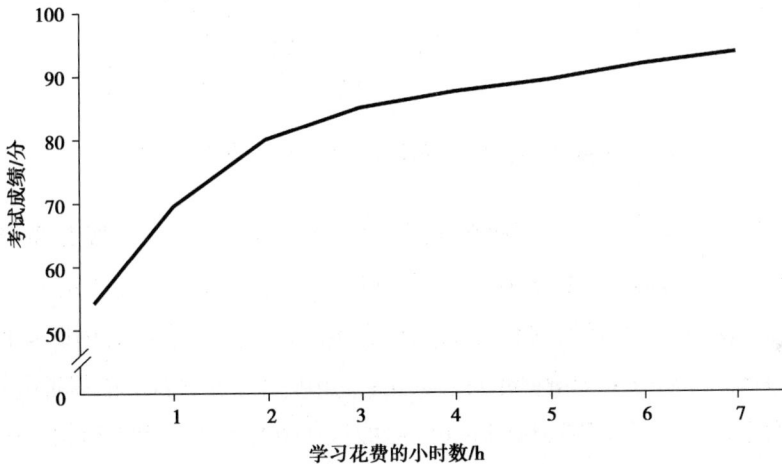

图 3-3　学习时间和考试成绩之间的关系

注:假设数据。

如图 3-3 所示的非线性关系讲述了一个假想的但却可能发生的故事。图 3-4 则展示了一个现实世界中的关系——年龄(自变量)和社会分离度(因变量)之间的关系,社会分离度是指人们与亲戚、邻居和朋友失去联系的程度。随着年龄的增长,社会分离度会增长吗? 比较最年轻的一组(18~30 岁)和就近年长的一组(31~40 岁)的分离平均值,我们可以看到非常明显的正向关系:年纪较大一组的平均得分(在该分制下平均得分8.8)比较年轻一组的平均得分(平均 7.3)高出了 1.5 分。对 31~40 岁组(8.8)和 41~

50 岁组（9.5）的比较同样得到了正向关系，但这种关系变弱了。当我们继续移动到年龄更大的分组时，正向关系继续减弱。41~50 岁组（9.5）和最老的一组（9.9）之间的社会分离度仅仅显示了 0.4 分的微弱增长。因此，在粗略的轮廓上，图 3-4 提供了如图 3-3 所示假设关系的现实例子：在自变量较低的取值范围内有强关系，随着我们移动到较高的取值范围，这种关系逐渐减弱。

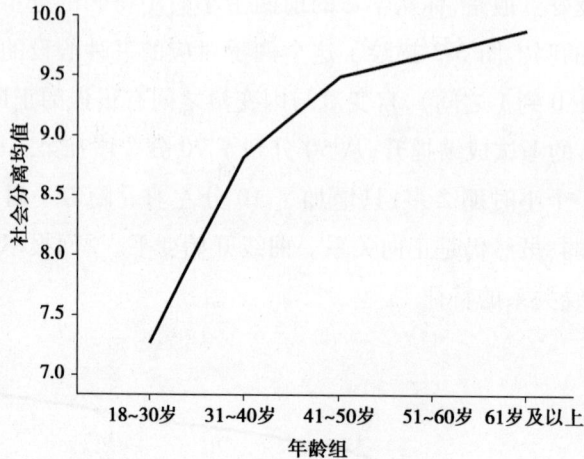

图 3-4 社会分离度和年龄之间的关系

资料来源：2008 年综合社会调查。

注：社会分离度量表，从 3（低分离度）到 21（高分离度），是通过加总 3 个 7 分制的量表所产生的。这 3 个量表分别测量受访者与亲人（GSS 变量，SOCREL）、邻居（SOCOMM）和朋友（SOCFREND）共度的时间的程度。SOCREL，SOCOMM 和 SOCFREND 的编码范围是从"几乎每天"（编码为 1）到"从不"（编码为 7）。基于以下均值（个案数）：18~30 岁，7.3（289）；31~40 岁，8.8（251）；41~50 岁，9.5（285）；51~60 岁，9.7（233）；61 岁及以上，9.9（270）。1 328 个案组成的样本整体的社会分离度均值是 9.0。

非线性关系的另一种模式是社会研究经常遇到的 V 形或 U 形关系。自变量取值较低时，关系是负的。当自变量取值较高时，关系变成正的。倒 V 形或倒 U 形关系基于同样的道理：在自变量取值低时正相关，取值高时负相关。例如，图 3-5 展示了一个 7 分制的党派认同量表和投票结果之间关系的柱状图。强民主党人投票率很高。但是你可以看到，随着民主党认同感的减弱，投票率在下降，并在绝对独立人士中达到了最低点。随着量表移动到独立但倾向共和党和弱共和党人，关系变成了正向的，最终在位于 V 形曲线另一端的强共和党人那里达到了顶点。[17]

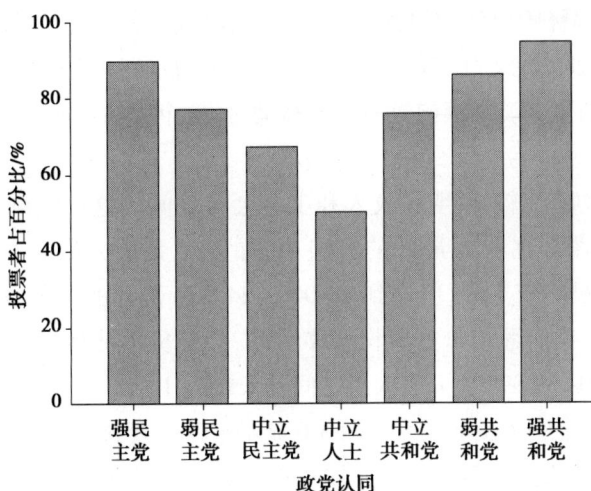

图 3-5　投票率与党派之间的关系

资料来源：2008 年美国大选研究。

注：基于以下百分比（及个案数）：强民主党，88.8（391）；弱民主党，77.0（322）；中立偏民主党，67.0（345）；中立人士，50.2（237）；中立偏共和党，75.9（249）；弱共和党，86.2（276）；强共和党，94.5（272）。2 092 个受访样本总体投票率结果是 78.1。

曲线关系在政治研究中十分普遍，并且它们通常很有趣。有时，我们在组织或探索数据时偶然发现这样的关系，之后我们针对它们提出解释并检验。我们或许会有疑问，为什么年龄与社会分离度之间的关系会是这个样子的呢？这种时候，我们就会提出含非线性关系的解释。让我们来探索这条道路，从这个事实开始思考：有些人是工会的成员，但有些人不是。是什么导致了这个现实呢？下面是一个可能正确的解释：

　　工会组织者需要一个稳定的工人群体，这个群体中的工人容易联系到而且有能力支付会费。很多低薪工作是由临时工或兼职工人承担的，这些人的雇佣状态随经济条件变化或季节性循环而变动。这些低收入工人不仅难以被组织者联络，而且他们也认为会费过高难以承担。高工资工人给组织者带来另一系列的困难。工会试图通过代表全体工人进行集体谈判，以确保工作稳定并维护工资水平。工会不鼓励甚至禁止雇员自己进行交涉。出于这个原因，高收入工人没有加入工会的激励。这些人似乎具有货比三家寻找最高出价者的能力。因此，工会会员就成为一种中等阶级现象。工会会员中少有低收入者和高收入者，入会比重最高的是中等收入者。在个人的比较中，相对于低收入者和高收入者，中等收入者更有可能隶属工会。[18]

这个解释描述了自变量收入和工会会员之间的关系。但它描述的不是线性关系。假定我们有一种测量尺度把收入分为 10 个定序类别，从 5 999 美元及以下到 90 000 美元及以上。试想收入变量的中间值——把样本大致分为两个相等部分的值——出现在 35 000 美元左右。再假定我们可以计算十个收入组别中每一组人员中工会会员的百分比。现在想象这个解释中所包含的倒 V 形关系。我们沿收入变量移动,在收入相对较低时,这个关系应是正向关系,随着收入上升会员率也增加。但是,工会会员百分比会在35 000美元左右达到顶点。继续向更高收入移动时,这个关系变成负向关系,会员率随着收入的增长而下降。

表 3-4 显示的均值比较,阐明了收入和工会会员之间的这一假设关系。图 3-6 展示了这一关系的折线图。在收入最低的一组中,加入工会的人数百分比是微不足道的1.9%。此后,百分比虽略有上升,但直到 20 000~24 999 美元的中低收入组之前,仍然弱小(5%~6%)。随着我们继续向更高收入移动,工会会员率陡然提升,在 25 000~34 999美元收入组和 35 000~39 999 美元收入组之间增长接近 1 倍。此后百分比增长逐渐平缓,并在更高的收入范围上转为负向关系。图 3-6 显示了这一模式的形态轮廓:在低收入范围是微弱正相关,从低收入到中等收入是剧增式正相关,在穿过中等收入范围后是微弱负相关,最后在自变量更高的阶段是强负相关。显然,我们提出的解释是有价值的。

表 3-4　收入与工会会员率之间的关系(均值比较)

受访者收入	工会会员平均百分比(%)
$5 999 或更少	1.9 (209)
$6 000~$14 999	5.7 (279)
$15 000~$19 999	5.5 (183)
$20 000~$24 999	7.2 (195)
$25 000~$34 999	11.8 (323)
$35 000~$39 999	21.5 (135)
$40 000~$49 999	21.5 (233)
$50 000~$59 999	20.1 (154)
$60 000~$89 999	17.8 (214)
$90 000 或以上	6.3 (158)
合计	11.5 (2 083)

资料来源:2006 年综合社会调查。

注:收入基于 GSS 变量 RINCOME06(受访者收入),分为 10 类。工会会员率基于 GSS 变量 UNION(编码 1, R belongs)。

如这个例子所示，你感兴趣的政治关系可能不是经典的正相关或负相关，对这一点你必须保持警觉。通过仔细地考察交叉列表和均值比较表，你能更清楚地知道，你感兴趣的关系是一种什么样的关系。例如，柱状图和折线图等图示清晰而简洁。建议你在分析任何关系时都画出合适的图示，以助理解。当你开始分析更为复杂的关系——即开始解释控制下的比较时，以图示形式呈现数据将变得特别有用。我们在下一章探讨控制下的比较。

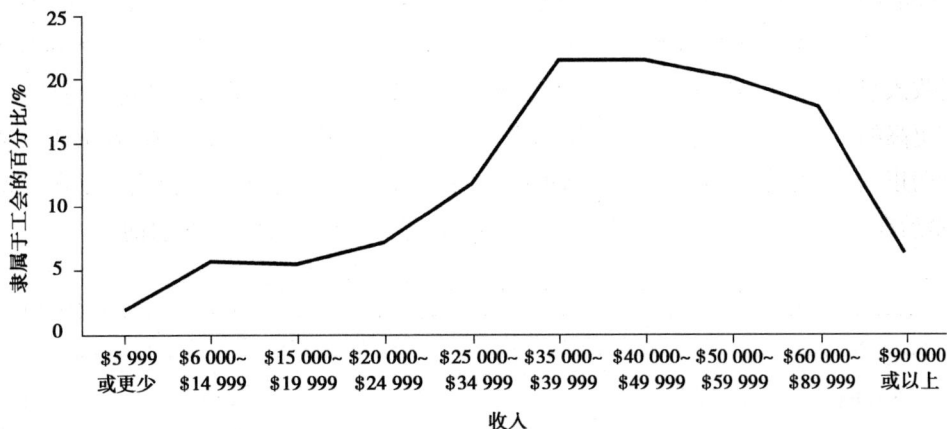

图 3-6　收入与工会会员率之间的关系（折线图）

资料来源：表 3-4。

注：其数据年份是 2006 年。

总　结

本章介绍了提出解释、陈述假设和进行比较背后的关键原理。我们看到，政治研究通常是从观察一个有趣的变量开始的，然后针对它提出一个因果解释。因果解释描述的是一个原因变量（自变量）是如何与一个结果变量（因变量）联系起来的。有力的解释通常包含中介变量，这些变量说明自变量是如何与因变量因果关联起来的。解释必须是符合道理的。解释也必须是可被检验的。解释意味提出假设，而假设是关于自变量和因变量之间经验关系的可检验陈述。

交叉列表分析是检验定类变量或定序变量关系的假设时最常见的方法。交叉列表以表格的形式，呈现自变量取值不同的个案在因变量不同值上的分布。均值比较适用于检验定类或定序自变量与定距因变量之间关系的假设。在均值比较分析中，我们比较有不同自变量取值的主体在因变量上的均值。

两个变量之间的关系可能是线性关系。在线性关系中，因变量随自变量的上升而上升或下降。线性关系可为正向的或负向的。有些关系则具有非线性或曲线形态。在曲线关系中，自变量和因变量之间的关系，对自变量的所有取值，并非一成不变的。非线性关系可在方向上或强度上发生改变，取决于所考察的自变量取值区间或范围。你或许会在探索数据时发现非线性关系，然后形成有关它们的解释。有时，你也许会提出含有非线性关系的解释。

关键术语

交叉列表（cross-tabulation）

曲线关系（curvilinear relationship）

因变量（dependent variable）

正向关系（direct relationship）

假设（hypothesis）

自变量（independent variable）

中介变量（intervening variable）

反向关系（inverse relationship）

折线图（line chart）

线性关系（linear relationship）

均值比较表（mean comparison table）

负向关系（negative relationship）

正向关系（positive relationship）

练 习

1."早报"——在各地的投票站尚未全部关闭时公布获胜者——是媒体在大选夜间档节目中一个有争议的主题。很多改革者坚信"对关键州获胜者的推测可能会压低西海岸投票者的投票率，如果在西部的投票站关闭之前，人们觉得选举大局已定或即将确定的话"，因此，他们呼吁采取措施使所有的投票站在同一时间关闭。[19] 这些改革建议所依据的观点，是媒体提前宣布会压低那些投票站仍然开放地区的投票率。

A.思考一下自变量，人们对选举的预测结果是否了解（"知道"或"不知道"预测结果）与因变量（他们"投票"或"不投票"）之间的关系。改革者的观点将自变量的一个值（"知道预测结果"）和因变量的一个值（"不投票"）联系起来。要使改革者的观点成为一个可被接受的假设，它还需要说明什么？

B.假定你认为对选举的预测结果的了解与投票率之间有因果联系。为什么了解预测结果上的差异，会引起投票率的差异呢？写一段话来说明这两个变量之间的因果关系。确保你描写了这种关系的趋势。

C.使用适当的格式，针对这里的自变量和因变量之间的关系写出一个可被检验的假设。

2.对于研究选举行为的学者来说,第三党的候选人就是一种困惑。在总统大选中,大部分人将选票投给大党候选人中的一位,但仍有不少选民支持小党的候选人,这些小党,列举少许,有改革党、绿党、宪法党、自由党或自然法党。[20]什么原因导致一些人选择大党候选人,而有些人选择小党候选人? 选民可被划分为两个因变量值:大党选民或小党选民。

A.想出一个能解释选民的因变量差异的合理自变量。写一段话来解释为什么有些选民支持大党的候选人,而有些人却支持小党候选人。请确保把原因变量和因变量联系起来,并描述出关系的趋势。

B.使用适当的格式,针对自变量和因变量之间的关系提出一个可被检验的假设。

3.罗伯特·米歇尔著名的"寡头政治铁律"是大规模组织的研究者所熟知的。根据米歇尔的观点,每一个大的志愿组织——政党、工会、环保组织、商会等——最终都会形成严重限制一般成员参与的内部决策程序。重大决策都是由少数组织寡头决定的,这些寡头紧紧抓住他们的分管权力不放。米歇尔声称这一组织规律颠扑不破,适用于所有组织:"是组织产生了当选者对选举人的控制,受托者对委托人的控制,代表人对被代表人的控制。当人们谈论组织的时候,所谈的其实是寡头。"[2]

假定你质疑寡头铁律。你认为组织走向内部寡头的趋势是由以下自变量所决定的:组织对组织之外的整个社会民主的信奉程度。你假设:在对不同组织的比较中,那些信奉在社会中促进民主的组织,同那些不信奉的组织相比,走向寡头组织的可能性更小。为了检验这个假设,你收集了 100 个大型组织的信息。你将其中 50 个组织划分为信奉促进社会民主的一类,另外 50 个为不信奉促进社会民主的一类。每一个组织又依据因变量进一步划分为:寡头组织或非寡头组织。

A.把这 100 个组织用作原始数据,构造一个能支持你的假设的交叉列表分析。记得把自变量放在列而因变量放在行。确保按百分比来统计自变量。就你的"发现"写一段简单的解释。也就是说,说明你的交叉列表为什么能支持你的假设。

B.构造一个能支持米歇尔的寡头定律的交叉列表分析。同样,确保遵从交叉列表的构建规则。就你所构造的结果写一个简单的解释。也就是说,说明为什么这个交叉列表能支持寡头定律。

4.请看以下 4 个陈述。针对每一个陈述:(1)辨别并至少列明一条理由来说明它是一个不好的假设。(2)以适当的假设写作格式重写这个说法(你可根据自己的想法加以润色)。

例：收入和党派归属是相关的。

(1)这个陈述没有确定分析单位，并且它并没有说明关系的趋势，因为它并未说明收入与党派是如何关联的。

(2)在对个人的比较中，相对于高收入者，低收入者更有可能是民主党人。

A.在对个人的比较中，一些人对时事的了解比另一些人多。

B.政治机构分权的国家的政治腐败水平低。

C.年龄和党派归属相关。

D.有些人支持增加用于艺术的联邦资金。

5.本章简单讨论了罗伯特·普特南的研究。他的研究再度激起人们对志愿组织在美国民主中的作用的兴趣。普特南的著作似乎认为，当人们参与社团，并为组织的集体决策贡献一己之力时，他们的参与技能获得了发展。这些参与技能反过来又促使他们更多地参与政治——其投票率高于不参加任何社团的人。

A.这个解释陈述了自变量社团成员和因变量投票率之间的因果关系是由一个中介变量连接起来的。这个中介变量是什么？

B.以这个解释为基础，用中介变量作为因变量来写一个假设。

C.以这个解释为基础，用中介变量作为自变量来写一个假设。

6.谁认为打屁股是管教儿童的一种适当手段呢？思考以下两个假设：

年龄假设：在对个人的比较中，年龄越大越容易支持打屁股。

教育假设：在对个人的比较中，受教育水平越低的人越倾向于支持打屁股。

3个年龄组支持/反对原始频数如下：18～35岁，292支持/115反对；36～55岁，384支持/152反对；56岁及以上，254支持/117反对。3个教育分组的支持/反对原始频数如下：受教育12年及以下，447支持/139反对；受教育13～15年，264支持/103反对；受教育16年及以上，223支持/138反对。[22]

A.用以上信息构建两个交叉列表。一个交叉列表检验年龄假设。第二个交叉列表检验教育假设。针对每一个交叉列表，写一段话来解释这些结果。你是怎么认为的？年龄交叉列表支持年龄假设吗？教育交叉列表支持教育假设吗？请说明你的理由。

B.画两个条形图：一个是年龄-打屁股关系图，另一个是教育-打屁股关系图。记住将自变量的值放在横轴。将支持打屁股的百分比放在纵轴。**为了使条形图更易读，设30%为纵轴的最小值，80%为纵轴最大值。**

C.你会如何描述教育-打屁股条形图中的关系？更接近负相关还是正相关？请说明你的理由。

7.经常阅读报纸的人比不经常阅读报纸的人,对公共政策的了解可能更多。一个可能正确的假设:在对个人的比较中,阅读报纸频率越低的人对公共政策的了解就越少。假定你可以按照以下从低到高的值来测量阅读报纸的频率:从不,每周少于一次,每周一次,每周几次,每天。假定对政策的了解是一个定距变量,分数越高说明对政策的了解程度越高。

A.这个假设所提出的自变量和因变量之间的关系是正相关还是负相关？说明你的理由。

B.每个自变量值所对应的公共政策知识得分均值如下:从不看报纸的人,11.2;每周少于一次,11.3;每周一次,12.4;每周几次,12.4;每天,13.0。样本的整体均值是12.3。用这些数据构建一个均值比较表[23]（均值比较表要展示自变量每一取值的因变量均值。同时,也显示"合计"均值。但是,由于这个练习题并没有提供个案数,你的均值比较不包含这个信息）。

C.用你的均值比较列表中的信息来画一个表示两者关系的折线图。记得将自变量值放在横轴。纵轴记录因变量的均值。**为了使折线图更具有可读性,设 10 为纵轴最小值,14 为纵轴最大值。**

D.解释这一结果。数据是否与假设一致？请说明。

8.两位学者就教育水平（自变量）与经济自由主义（因变量）之间的关系做出假设。经济自由主义可定义为个人在多大程度上认为政府支出和服务应该扩张、商业管制应该增加。经济自由主义者支持政府支出和商业管制的扩张,而经济保守主义者反对这些政策。

学者 1:"人们对政府支出和管制的态度取决于他们有多少经济保障。受教育较少的人更有可能受经济衰退影响,从而支持政府承担更多角色。随着人们受教育水平的提升,经济保障也增加,同时对经济自由主义的支持则下降。因此,两者的关系是线性的而且是负向的:在对个人的比较中,教育程度低的人,与教育程度高的人相比,更有可能是经济自由主义者。"

学者 2:"是的,一般来说,你是正确的:随着教育水平的提升,经济自由主义减少。但是请不要忽视政治生活中自由知识分子的作用。很多年来,教育水平最高的人一直都是经济自由主义政策的指明灯。我认为教育水平最高的人和教育水平最低的人一样,都会支持经济自由主义。因此,我假设二者的关系是 V 形的。"

画出 3 个下图这样的坐标图。横轴标记 5 个层级的受教育水平，从高中以下到研究生。纵轴标记经济自由主义刻度上的均值。刻度最底端得分(2.5 左右)表示较少支持经济自由主义，刻度最顶端(3.25 左右)表示较多支持经济自由主义。

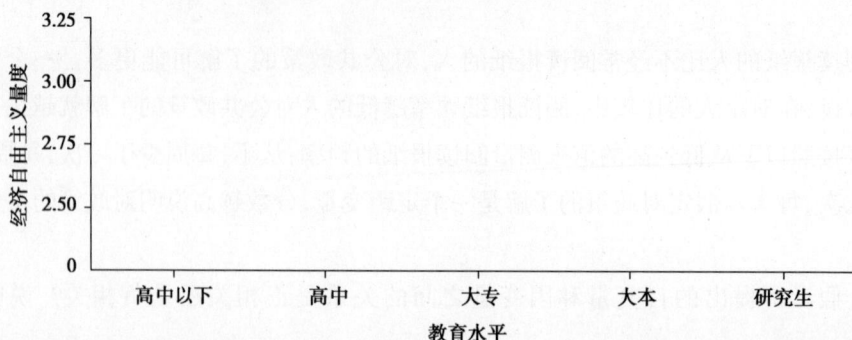

A. 在你构建的第一个坐标图中，画一条符合学者 1 对教育水平和经济自由主义假设的关系图(不必过分在意经济自由主义的具体得分。画出一条符合学者 1 假设的折线就好)。

B. 在你构建的第二个坐标图中，画一条符合学者 2 所假设的 V 形关系的折线图。

C. 在你构建的第三个坐标图中，基于以下真实世界发生的信息画一条折线图。[24] 各种教育水平的经济自由主义得分均值如下：高中以下，3.0；高中 2.9；专科，2.7；本科，2.6；研究生，3.0。

D. 学者 1 和学者 2，谁的结论更准确？说明你的理由。

9. 你可能熟悉(或正在使用)护腰带，它被广泛用于保护工人使其在举重物时腰部免于受伤。有一项研究检验了这种保护性装备的作用。下面是该项研究的部分描述，该研究刊发在《美国医疗协会期刊》上并被美联社报道(2000 年 12 月 5 日)。

　　新的研究发现，护腰带这一被企业广泛使用以保护工人免于因举重物而受伤的措施是无用的。这是国家职业安全与健康局从一项在 30 个州的 160 个沃尔玛超市进行的研究中得出的结论。[研究结果基于]工人在 1996—1998 年的工伤赔偿数据。

　　尽管你不知道该研究的细节，但还是思考一下你将如何调查护腰带的使用对防止腰伤的效果。假设你在研究中掌握了所有 160 个超市的数据。对每一个超市，你都知道护腰带使用率是低、中还是高。你将 50 家店划定为员工护腰带低使用率、50 家中使用率和 60 家高使用率。你同样知道每一家店的工人因背部受伤而提出的工伤索赔数。这个信息使你能算出护腰带低使用率、中使用率和高使用率的超市的腰伤索赔平均件数。

A. 以下假设认为护腰带的使用有助于防止受伤：在对不同超市的比较中，护腰带使用率越低的超市工人受伤率越高。自变量是什么？因变量是什么？这个假设的自变量和因变量关系是正向还是负向的？请说明。

B.虚构一个能显示出与假设一致的线性关系的均值比较表。用你虚构的数据画出一张折线图（由于你没有足够的信息来虚构一个可能包括所有个案的均值，你的均值比较表中不必包含"合计"一行）。

C.发挥想象。假定数据表明，护腰带低使用和中使用超市的腰伤索赔件数几乎没有区别，而在高使用率的超市那里，出现了明显与假设一致的效果。这种关系看起来是什么样的？针对这种关系画一张折线图。

注 释

1.教育-投票率解释还认为，与教育水平高的人相比，教育水平低的人政治认知和效能感较低。而政治认知和效能感均与投票率相关联。一个解释能够而且事实上常常意味着不止一个经验关系。在这一章里，我们将探讨解释的这个方面。

2.2008 年美国大选研究问受访者："你认为联邦政府应该让人们购买枪支比现在更困难、更容易还是维持现有规则？"在 2 297 名受访者中，48%的人回答"更困难"，52%的人回答："更容易"或"保持现状"。

3.这是**因变量**这个名词的来源。在因果解释中，因变量的值是指"取决于"自变量值的值。

4.Robert D. Putnam, Bowling Alone: *The Collapse and Revival of American Community*, New York: Simon & Schuster, 2000.

5.Leslie Lenkowsky, "Still 'Bowling Alone'?" *Commentary*, (2000.10): 57.

6.与许多对社会和政治变量的解释一样，普特南的评论并不仅仅依据一个单独的自变量。年龄结构的变化对普特南的解释很重要，但是他还提出了另一个长期社会趋势——电视作为主要娱乐活动的兴起——与有组织的社会和社区活动的衰落有因果关系*。普特南认为公民组织的衰落是严重的问题。他强调这种面对面的互动能够增进社会信任和参与技能，是构成健康的民主社会的关键元素。当然，这些主张尚未得到实证检验。

7.Malcolm Caldwell, *The Tipping Point*: *How Little Things Can Make a Big Different*, Boston: Little & Brown, 2000, 5, 14.

---

* 普特南的这项研究可参见《社会科学研究：从思维开始》（重庆大学出版社已出版）附录 A。——编注

8. 戈莱德威尔引用了魏斯伯格作为典型的连接者的例子,他是芝加哥市文化事业的要员。据戈莱德威尔计算,魏斯伯格具有分布在 10 个不同的专业和社交环境里的上百个连接:演员、作家、医生、律师、公园爱好者、政治家、铁路职员、跳蚤市场爱好者、建筑师、服务业人员。问题的关键是像魏斯伯格一样的连接者,"对很多不同的领域都有所涉及,有把这些领域连接在一起的影响力"。(Caldwell, *The Tipping Point*, 51)

9. 戈莱德威尔还讨论了其他因素在传染病蔓延中的作用。病毒必须变化形式,变得低毒性并且"四处附着"才能感染更多的人。同时,使传染病得以流行的行为,在那些它造成最高死亡率的人群里,必定是在那个社会里符合普遍接受的规范的行为。

10. Caldwell, *The Tipping Point*, 56-57.

11. 同上, 33。

12. 假设写作中的这个典型错误是由 Robert A. Bernstein 和 James A. Dyer 提出来的, *An Introduction to Political Science Method*(《政治科学方法介绍》), 3rd ed. Englewood Cliffs, N. J.: Prentice-Hall, 1992, 11-12。

13. "傻瓜,经济才是关键啊!"这句经典标语,是克林顿的顾问 Carville 在克林顿 1992 年的成功竞选中创造的。它的目的在于将选民的注意力从外交政策转移到经济表现上来,乔治·H. W. 布什在前者享有优势而在后者则显得被动。

14. 这里提出的解释是基于 Harry Eckstein 在经典研究《民主国家的分化与团结:对挪威的研究》(*Division and Cohesion in Democracy*: *A Study of Norway*)(Princeton: Princeton University, 1966)中的观念。有许多文献证明了教育与投票行为相关。然而,如 Steven Tenn 所指出的,"这些著作并没有确定……为什么教育与投票相关"。Tenn 检验了公民教育理论并发现了它的缺陷。参见 Steven Tenn, "The Effect of Education on Voter Turnout", *Political Analysis* 15, no.4(2007 年秋季):446-464 页。关于教育和投票率的关系,参见 Raymond E. Wolfinger 和 Steven J. Rosenstone, *Who Votes*? (New Haven: Yale University Press, 1980)。

15. 对作为自变量和因变量的定距变量的分析和解释见本书第 8 章。第 9 章覆盖的研究情境是因变量为二分定类或定序变量,自变量为定距变量。

16. 两个最常用的分析软件 SPSS 和 Stata,都使用表 3-3 显示的格式。

17. 在政治研究的真实世界中,变量之间的关系极少是对称的,图 3-5 也不例外。你能看出,在共和党受访者一侧的中间点上的投票率,比民主党一侧中间点上投票率要高。但是,这一关系大致接近 V 形或 U 形。

18. 这个解释引用了 Daniele Checchi, Jelle Visser 以及 Herman G. van. de Werfhorst 的一项分析,"工会成员与不公平:相对收入地位和不公平态度", "Inequality and Union Membership: The Impact of Relative Earnings Position and Inequality Attitudes", Institute for the Study of Labor, University of Bonn, Bonn, Germany, Discussion Paper No. 2691,

March 2007。

19. Kevin J. Coleman 和 Eric A. Ficher,"Elections Reform： Overview and Issues",*CRS*（*Congressional Research Service*）*Report for Congress*, January 2003, p. 5。

20. 参见 Paul S. Herrson 和 John C. Green 等,《美国多党政治:预期和表现》（*Multiparty Politics in America*：*prospects and Performance*, 2nd ed）（Lanham, Md,: Rowman & Littlefield, 2002）。

21. Robert Michels,《政治党派:现代民主寡头趋势的社会学分析》（*Political Parties*:*A Sociological Study of the Oligarchical Tendencies of Modern Democracy*）由 Eden 和 Cedar Paul 转译。（New York：International Library Co., 1915）, 241, reprinted and made available online by Batoche Books, Kitchener, Ontario, 2001。

22. 数据出自 2008 年综合社会调查。GSS 通过提问受访者对以下问题的同意程度来测量支持强度,"有些时候通过善意而严厉的打屁股来管教儿童是有必要的"。在本例中,"同意"和"强烈同意"表示支持;"不同意"和"强烈不同意"表示反对。

23. 自变量基于 2008 GSS 的 NEWS 变量:"你阅读报纸的频率是?"因变量是一个量表,由一系列测量时事兴趣的问题构成:INTECON（经济问题）、INTEDUC（教育问题）、INTENVIR（环境问题）、INTFARM（农业问题）、INTINTL（国际事务）、INTMED（医药研发）、INTMIL（军事问题）、INTSCI（科学）、INTSPACE（太空探索）及 INTTECH（技术）。这个练习报告的是量表的均值,其数值分布于 0~20。

24. 经济自由主义是根据 2006 年 GSS 的两个变量构建的:受访者是否支持减少政府开支（CUTGOVT）,是否支持减少政府对市场的管制（LESSREG）。问题的表述如下:"以下是政府为经济可能会做的一些事情。对每一项行动,在一个数字上画圈来表示你是支持还是反对。"GSS 分 5 类记录答案,从强烈支持（编码 1）到强烈反对（编码 5）。通过加总回答可得到对经济自由主义的测量。这个测量再经调整,产生一个取值在 0~8 的量表。

第 4 章　研究设计和控制逻辑

学习目标
在本章中你将学到：
- 政治研究中竞争性解释的重要性
- 实验研究设计如何排除竞争性原因
- 控制比较如何排除竞争性原因
- 在控制竞争性条件下,自变量和因变量关系的 3 种可能情境

　　爱德华·R.塔夫特(Edward R. Tufte)在他的《政治和政策的数据分析》(*Data Analysis for Politics and Policy*)一书中,叙述了一个有关某著名外科医生的故事。这个医生是血管再造技术的先锋。他对医学院学生发表了一个演讲,其中谈及通过外科手术救治了大量的患者。

　　　　讲座的最后,教室后面的一个年轻学生弱弱地问道:"你进行任何控制了吗?"于是,这个著名的外科医生腾地一下站起身来,敲打着桌子说:"你的意思是我没有给另一半患者做手术?"大厅变得非常安静。教室后面那个声音非常犹豫地回答道:"是的,我就是这么想的。"这时,只见那个医生紧攥拳头吼道,"当然不是,那就等于让一半的人去死。"天哪,教室再度肃静,然后传来一个勉强能够听到的弱弱的声音:"是哪一半?"·

　　虽然看起来有点出言不逊,但这个年轻的提问者的质疑却切中要害。如果那个外科名医想要证明他的外科手术技能是有效的,他就必须做一个比较。他就必须将因变量的值(如存活率),与自变量的不同取值——接受过他手术的患者和没接受过他手术的患者——进行比较。这样,这个外科医生报告的是他通过观察测试组得到的因变量的值。**测试组**(test group)由受到某个处理的主体构成,而研究者相信该处理与因变量之间存在因果关系。在这个案例中,测试组是由接受过该外科医生手术的患者构成的。但这个医生却没有比较的基础。他没有控制组。**控制组**(control group)由没有受到某个处理的主

体构成,研究者相信该处理与因变量之间存在因果关系。在这个案例中,控制组由没接受该外科医生手术的患者组成。没有控制组的数据,该外科医生就无从知晓自变量即外科手术是否对因变量即存活率有影响。

为了准确地评估外科手术对存活率的影响,医学研究者必须确保测试组和控制组的患者在其他可能影响因变量的各方面都是一样的。例如,两个组的患者需要在年龄、病史、治疗预判等方面相似。为什么在测试外科手术的效果时要有如此严格的条件呢? 因为这些因素中的每一个都代表了一个关于存活或是死亡的**竞争性解释**(rival explanation),一个可能影响因变量的其他原因。

仔细想一下最后一点。假设在测试组中接受了外科手术的患者比控制组中没接受外科手术的患者更年轻、更健康。那么在比较接受手术测试组个案与没接受手术控制组个案时,我们也可能是在比较年轻的、健康的患者(测试组)与年老的、较不健康的患者(控制组)。可能是这些因素,而非手术,解释了测试组更高的存活率。唯有使测试组与控制组在这些因素上相等——使是否接受那位名医的手术成为两组人员之间的唯一差别,我们才能测量手术对存活的影响效果。

这个趣闻对于政治学研究者来说是一个值得警戒的故事,因为我们同样面临着控制竞争性解释的问题。政治世界是复杂之地,对我们描述的每一个解释而言,都有一个竞争性解释来解释同一个因变量。在第 3 章中我们讨论了一个解释,提出党派属性与对枪支管制的态度有因果性关系。如果我们要检验民主党比共和党更加支持枪支管制这个假设,又假定我们发现,与共和党相比,确实有更高百分比的民主党人支持枪支管制。想象一下,在你对许多学生汇报这些结果后,一个学生问道:"你进行控制了吗? 民主党人比共和党人有更高的女性比例。而女性比男性更加拥护枪支管制。因此,一个民主党人-共和党人比较,至少部分上是一个女性-男性比较。你可能会犯一个大错误,一个混淆了党派影响与性别影响的错误。你控制性别了吗?"这个假想的提问者提出了一个颇为合理的竞争性解释,对同一个因变量枪支管制,提出了一个不同的解释原因。对提出的每一个解释,我们欲加检验的每一个假设,都有对同一现象的其他原因可以提出,有竞争性解释可供参考。竞争性解释动摇了我们把某一因变量归因于某一自变量的可靠性。究竟是该自变量影响了该因变量? 还是如上所述,有其他的变量在起作用,扭曲了我们的结果,并导致我们得出错误的结论?

我们排除其他令人担忧的可替代性解释的能力,取决于我们的**研究设计**(research design)能力。研究设计是一套用来评估自变量对因变量影响的程序。**实验性设计**(experimental design)确保测试组和控制组各个方面都相同,除了一个例外——自变量。因为自变量是两个组之间唯一的不同,因此,因变量的任何不同都可归因于自变量。控制比较设计允许研究者在保持影响自变量的其他因素不变的情况下,观测自变量对因变量的影响。同时,保持因变量的其他可能原因不变。实验性设计更强大,因为它控制了所有可能的竞争性解释的影响,甚至包括研究者未曾想到或未曾在意的竞争性解释。

在控制比较中，调查者可确保控制已知的或可疑的竞争性解释，但未知的因素仍可能影响因变量，污染研究结果。

虽然控制比较在政治科学中是最常见的方法，但实验法在政治学研究中也有很长的历史，并且现在正在复兴。[2]在本章的第一节，我们介绍了实验研究的要点，并证明它的特征程序——随机分配，是如何使竞争性解释烟消云散的。通过理解实验，你可以更好地理解在自然环境中面临的挑战，而大多数政治学研究都发生在这样的环境中。在这一章的最后一节，我们转向对控制比较逻辑的详细研讨。

实验性设计

在所有的实验中，调查者通过操纵，使测试组和控制组在开始时几乎完全是一样的。在许多（虽不是全部）实验中，调查者先对两个组的因变量加以测量。这被称为前测量阶段。然后，两组就会得到自变量的不同值的处理。这是处理或干预阶段，在此阶段，测试组照例受到某种处理，而控制组则没有受到处理。在后测量阶段，两个组的因变量均得到再测量。因为根据设计，自变量是两组之间唯一的不同，所以在因变量中所观测到的任何差异都可直接归因于自变量，而不能归因于其他的原因。

上述段落可能会让读者脑海里浮现出这样一幅毫无创意的图像：一个满脸严肃的白衣技术员正孜孜不倦地在剪贴板上记录数据。实际上，"实验可谓千奇百怪，多彩多姿"。[3]在**实验室实验**（laboratory experiment）中，测试组和控制组在一个完全由调查所建构的环境中被研究。例如，参与者可能被要求离开家或工作场所来到研究场所。尽管不知道实验的真实目的，但是参与者无疑知道他们正在被研究。在**田野实验**（field experiment）中，测试组和控制组都是在他们的正常环境中被研究的，他们和平常一样生活，可能不知道正在进行一项实验。这两种方式听起来不同，但它们都具有所有实验性研究的明确特征：个体被随机分配到测试组或控制组中。当每一个预期的参与者——调查者想要研究的个体，都有同等的机会进入控制组或测试组时，**随机分配**（random assignment）就出现了。因此，如果有两个组——一个控制组和一个测试组，那么，每个个体都有 0.5 的概率被选到控制组，也有 0.5 的概率被选到测试组。让我们更加仔细地看一下随机分配。然后，我们将举例阐述实验室实验和田野实验。

随机分配

为了理解随机分配的奇妙魅力，思考一下如何处理这样一个有趣的研究问题。假定你想要调查大众媒体在设定政治议程和影响人民最关心的议题中所扮演的角色。假设媒体大量报道一个政治性丑闻而对国家经济的报道较少。你认为这种不平衡的侧重会影响市民的政治性偏好,导致人民更多地关注丑闻而非经济。你的假设:在对个体的比较中,那些接触到媒体所覆盖的议题的人比那些没有接触到的人更容易认为这些议题是重要的。

这个比较看起来很简单。询问许多人他们接触媒体的程度有多紧密。以这些信息为基础,将他们分为两组:紧跟媒体的(测试组)和不太关注媒体报道的(控制组)。向两组展示一个政治议题的清单,请他们按议题的重要性递减的顺序排列。假定在比较两组排列清单后,发现正如你所假设的那样,测试组的优先顺序密切反映媒体的优先顺序,而控制组则没有。

这里的关键问题是:你能推论是媒体的议题导致了测试组和控制组的优先排序差异吗?想一下这个问题。为了确定原因归属,我们必须能保证对媒体的关注度是两组之间的唯一差异。我们必须能说在测试组(关注者)的个体与控制组(未关注者)的个体之间,在除了媒体关注度之外的所有可能影响他们对政治议题重要性排序判断的各方面都完全一样。我们必须能说如果我们增加未关注者对媒体的接触,那么,他们的优先排序也会改变,变成与关注者的排序清单一样。[4]

显然,我们不能这样说。或许与未关注者相比,关注者获得了更好的教育。教育可以影响他们认为哪些议题更重要,从而导致结果与由接触媒体程度所决定的结果不一样。同样,我们还可以说,在测试组和控制组之间还可能存在诸多差异,如在年龄、性别和收入上的差异。在所有这些方面——以及我们还没想到的方面,关注者与未关注者可能在我们未比较他们之前就已经不同了。而随机分布能将这些既存的差异剔除出去:

> 随机设计的理性之美在于:我们没有必要知道有哪些需要预先控制的既存变量。无论有什么既存变量存在……随机分组只存在随机误差。[5]

未用随机分配的研究设计易受到选择性偏误的影响。当非随机程序决定测试组和控制组构成时——当那些进入测试组的个体与那些进入控制组的个体在进入方式上不同的时候,**选择性偏误**(selection bias)就出现了。这些差异又会影响因变量。相反,随机分配是组与组之间的伟大的平等器,是消解竞争性解释的伟大的中和剂:"通过将研究对象随机分配进接受处理和不接受处理两个组,凭此精妙一举,实验者可确信所有观测到的(因变量)变化,都必定是由于有处理与无处理的差异。"[6]

实验室实验

现在让我们看一下尚托·延加(Shanto Iyengar)和唐纳德·金德(Donald Kinder)做的一系列经典实验,这些实验的目的是发现媒体的议题设定是否导致个体改变他们的优先偏好。[7]延加和金德使用了随机分配方法。该方法是实验性研究的基石,其优点我们才讨论过。他们还对实验的参与者做了因变量的预测量:给每一组的各个参与者提供了一个有关国计民生的 8 个问题清单,包括国防、通货膨胀、毒品、环境等,要求他们将这些问题按照从最重要到最不重要进行排序。为什么要对因变量进行预测？随机分配实验对象不足以排除其他因素吗？事实上，预测量在实验室实验中特别重要。试想，尽管我们用了随机分配和其他方式来消除竞争性因素，但是控制组的因变量值在测量前和测量后仍可能发生变化。这可能是由很多难以控制的原因导致的——例如，当参与者获知自己正在被研究时出现的人类的自然回应。由于这些潜在的复杂化条件可能也存在于测试组的个体中，因此，有了预测量，研究者就可以很好地了解测试组发生了多大的变化，尤其是相对于控制组被观察的任何变化而言，测试组的变化要大多少。[8]

在实验的处理阶段，控制组和测试组持续 6 天每天晚上一起看新闻。控制组观看的是常规新闻频道。对测试组，研究者使用最新的影视设备和编辑技术，插入关于应对某个特定国家问题的故事。在这 6 天的最后，研究对象又被要求按照重要性对这 8 个主题排序。结果令人震惊。与控制组对象的排序从头到尾没有显著改变相比，那些看了改动过的新闻频道的个体的偏好清单发生了巨大改变。例如，在一个晚上，调查者剪辑播放了一个战备的故事，测试组对象把国防从第六提升到了第二位，而控制组对象对国家问题的重要性评估则没有发生任何变化。

延加和金德的发现很让人信服。他们遵守严格程序，以避免竞争性因素影响研究结果。然而，中和竞争性解释需要很多创造性的控制。他们在研究环境中创造和控制了一切：预测量工具，研究对象观看媒体新闻的情境，新闻播报中故事的类型及其位置的安排，以及测量后措施。因为测试组注入了如此之大程度的创造性控制，从中获得的结果也有很高水平的内在效度。**内在效度**（internal validity）指的是在研究者人工创造的条件下，自变量对因变量的影响，与其他可能存在的竞争性解释相隔离。必须要承认，在延加和金德所创造的条件下，媒体曝光对媒体故事的感观重要性的影响被隔离出来，并得到了精确的测量。

然而，实验室实验是否具有外在效度很容易被质疑。**外在效度**（external validity）是指一个研究的结果可被推广——即它的发现适用于非人工的、自然世界的情境。当人们每晚看新闻时，他们会赶到大学校园里，在一个教授或研究生那里登记后，与一群陌生人一起看电视吗？确实，延加和金德做了大量工作来再造自然环境——让研究对象放松，提供一个舒适的起居室环境，鼓励随意交谈，等等。尽管如此，"接触关于特定问题新闻的观众会更认同其重要性"这一实验发现，与"网络新闻节目可能会有很强的塑造公共议题的能力"[10]这一真实世界中的结论之间，还是存在一定的推论差距。

田野实验

在现实世界进行的田野实验有时可以克服实验室实验的局限。然而，我们接下来将会了解，它自身也有局限性。为了介绍田野实验，我们思考一个政治科学家和职业政客都很感兴趣的现象：选民动员。政治科学家认为选民踊跃投票是健康民主的标志，而基层组织者和政党精英当然也一直在寻找游说潜在支持者去投票的新手段。你可能已经是一些"请出门投票去"（get-out-to-vote, GOTV）方法——如挨家挨户拉票、打电话、直接邮件呼吁——的接受者（甚至可能是拉票人）。此类动员管用吗？被接触到和被劝说会促使人们去投票吗？这里存在一个可研究的假设：在对个人的比较中，受到"请出门投票去"动员的人，会比未受到动员的人更倾向于去投票。

　　这个检验又取决于一个简单的比较：把个人依据自变量——受到投票动员（测试组）和未受到动员（控制组）分为两组，然后比较投票率。目前，你已经知道这个比较不能告诉我们 GOTV 动员能否促使人们去投票。我们能说被接触到的和未被接触到的个体在其他可能影响投票的方面上都是相同的吗？事实上，基层党工和游说组织的工作是有的放矢的，他们的目标清单中有政党支持者和普通选民的区别，前者无论联络与否都会去投票。于是，在这里就出现了因果事件的倒置，自变量（是否被联络）部分是由因变量（投票可能性）决定的。[11]

　　阿兰·戈伯尔和唐纳德·格林率先利用田野实验来检验无党派 GOTV 接触是否会提高投票率，以及 GOTV 方法中是否某些方法比其他方法具有更大的影响。[12]在一个田野实验中，调查者首先获得了某个大都市区里的约 29 000 个注册选民的名单。他们被随机分配到 4 个组，有的接受面对面的拉票，有的通过信件直接投递，有的电话劝说。第四组作为控制组，没有收到任何来自研究者的 GOTV 请求。再强调一次，要重视随机分配的重要性。每个人被分配到当面拉票组、直接信件组、电话组或控制组的机会是均等的。因此，这 4 个组是可随机复制的，它们在所有可能影响因变量——投票——的已知的（和未知的）特征上本质上并无差异。

　　除了上述不同的动员方法外，戈伯尔和格林还在实验实施阶段采取了 3 种不同的实际诉求：一种着眼于唤起市民的责任感（"我们想要鼓励人们去行使其市民职责……"）；另一种利用选举潜在的激烈悬念（"每年都有选举是由几十票的差距来决定的……"）；还有一种是利用邻里团结（"如果一个街区的居民没有投票，从政者有时会忽略这个街区的问题……"）。这些不同诉求通过面对面、信件、电话的方式来传递，或不做任何传递。戈伯尔和格林因而能测量 3 种动员方式和 3 种动员诉求的效果，所有这一切为同质的测试组和控制组所接受，并且所有的这一切是以一种看起来十分自然的方式传递给研究对象的。

　　选举结束后，调查者通过查阅投票记录观察谁参与了投票、谁没有参与投票，从而获得测量结果。他们的发现或许会使专业的助选人感到迷惑，尤其是那些专门从事电话拉票动员的人员。毫不奇怪，面对面动员提振投票率的幅度最大。接受面对面动员的人比控制组高出 9 个百分点的投票率。信件接收者一定程度上更愿意投票，但这一效果非常温和。接受电话动员的人并不比控制组的人更愿意去投票。有趣的是，虽然动员的方式有很大作用，但动员诉求的内容却无关紧要。

田野实验有坚实的方法论基础。尽管如此，它们也可能会存在内在和外在效度的问题。例如，戈伯尔和格林无法联系到拉票人亲身动员和电话动员组里的所有的人。这是一个内在效度问题，因为研究设计本身就有这个局限。随机分配小组中的每一个成员需要接受适用于该组的处理措施。因为接受到这些处理的对象与没接受到这些处理的对象相比，可能在某些方面存在严重差异。尽管田野实验一般被认为比实验室实验有更大的外在效度，但是人们仍可对其普适性提出疑问。戈伯尔和格林的研究使我们对一个城市的一种选举中的无党派人士选举动员有了深入的了解。在不同类型或不同城市的选举中，无党派动员的效果怎么样？与所有的实验一样，田野实验是围绕着研究者心目中的一个特定的因变量来精心设计的。把它的发现运用于不同但有些相似的情境是有危险的。

抛开其缺点不言，实验性方法代表了在研究过程中的黄金标准。然而，对于政治科学中的许多研究问题来说，实验性方法是不可行甚至是不可能实现的。我们研究的分析单位，通常是我们所遇到的、在社会和政治中自然发生的现象。显然，一些我们可能感兴趣的自然存在的因变量，如年龄、性别和教育水平都是不可操控的。更普遍的是，随机分配这一实验者首选的措施并不在调查者所掌握的工具库中。

控制比较

"除了自变量之外"，研究者必须发问："还有没有别的什么造成我所比较的组与组之间的差异呢？"在实验室实验或田野实验这些并不常见的情形那里，这个问题有一个清晰的答案：除了自变量，测试组和控制组并无区别。然而，对大多数人的大部分时间而言，"还有什么？"的问题是真实世界中政治研究的命脉。一般来说，在测试一个自变量对一个因变量的影响时，我们要做两件事：首先，按照我们的假设进行比较。其次，进行控制比较。**控制比较**（controlled comparison）是通过在使竞争性解释和假设所提出的变量保持不变的情况下，检验一个自变量和一个因变量的关系完成的。在第 3 章中，我们学习了怎么做第一件事。现在我们来讨论第二件事背后的逻辑。

回到第 3 章介绍的有关枪支管制意见的解释。该解释我们称为党派的解释，认为个人的党派忠诚使其倾向于接受党派意见领袖的政策态度。枪支管制意见就是一个例证。假设：在个体的比较中，民主党比共和党更倾向于支持枪支管制。你可能还记得用交叉列表验证假设的结果，87%的民主党支持枪支管制，69%的共和党支持枪支管制，两者相差 18 个百分点。[14]然而，正如本章关于方法论的内容中已经阐明的，我们仍不能认为这些发现确定了党派解释的正确性。

"还有什么？"的问题是社会研究的非官方准则。每当我们检验一个假设时，它就需要被反复提出。除了党派，两组个体——民主党和共和党——之间还存在什么不同呢？

或许,就是这些别的、未检验的差异解释了二者在枪支管制态度上的不同? 显然,民主党和共和党不是由实验者通过随机分配创造出来的随机分组。非随机的过程在起作用,使一些个体最终成为一党而非其他党的追随者。非随机过程在不同党派团体之间创造了成分差异。**成分差异**(compositional difference)指的是跨自变量各范畴而变的任何特征。民主党与共和党可能在许多方面存在不同,如性别、年龄、收入、身高、冰激凌口味偏好或喜欢的运动队。正如这个简短的“还有什么?”的清单所示,不是每一个成分差异都代表一个竞争性解释。然而,如果一个成分差异是因变量的一个原因,那么,因变量的变化就可能是由该成分差异而非自变量引起的。

现在考虑一下一个可能对党派解释形成威胁的竞争性解释。这个解释称为性别解释,它也解释了人们对枪支管制的态度差异:

> 对诸如枪支管制之类的政治议题的态度是美国文化中性别社会化实践的产物。男性和女性的社会化过程存在差异。男性玩的游戏是竞争性的,经常用到玩具武器,并且他们被教导,解决问题经常需要诉诸武力。对于女性而言,做合作性游戏和看护行为符合我们的社会规范。女性被教导问题最好通过对话和协商而非暴力来解决。作为这两个不同类型的童年社会化的产物,关于众多涉及使用武力的政治议题——打仗还是外交、惩罚犯罪还是解决导致犯罪的社会问题、反对枪支管制还是支持更严格的枪支管制,男性和女性带着不同的先入之见。因此,女性与男性相比更倾向于支持枪支管制。[15]

枪支管制态度的性别解释描述了一个普通的因果过程,并提示了多个经验关系的存在。它将一个因变量(对枪支管制的意见)与一个自变量(性别)联系起来。假设检验的重点在于一个简单的比较——女性与男性支持枪支管制的百分比。这个比较解释了一个性别差距:有 85% 的女性支持加强枪支管制,而男性的这一比例是 72%,存在 13 个百分点的差距。这一发现能够以什么方式成为党派解释的潜在竞争对手呢? 如果民主党比共和党女性比例更高,那么,对自变量取值差异(即从民主党转向共和党)的比较,也就成了对一个成分差异(即从一个较大可能由女性构成的群体转向一个较小可能由女性构成的群体)的比较。因此,对民主党人与共和党人对枪支管制态度的比较,可能存在混淆党派影响和性别影响的风险。

按照惯例,自变量用字母 X 表示,因变量用字母 Y 表示,在党派偏见的解释中,党派认同是 X,枪支管制意见是 Y。竞争性原因变量用 Z 来表示。性别解释提出性别是枪支管制意见的一个成因。因此从党派解释的角度来说,性别是 Z。作为 Y 的一个竞争性解释,Z 可能对 X 产生一个或大或小的威胁。威胁的大小取决于 Z 决定的 X 不同值之间的成分差异是大还是小。如果民主党与共和党之间存在很大的性别差异——如果民主党与共和党相比女性比例更高的话,那么,枪支管制态度的党派差异事实上可大部分归因于性别。另一方面,性别成分差异可能很小,甚至不存在。在这种情况下,当从党派变量的一个值转向另一个值即从民主党转向共和党时,我们并没有从性别的一个值转向另一个值,即从女性转向男性。因此,Z 对 X-Y 的关系的影响可以很大,也可以很小。这取决于 Z 在 X 的不同取值之间是否存在差异。我们怎么消除 Z 对 X 和 Y 关系的潜在威胁?

假设你观测到几组个体有不同的 X 值,却具有相同的 Z 值。不同 X 值所对应的 Y 值的变化就不是由 Z 引起的,因为 Z 值是一个常数。例如,考虑全是女性的一群人,其中的一部分是民主党,另一部分是共和党。女性民主党人与女性共和党人之间出现的任何关于枪支管制态度差异都不可能是由性别差异引起的——因为所有人都是女性。现在设想另一群人全是男性,其中的一部分是民主党,而另一部分是共和党。男性民主党人与男性共和党人之间产生的任何有关枪支管制意见的差异都不可能是由性别差异引起的——因为所有人都是男性。当然,其他成分差异,如种族或教育差异,也可能存在于男性民主党与男性共和党(或是女性民主党与女性共和党)之间,这些差异可能会导致枪支管制意见的不同。但是,只要我们保持性别不变,就可将其从因变量的竞争性解释清单内移除。这就是控制比较的主要逻辑。我们通过保持一个竞争性原因不变——通过不让其发挥作用来消除其影响。

三种情况

X 和 Y 的关系,在使 Z 保持不变后,所可能出现的情况有下列 3 种。第一,在**伪关系**(spurious relationship)中,控制变量 Z 定义了自变量 X 的不同取值之间很大的一部分成分差异。进而言之,这一成分差异是因变量 Y 的一个决定因素。在保持 Z 不变后,X 和 Y 之间的经验关联即变成彻头彻尾的偶然——根本不是因果性的。第二,在**累加关系**(additive relationship)中,控制变量是因变量的一个原因,但是只定义了自变量一小部分的成分差异。因为 X 和 Z 之间的关系很微弱,控制 Z 后 X 与 Y 仍保持因果性关系。在累加关系情境中,控制变量 Z 也为解释因变量贡献了一臂之力。第三种可能的情境更复杂。在**交互关系**(interaction relationship)中,自变量与因变量的关系取决于控制变量的值。X 和 Y 之间的关系可随 Z 值取值的变化而变强或变弱。

我们现在从更多的细节来思考伪关系、累加关系和交互关系。在接下来的几节里,所有 3 种可能性都采用假设性数据,并以枪支管制的例子来进行说明。因为这些可能性告诉我们在控制 Z 后 X 和 Y 之间的关系**可能发生**什么变化,它们为在下一章中使用真实数据做分析,用以描述现实中发生的关系提供了基础。

伪关系

请看图 4-1,它描述了民主党人(左图所示)和共和党人(右图所示)在枪支管制意见上的假想差异。随着党派(X)变化,枪支管制意见(Y)也会改变:12 个民主党人中有7个(58%)支持枪支管制,相比之下,共和党 12 个人中仅 5 个(42%)支持枪支管制。然而图 4-1 没有考虑到一个潜在的成分差异,即性别(Z)差异。请注意,当两组党派显示性别组成时,X-Y 的关系发生了什么变化(见图 4-2)。稍稍检查一下图4-2就可以看出,女性民主党的代表(8 个妇女),远大于共和党的(4 个妇女)。随着我们在党派属性的值上移动,从民主党到共和党,我们从一个女性占 75% 的群体转移到一个女性占 25% 的群体。

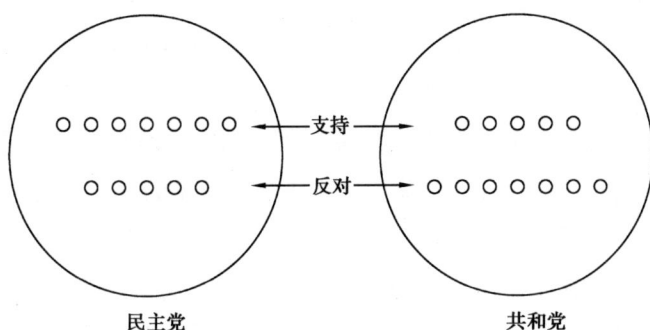

图 4-1　党派属性与枪支管制意见之间的关系(图解)

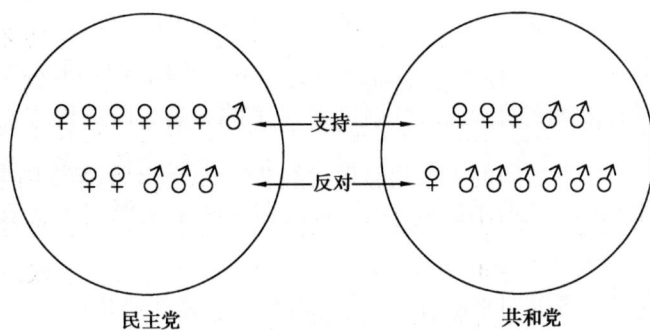

图 4-2　党派与枪支管制意见之间的伪关系(图解)

确实,Z 的成分在 X 不同值之间的变化,可能会对 X-Y 关系产生威胁,也可能不会。它取决于 Z 是否与 Y 有关。集中观察图 4-2 中的 12 个女性——8 个民主党女性和 4 个共和党女性。在这些妇女中,有多少人支持枪支管制呢? 12 个中有 9 个,即 3/4 是支持的。男性的比例呢? 12 个中的只有 3 个,即 1/4 是支持的。因此,Z 与 Y 是强相关的。

随着党派属性的值从民主党向共和党移动,我们则从一个较多支持枪支管制者(女性)组成的群体移到一个较少支持枪支管制者(男性)组成的群体。

为了在控制 Z 的情况下判定 X 对 Y 的影响,我们使 Z 保持不变但允许 X 变化。这可通过按照 Z 值把个案分开来完成——将所有女性和所有男性各分一组——在每一种性别内检验党派偏好是否仍影响枪支管制意见。在 8 个女性民主党人中,有 6 个(75%)支持枪支管制。在 4 个女性共和党中,有 3 个(也是 75%)支持。因此,对于女性来说,党派偏好对其枪支管制意见没有影响。男性可以拯救 X-Y 假设关系吗?不。4 个男性民主党中一人支持枪支管制(25%),相比之下,8 个男性共和党中有两人(25%)支持枪支管制。对于男性来说,党派偏好对其枪支管制意见也没有影响。

图 4-2 描述了来自 Z 的双重打击——一个大的成分差异且与因变量有很强的关联的话——会如何摧毁 X 和 Y 之间的关系。党派-枪支管制意见的关系可以完全由男性和女性在不同党派之间的分布加以解释。X 和 Y 的关系是因两个党派的性别组成不同而造成的。当一个关系为"伪"时,研究者有时就把这个关系当成一个竞争性原因的"人造品",即为一个未控制变量造一个关系。图 4-2 显示了这个过程的分解步骤。随着党派变量变化,性别成分也随之变化,正是后者导致枪支管制意见的变化,而党派与枪支管制意见之间却不存在因果联系。

图 4-3 展现了在控制性别变量(Z)后,党派(X)与枪支管制意见(Y)之间的关系的线形图。X 的分类沿横坐标呈现,民主党在左,共和党在右。纵坐标报告了因变量(Y),即支持更严格枪支管制的人所占的百分比。图 4-3 中的两条线代表 Z 的值,实线代表女性,虚线代表男性。沿着每条线读取从 X 的一个值(民主党)到另一个值(共和党),可得到 X 对 Y 影响的视觉印象。正如所见,循着代表女性的那条线移动,什么也没有变化。它保持水平状态。男性情况一样。因此,比较民主党与共和党没有解释任何差别。通过观察两条线之间的距离,你可测量 Z 对 Y 的影响。既然民主党和共和党无差异,性别才是枪支管制意见的主要决定因素。这是一个完全伪关系的视觉化图形。如果经验数据能产生如图 4-3 所示的线形图,我们即可断定党派与枪支管制意见的关系是伪关系。

寻常的例子有时也可以用来阐释伪关系:白鹳会使婴儿降生的古老传说,可能就是基于白鹳在不同地域的分布数量差异,它们在婴儿出生多的地区大量存在,在婴儿出生少的地域较为稀少。于是,自变量白鹳的数量就与因变量出生婴儿数量联接起来了。但是,白鹳当然喜欢在建筑物的角落和裂缝中安歇。因此,白鹳多的地区也是人口繁茂的地区;白鹳稀少的地方,人类也稀少。白鹳-婴儿的关系仅仅是缘于一个成分差异的人造品,这个成分差异就是人口数量。

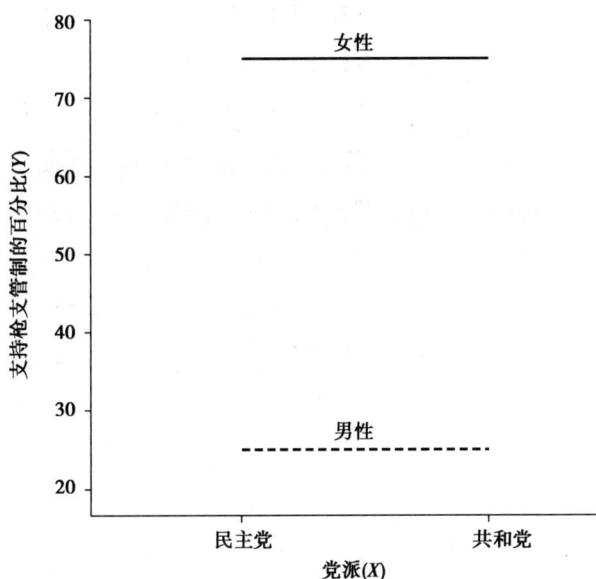

图 4-3　党派与枪支管制意见的伪关系（折线图）

　　但是,在严肃的研究中,伪关系不是这么容易被识别的。例如,我们发现玩暴力电子游戏的少年(X)比不玩暴力电子游戏的青少年更倾向于有反社会行为(Y)。但是,我们能说玩游戏导致反社会行为吗?玩暴力游戏的青少年与不玩暴力游戏的青少年还有何不同?是否可能有一个成分差异(Z)并构成 Y 的一个竞争性原因?再考虑另一个假设例子:教育研究者可能发现,生均支出高的学区(X)的学生成绩比生均支出低的学区的学生高。支出决定成绩吗?除了生均支出,高支出学区与低支出学区还存在哪些区别?高支出学区的高学历父母(Z)集中度高于低支出学区的。如果教育水平高的父母比教育水平低的父母更有可能鼓励他们的孩子取得成就的话,那么,可能是这个成分差异,而非生均支出本身,构成了解释因变量的主要原因。

　　一个未知的 Z 变量可能导致研究者无法识别 X-Y 关系是伪关系。它就像一个幽灵一样,无时不伴随着社会研究者。好消息是:在控制了潜在的会带来麻烦的变量的情形下,我们几乎总能获得关于研究现象的某些新知。例如,吸烟和肺癌之间的关系,尽管多年来一直遭到种种吸烟者与不吸烟者之间未受控制的成分差异的怀疑论的攻击,但是现在已很稳固地建立起来了。这一认识的增进,在很大程度上,正是由于有对这一关系是伪关系的质疑,才得以实现的。

累加关系

设想一个 X 与 Y 相关的情形——例如,民主党比共和党更支持枪支管制。进一步设想 Z 与 Y 有关——女性比男性更支持枪支管制。更重要的是,假定 Z 没有造成 X 值之间的成分差异——民主党内女性的百分比与共和党内女性的百分比是相等的。当在 X 值上移动,从民主党向共和党移动时,我们并没有在 Z 值上移动,并没有从一个女性占比较高的群体转到一个女性占比较低的群体。因此,X 对 Y 的影响完全独立于 Z 对 Y 的影响。图 4-4 展示了一组符合这些标准的关系。可以看到,在 12 个民主党人中有 6 个(50%)支持枪支管制,与 12 个共和党人中只有 4 个(33%)支持,有 17 个百分点的差异。在图 4-4 的所有女性 12 个人中有 7 个(58%)支持枪支管制,与全部 12 个男性里有 3 个(25%)支持相比,性别差相当大(33%)。然而,由于党派群体在成分构成上完全一致——民主党人的一半是女性,共和党人的一半是女性——党派对因变量的影响没有因为性别对因变量的影响而减弱或呈现伪关系。

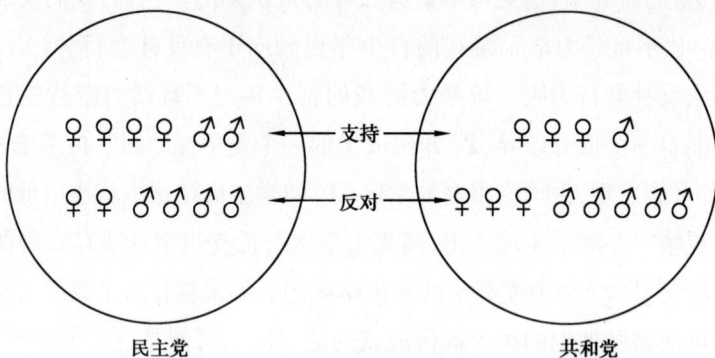

图 4-4　党派、性别与枪支管制意见的累加关系(图解)

累加这个术语描述的是这样一种情形,在这种情形里,X-Y 关系和 Z-Y 关系加起来增大了或增强了我们对因变量的解释。如图 4-4 所示,党派变量"起作用"了——民主党支持枪支管制的百分比大于共和党。然而,仍然有 6 个民主党反对控枪而有 4 个共和党支持。我们如何解释这些"未得到解释"的个体? 通过加入性别的解释视角,我们可以解释民主党的 4 个反对者(他们反对因为他们是男性)和 3 个共和党支持者(她们支持因为她们是女性)。在民主党和共和党这两个党的群体中,女性都比男性更倾向于支持控枪。同样地,不论党派,男性都比女性更反对枪支管制。性别在仅依靠党派变量所解释的枪支管制意见差异之外,解释了更多的因变量差异。

图 4-5 以图形的方式表示了图 4-4 呈现的关系。让我们再次沿着每条线即从民主党到共和党看去,可分别看到男性(虚线)和女性(实线)的枪支管制意见发生了什么变化。每条线都各自预期地下降:民主党比共和党更支持枪支管制。注意,两条线是平行的,这意味着党派影响对男性和女性都是一样的。在图 4-5 中,67% 的女性民主党支持限制,相比之下只有 50% 的女性共和党支持限制,二者之间存在 17 个百分点的"党派影响"。这个 17% 的党派影响对男性是一样的:33% 的男性民主党是支持管制的,相比之下男性共和党只有 16%。请注意,在每个党派群体中也存在相当大的"性别影响"。女性-男性差异在民主党内大约是 33 个百分点,在共和党内也大约是 33 个百分点。总而言之,对党派和性别两个变量的认识,增进了我们对枪支管制态度的解释。[17]

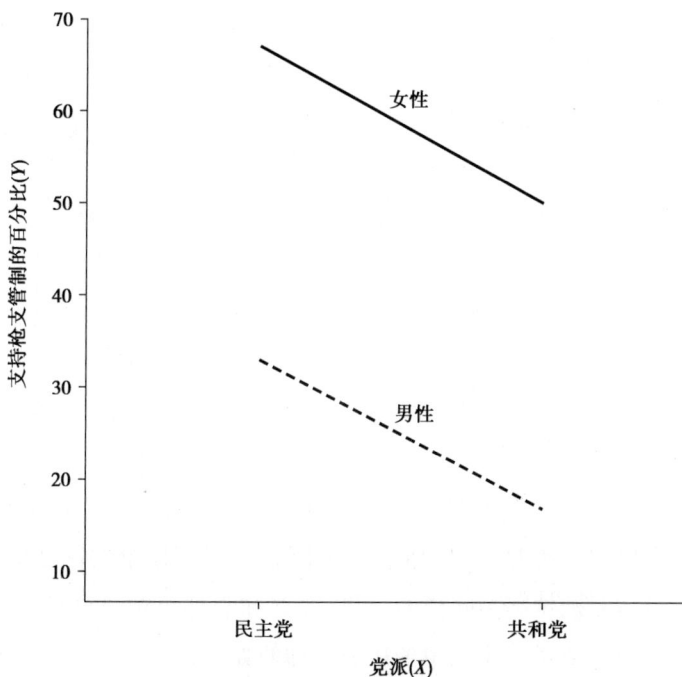

图 4-5　党派、性别和枪支管制意见的累加关系(折线图)

在我们刚才所研究的理想化累加模式中,控制 Z 对 X 和 Y 的关系没有任何影响,后两者的关系在控制了 Z 的情形下和未控制 Z 之前一样强。之所以如此,是因为 Z 没有导致 X 不同值之间存在成分差异。在我们之前所检验的伪关系的理想化模型中,保持 Z 不变对 X 和 Y 的关系的影响是毁灭性的,将其减至 0。之所以如此,是因为在 X 的不同值上存在的强成分差异,在 X 和 Y 之间"制造了"一个虚假的或"伪"的关系。与这些理想化的模式不同,混合模式可能存在——实际上这在现实研究中是屡见不鲜的。尤其是许多累加关系含有一个伪性的元素,它可以削弱但是不会毁坏 X-Y 的关系。

图 4-6 中描述了累加-伪性混合关系。可以看到,未加控制的 X-Y 的关系是很强的,12 个民主党人中有 8 个(67%)支持枪支管制,而 12 个共和党人中只有 4 个(33%)支持此行为,差距达 34 个百分点。很明显,伪关系的潜在动力也在起作用:在性别上存在着很大的成分差异(有 8 个女民主党人,但女共和党人只有 4 个),与此相结合是很强的 Z-Y 关系(12 个女性中有 8 个支持枪支管制,相比之下 12 个男性中只有 4 个支持枪支管制)。然而,当性别保持不变时,党派-枪支管制意见关系仍旧生存下来了,它虽然被弱化但仍存活。对女性而言,有 25% 的党派影响:75% 民主党的女性支持枪支管制,相比之下共和党女性只有 50%。男性也重复了这个 25% 的党派差异,从男性民主党人的 50% 到男性共和党人的 25%。

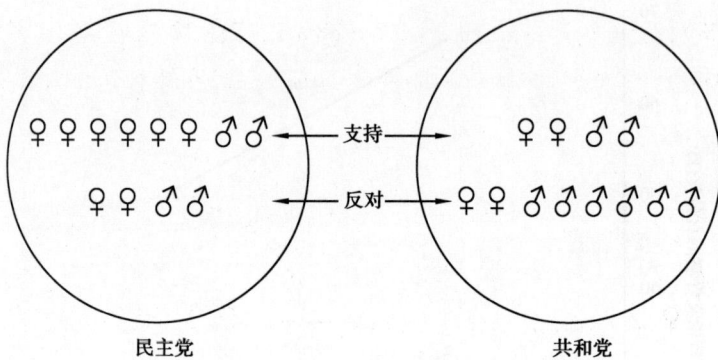

图 4-6　含伪性成分的累加关系(图解)

未控制的党派和枪支关系上的 34 个百分点的差异,会导致党派的影响被夸大吗?会的。因为女性在民主党那里被过分代表,未控制的支持控枪的民主党人所占百分比(67%)因这个成分偏差被拉高。同样的,男性在共和党那里被过分代表,对未控制的共和党人百分比(33%)产生了一个向下的压力。即便如此,当控制了这些导致伪关系的成分偏差后,我们就会看到一系列本质上系累加性的关系存在。

交互关系

思考一下党派、性别和枪支管制态度的几组关系。假设在女性那里,党派对枪支管制意见只有很弱的影响。当我们控制性别(Z)后,再看党派(X)和枪支管制意见(Y)的关系。

我们发现,民主党女性只比共和党女性稍多一些赞成枪支管制。因此,在女性那里,X 对 Y 的影响较小。但是,假设在男性那里,民主党和共和党有很大的差异。当我们控制性别后看党派与枪支管制意见的关系时,我们发现,在男性那里,随着 X 的不同分类而有很大的差异出现:民主党的男性远比共和党的男性更支持枪支管制。因此,对于男性来说,X 对 Y 的影响是很大的。现在如果有人问你"在控制性别后,党派与枪支管制意见之间的关系是什么?"你可以回复:"这取决于你讲的是男性还是女性的意见,具体而言,党派对女性的枪支管制态度的影响很小,但对男性影响很大"。

政治学研究者用可互换的两个术语,即**交互关系**(interaction relationship)和**特定关系**(specification relationships)来描述这个情况。图 4-7 举例说明了交互作用可能出现的几种形式中的一种。在 Z 的两个值上,自变量 X 对 Y 有相同的影响吗? 7 个女性民主党中有 4 个(57%)支持枪支管制,相比之下,4 个女性共和党内有两个(50%)支持枪支管制,影响很小(7%)。在男性那里 X 与 Y 的关系更强:支持枪支管制的,5 个民主党中有 3 个(60%),对应 8 个共和党中有 3 个(38%),存在 22% 的影响。因此,党派与枪支管制意见之间关系的强度取决于控制变量的值——对女性有较弱关系,对男性有较强关系。[18]

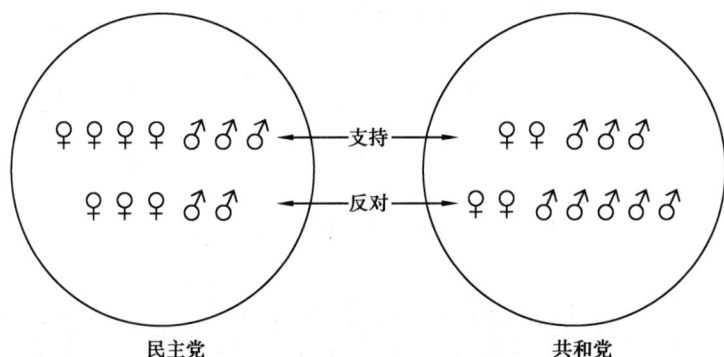

图 4-7 党派、性别和枪支管制意见之间的交互关系(图解)

图 4-8 显示了枪支管制这个例子中的交互关系的线形图,交互作用体现在代表不同性别的线条走向上。让一个房间的人全为女人,你会发现在枪支问题上民主党和共和党只有很小的分歧。她们对党的忠诚轻微可见。但是,让一个房间的人全为男子,他们的党派所属就会带来很大的差异。一个限制枪支的提议会得到男性民主党人的广泛支持,但受到男性共和党人的普遍反对。请注意,这两条线之间距离的变化。虽然在民主党那里几乎没有性别差距(男性略比女性更赞成管制),在共和党那里却有很大的性别差距。

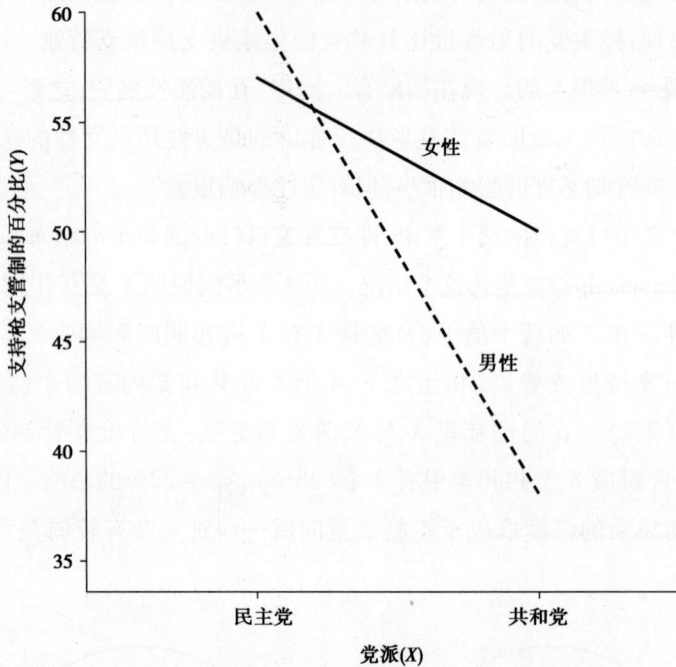

图 4-8　党派、性别和枪支管制意见之间的交互关系（折线图）

交互关系的多个面孔

图 4-8 所描述的交互关系的假想例子展示了一个特别的形态：在 Z 的一个值上，X 对 Y 有弱影响，但在 Z 的另一个值上，X 对 Y 有强影响。这是交互作用很常见的一类模式。

然而，这不是交互关系发生作用的唯一方式。交互作用背后的逻辑是 X 与 Y 的关系取决于 Z 的值，而这可表现为多种形式。请考虑图 4-9，它描述了交互作用的 3 个基本模式（各个基本模式的两个可能变形标为 A 和 B 并图示）。例如，模式 1A 与图 4-8 的模式相似：在女性那里，党-控枪意见的关系很弱；但在男性那里，赞成管制的民主党占比比共和党高得多。当然，在你自己的分析中，你可能会遇到同一个模式的向上倾斜的几种变形中的某一个（如模式 1B）。但是，模式 1A 和模式 1B 有一个基本的相似处：对控制变量的一个值，X 与 Y 关系很微弱；对控制变量的另一个值，X 和 Y 的关系是或正向或负向的强关系。

有时对 Z 的一个值，X 与 Y 的关系是 0 或接近不存在，但是对 Z 的另一个值却是明显的正向或负向关系。模式 2A 和模式 2B 描述了这个情况的两种变体。

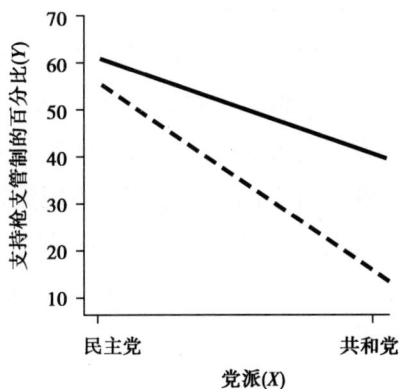

（a）模式1A

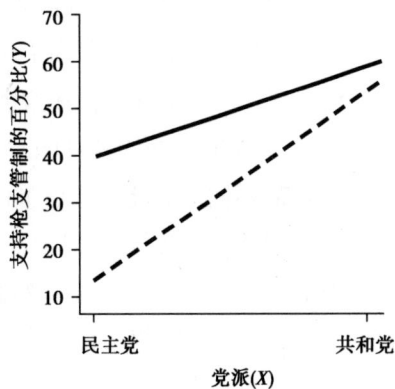

（b）模式1B

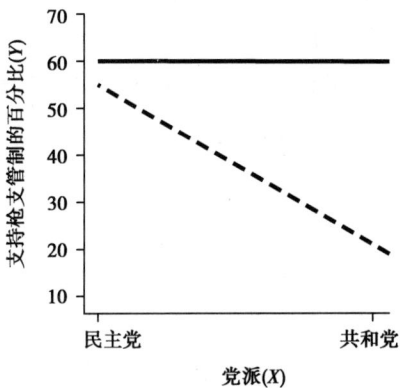

（c）模式2A

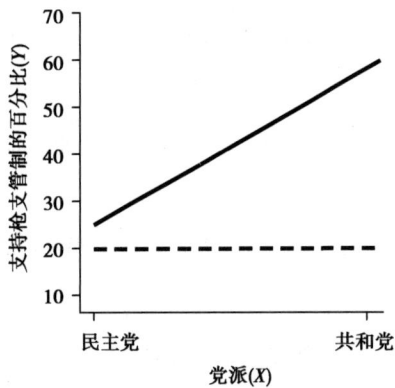

（d）模式2B

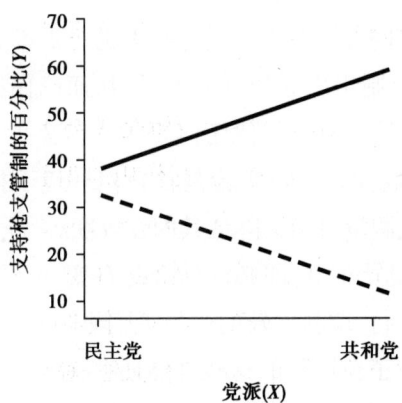

（e）模式3A

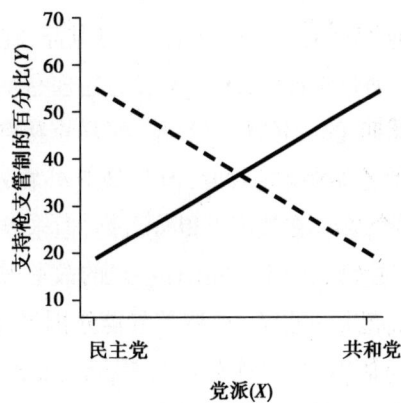

（f）模式3B

图 4-9　交互作用的模式

注：假设数据。为方便理解，女性意见用实线表示，男性意见用虚线表示。

在模式 2A 中，党派属性对女性的枪支管制意见没有影响（如水平的实线所表示的那样），但是对男性却有重要的影响（向下倾斜的虚线）。在模式 2B 中，影响是相反的，但是我们可以像描述模式 2A 那样来描述这个模式：在 Z 的一个值上 X 对 Y 没有影响，但在 Z 的另一个值上 X 对 Y 有相当大的影响。你偶尔也会发现像模式 3A 和模式 3B 所描述的有趣形态：在 Z 的不同取值上，X 与 Y 的关系有不同的趋势，或"沿不同的方向运行"。例如，依据模式 3A 形态，女共和党人比女民主党人更支持枪支管制，党派属性从民主党到共和党的变化，产生了一个上升斜线。然而，对男性而言，党派认同恰恰产生相反的影响，导致男共和党人与男民主党人相比有较低水平的支持枪支管制的结果。模式 3B 是这一交互作用的一个极端变形。思考一下这个模式。请注意，像模式 3A 一样，对于 Z 的一个值来说，X 对 Y 的影响是强正向；对于 Z 的另一个值来说，则是强负向的。然而，与模式 3A 不同，在控制 X 后，Z 对 Y 也有很大并且很不同的影响。因此，在模式 3B 这个虚构的场景中，民主党人按性别深度分歧，具体而言：男性明显比女性更赞成控制。共和党人也显示了巨大的性别差距——女性明显比男性更支持枪支管制。如果你真的在研究中遇到模式 3B，你可以用交叉交互或无序交互来指称它。

总　结

在检验假设以确认自变量是否影响因变量时，研究者试图控制竞争性或备择解释——因变量的其他可能的原因。排除或中和竞争性解释的能力，取决于所使用的研究设计。在实验性设计中，如实验室实验和田野实验那里，随机分配这个小奇迹所创造的测试组和控制组是一对随机的复制品，在任何重要的方面或在任何不重要的方面都完全一致。通过设计，实验者采取的处理是测试组和控制组之间的唯一差异，从而确保在因变量那里观测到的任何差异，都可直接归因于自变量，而非其他任何原因。实验室实验一般有较高的内在效度，但是缺乏外在效度或普遍性。田野实验是在自然环境下操作的，因此，在外在效度上得分更高，但未控制事件或测量可能会降低其内在效度。

因控制比较不采用随机分配，故必须与成分差异斗争，即必须处理跨自变量不同值而自然产生的差异，这些差异能对因变量产生影响。控制比较的爱好者们有一个信条，也是一个以问题方式出现的警言："除了自变量，我正在比较的这些群体还存在哪些方面的差异？"在控制比较中，研究者在使竞争性解释变量保持不变即控制它对因变量影响的情况下，检验自变量和因变量的关系。任何观测到的自变量与因变量之间的关系，都不可能归因于被控制的变量。然而，仍然可能存在其他未控制的原因对观测到的关系产生影响。

在控制一个竞争性解释变量后，自变量和因变量的关系可能出现 3 种情况：在伪关系中,自变量和因变量的关系被削弱,可能降至 0。在累加关系中,两个变量即自变量和控制变量都对解释因变量做出了有意义的贡献。第三种关系模式,即特定或交互关系在政治学研究中很常见。在交互关系中,因变量与自变量的关系,对控制变量的各个值而言是不同的。两者的关系可能在强度上或在趋势上不同,取决于控制变量的哪个值正被测量着。3 个情境是逻辑上的可能,在本章中是用理想化的虚构数据来描述的。即便如此,对现实世界的每一个控制比较均处于这 3 个模式之中,必然与其中之一接近。在下一章中,你将会学习如何建构控制比较,如何应用上述逻辑情境。

关键术语

累加关系(additive relationship)

成分差异(compositional difference)

控制组(control group)

控制比较(controlled comparison)

实验性设计(experimental design)

外在效度(external validity)

田野实验(field experiment)

交互关系(interaction relationship)

内在效度(internal validity)

实验室实验(laboratory experiment)

随机分配(random assignment)

研究设计(research design)

竞争性解释(rival explanation)

选择性偏误(selection bias)

伪关系(spurious relationship)

测试组(test group)

练　习

1.以下是 3 个描述,对每一个陈述:(1)说明这些陈述是对还是错。(2)说明你的理由。

　A.随机分配导致选择性偏差。

　B.田野实验比实验室实验有更高的外在效度。

　C.交互作用与伪关系是一样的。

2.一个大班的热情教师要为如何帮助学生复习做决定。一个可能的方法是提供可通过上网获取的视频复习资料。考试前几天,教师宣布视频复习资料已在课程网站上提供,并鼓励(但不要求)学生们利用它。考试后,教师记录学生的分数。利用教学软件,他可以知道哪些学生使用了视频复习资料,哪些学生没有使用。"好啊!"他大声说,"那些使用了在线视频资料的学生的考试得分高于没有使用这些资料的学生。我的视频复习带来了更高的分数!"

A.该教师的热情明显盖过了他的方法论知识。(1)写下两个竞争性原因,用它们解释为什么使用在线视频的学生的考试成绩高于没有使用的学生。(2)描述每个竞争性原因会如何解释视频复习-考试得分的关系。

B.假设教师想要改善他的步骤来查明视频复习是否帮助学生在考试中取得高分。你被要求推荐 3 个可大幅度改善教师研究的步骤。(1)你会推荐哪 3 个步骤?(2)解释为什么这些步骤能有助于分离出视频复习对考试分数的影响。

3.下列各个结论均是建立在完全伪性的 X 与 Y 的关系上。对每一个关系:(1)想出一个可能存在的、定义了 X 值的成分差异的变量 Z;(2)描述 Z 是怎样创造了 X 与 Y 的关系。

例证:红色汽车(X)比非红色汽车更易卷入事故(Y)。结论:如果红色汽车被禁止,事故率就会减低。(1)驾驶者年龄(Z)。(2)红色汽车的驾驶员比非红色汽车的驾驶员年轻。年轻人比年长者有更高的事故率(Y)。随着汽车颜色(X)的变化,驾驶者年龄(Z)变化,后者引起事故率(Y)的改变。

A.吸烟的学生(X)比不吸烟的学生得分低(Y)。结论:吸烟导致差的分数。

B.饮用瓶装水(X)的怀孕妈妈,比未饮用瓶装水的怀孕妈妈有更健康的婴儿(Y)。结论:饮用瓶装水导致更健康的新生婴儿。

C.喝茶者(X)比不喝茶者更可能是民主党(Y)。结论:喝茶导致人们成为民主党。

4.在控制比较研究中,一个自变量(X)与一个因变量(Y)之间被观测到的关系,可能由一些其他的未控制的成分差异(Z)引起的。因此,我们经常会问:"除了自变量,我正在比较的群组之间还存在哪些差异?"对以下 3 个假设中的每一个:(1)想出一个可能存在的其他的原因变量。(2)描述这个变量如何影响因变量与自变量的关系。

例证:在对国家的比较中,那些具有分权政府的国家比具有集权政府的国家,拥有公民表示信任政府更高的百分比。

(1)可能存在的另择变量:国家的人口规模。

(2)具有分权政府的国家可能也比具有集权政府的国家有更少的人口。如果较小的国家比较大的国家有更高的公民信任百分比的话,那么,是规模差异,而非分权-集权差异,可以解释自变量与因变量的关系。

A.在对个体的比较中,已婚人士比未婚人士更可能是共和党。

B.在对个体的比较中,那些来自政府投资保健体系的国家的公民,比那些来自私人投资保健体系的国家的公民,有更长的预期寿命。

C.在对个体的比较中,南方人比非南方人更倾向于支持用打屁股的方式惩罚儿童。

5.这里有一个变量:一些人支持同性婚姻,同时一些人反对它。让我们假设一个解释,
"年龄解释"指出:在对个体的比较中,年轻人比年长者更支持同性婚姻。一个竞争性
解释"教育"则提出这个假设:在对个体的比较中,有更高教育水平的人比低教育水平
的人更支持同性婚姻。为了练习的目的,设年龄是 X,教育是 Z,支持同性婚姻是 Y。每
一个变量只有两个值:年龄("年轻者""年长者"),教育("低""高"),同性婚姻意见
("支持""反对")。

A.假设控制教育(Z)后,年龄(X)与同性婚姻意见(Y)之间的关系被证明是伪关系。
(1)用本章关于伪关系的讨论作为指导,写4~5个句子解释为什么 Z 可在 X 与 Y 之
间引起一个伪关系。(2)画一个线性图来描述控制 Z 后的 X 与 Y 之间的伪关系。纵
轴表示支持同性婚姻的百分比。虚构 Y 值可能的百分比。横轴显示年龄的两个值,
"年轻"和"年长"。在图中有两条线:一条代表"低"教育水平,另一条代表"高"教育
水平。

B.假设控制年龄(Z)后,X,Z 与 Y 的关系组被证明是累加性的。(1)用本章关于累加关
系的讨论作为指导,写4~5句来解释这一关系组是如何符合累加模式的。(2)画一
个线性图来描述 X,Z 与 Y 之间的累加关系。纵轴表示支持同性婚姻的百分比。如
你在 A 部分已经做过的那样,虚构 Y 值可能的百分比。横轴显示年龄的两个值。在
图中有两条线,分别代表教育水平的两个值。

C.假设在 X,Z 与 Y 之间存在交互作用的关系。进一步假设交互作用是这样的形式:在
"低"教育水平人群中,年龄对因变量没有影响;在"高"教育水平人群中,年轻人比年
长者更倾向于支持同性婚姻。用一个线形图来阐释这组交互关系。记住纵轴显示支
持同性婚姻的百分比,与前面一样,为 Y 的值虚构可能的百分比。横轴显示年龄的两
个值。在图形中有两条线,分别代表教育水平的两个值。

注　释

1.Edward R. Tufe, *Data Analysis for Politics and Policy* (Englewood Cliff, N. J.: Prentice-
Hall,1974),4.这个故事见于某医学院对 E.E.Peacock Jr.的回忆,转引自 *Medical World
News*(September1,1972):45。

2.Donald P. Green and Alan S.Gerber,"Reclaiming the Expermental Tradition in Political

Science", *in Political Science*：*The State of the Discipline*, 3rd ed., ed. Helen V. Milner and Ira Katznelson(New York：W. W. Norton & Co., 2002)805-832.

3.Donald R. Kinder 和 Thomas R. Palfrey, "On Behalf of an Experimental Political Science", in Experimental Foundationa of Political Science, ed. Donald R.Kinder and Thomas R. Palfrey(Ann Arbor：, University of Michigan Press, 1993), 5。

4.这个要求与反事实因果关系模型一致。反事实模型的主要设想是个体的因变量有两个潜在的值：一个是在给定的自变量值的情形下，与被观测到的因变量值相符的值；另一个是假如自变量为另一个值的情形下，与将要观测到的因变量值相符的值。例如，大学学历或高中学历这一状态对最终收入的因果关系中，那些已经完成高中学历的成年人，会有"若有大学学历，理论上能挣多少"的"如果-就会怎么样"的问题；而那些已经完成大学学历的成年人，则有"若只有高中学历理论上能挣多少"的"如果-就会怎么样"的问题。这些"如果-就会怎么样"的结果问题就是反事实的。参见：Stephen L. Morgan, Christopher Winship, *Counterfactuals and Causal Causal Inference*：*Methods and Principles for Social Research*(New York：Cambrige University Press, 2007), 5.

5.James A. Davis, *The Logic of Causal Order*(Thousand Oaks,Calif：SAGE Publications, 1985), 35(着重号为原文就有)。

6.Kinder 和 Palfry, "*On Behalf of an Experimental Political Science*",随机分配当然不能保证两组完全等同。挑入测试组的被试，仍可能随机不同于进入控制组的被试。方法论者已经想出方法来最小化这些随机失真。在一个称为 blocking 的技术里，被试首先在因变量上的预测被匹配，然后再随机地分配到实验组或控制组。参见 Donald T., Campbell 和 Julian C. Stanley 的经典著作, *Experimental and quasi-Expermental Design for Research*(Chicago；Rand McNally, 1963), 15。也可参阅：R. Barker Bausell, *A practical Guide to Conducting Empirical Research*(New York：Harper and Row, 1986), 95-96。

7.这一陈述来自：Shanto Iyengar, Donald R. Kinder, *News That Matters*：*Televisin and American Opinion*(Chicago：University of Chicago Press, 1987); Shanto Iyengar, Mark D. Peters, Donald R. Kinder, "Experimental Demonstrations of the'Not-So-Minimal' Consequences of television News Programs".参见：Kinder, Palfry, *Experimental Foundations of political science*, 313-331.

8.由于预测量几乎总是与后测量相关联，但与处理无关，因此，预测量也增加了实验发现的精确度。例如，假设一个参与者在预测量阶段，把议题 X 排序为"最重要的"。这个倾向可作为参与者在后测量阶段如何给议题 X 排序的一个预测，给实验者一个评估议题设置干预影响的基线。

9.Iyengar, Kinder, *News That Matters*, 18-19.

10.Iyengar, Peters, Kinder, "Experimental Demonstrations", 321.这些研究者很了解外在效度的问题。他们建议，外在效度问题可通过使用多种方法(即所谓的方法论多元主义)来调查媒体角色予以解决。

11. 这有时被称为内生性问题。在做一个简单的比较时,如比较被联络者与未被联络者的投票率,我们不言自明地假定自变量是外生的——即它是独立发生而非由因变量引起。如果因变量是自变量的原因,即如果存在内生性,那我们就存在过分评估自变量对因变量影响的风险。例如,如果在被联络到的人中大多数已倾向于投票(而未联络到的人大多数无论怎样也不去投票),那么,说联络提升了投票率就是错误的。

12. Alan Gerber,Donald Green 和他们的合作者在这些课题上已经发表了大量的著作。这里的讨论基于:Alan S. Gerber, Donald P. Green, "The Effects of Canvassing,Telephone Calls, and Direct Mail on Voter Turnout:A Field Experiment", *American Political Science Review* 94, no.3(September 2000):653-663.有关他们的工作的评论以及对其模型的拓展,参阅:Alan S. Gerber, Donald P. Green, Christopher W. Larimer, "Social Pressure and Voter Turnout:Evidence from a Large-Scale Field Experiment", *American political Science Review* 102,no.1(February 2008):33-48.有关在各种环境下"请出门投票去"投票动员的田野实验汇集,参阅:*The Annals of the American Academy of Political and Social Science Review* 601(September 2005).

13. Gerber,Green 和 Larimer 发现引起社会压力的信息更有可能促使人们去投票。参阅:Gerber, Green, Larimer,"*Social Pressure and Voter Turnout*".

14. 为了简化描述,我们在这部分的讨论中忽略无党派独立人士。

15. 参阅:Susan E. Howell, Christine L. Day, "Compositional of the Gerder Gap", *Journal of politics* 62(August 2000):858-874. Howell 和 Day 探讨性别间的成分差异以及条件性差异——个体的特性(如教育或宗教)对男性和女性的不同影响程度。

16. 这个流行的例子被 Royce Singleton Jr., Bruce C. Straits 和 Ronald McAllister 重述,*Approaches to Social Research*(New York:Oxford University Press, 1988,)81。

17. 在解释使用交叉列表做的控制比较时,尤其是其中的变量之一是定类变量时,对于本书命名为累加性的一组关系,目前尚无普遍接受的术语。然而,累加性这个术语在回归分析里确实有适当的用法,在那里,关系常常被模式化为"线性-累加"。线性累加中的"线性"部分说的是(在控制 Z 的情况下),X 的每一单元的增加对 Y 都有一个持续一贯的影响;(在控制 X 的情况下)Z 的每一单元的增加对 Y 都有一个持续一贯的影响。线性-累加的"累加"部分说的是,若要知道 X 和 Y 合起来对 Y 的影响,则可把它们各自的影响加总或"累计"。回归分析在第 8 章中讨论。在现在的讨论中,"累加"这个术语表示的意思是,各个变量、自变量和控制变量都对因变量的解释做出了显著并持续一贯的贡献。

18. 在描述该情境的两个可互换术语(特定关系和交互关系)中,特定关系可能直觉上更有吸引力。"特定"这个词告诉我们,控制变量 Z"特定"了 X 与 Y 的关系,X 与 Y 关系取决于 Z 的特定值。交互作用在回归分析里经常用到(参阅第 8 章),它传达了这样一个观念：当 X 对 Y 的独立影响和 Z 对 Y 的独立影响被结合在一起时，即产生交互作用，其对 Y 产生的影响，大于每个自变量单独产生的影响。例如，药物的标签常常警示药物与酒精混合对睡眠的影响，将大于简单地加总使用药物的独立影响和饮用酒精的独立影响。为保持陈述的一致，我们在本书中将一直使用交互作用这个术语。但交互作用和特定作用是同义的术语，在政治学研究中这两个术语你都会遇见。

第 5 章　控制比较

学习目标

在本章中你将学到：

- 如何使用交叉列表和均值分析来作控制比较分析
- 如何鉴别经验数据之中的伪关系、累加关系和交互关系
- 如何画出控制变量保持不变情况下的自变量和因变量关系线性图

描述解释，陈述假设，进行比较，在数据中寻找有趣的模型——这些都是非常有创造性的行为，有时甚至伴随着发现新事物的喜悦。然而，正如第 4 章所提到的，发现是一个不断前进的过程。对同一个现象，总是存在一个我们所描述的解释之外的另一个合理解释。当我们测试自变量和因变量的关系时，一定要问："除了自变量以外，我们所比较的各组对象之间还存在什么不同？"是我们所观察的自变量导致了因变量的不同，还是存在其他原因、其他自变量在影响因变量？

第 4 章介绍了控制比较的方法论，这种方法是政治学研究"还有什么"问题（除了自变量以外，我们所比较的各组对象之间还存在什么不同）最普遍的方法。你现在已经了解，在控制了竞争性原因的情况下，在自变量与因变量之间**可能发生**什么。3 种逻辑情境——伪关系、累加关系和交互关系，为你提供了理解通过控制比较发现自变量与因变量之间关系所需的工具。

在这一章里，我们用经验数据来阐释控制比较的实践。在控制了因变量的一个竞争性原因时，自变量和因变量的关系实际上**发生**了什么样的变化？用于构造控制比较的程序，是我们在第 3 章中学过的交叉列表和均值比较法的自然延伸。你还会发现，自变量和因变量之间可能存在的 3 种逻辑关系会帮助你更好地理解和描述复杂的经验关系。我们首先来看一下交叉列表分析，然后考察均值比较分析。

交叉列表比较

第 3 章已经奠定了使用交叉列表分析进行比较的基本原则。首先我们来回顾一下那些程序。表 5-1 展示了党派和枪支管制意见之间关系的交叉列表。自变量的取值"党派归属"定义了表的列,左侧一列是 468 位民主党人,右侧一列是 353 位共和党人("合计"列则是所有 821 位受访者在因变量上的分布)。表的各行是因变量值("支持"或"反对"枪支管制)。这个议题上存在很明显的党派分歧。民主党人士中支持枪支管制的比例为 87.0%,比共和党人士中 68.8% 的支持率高出了 18.2%。通过简单比较得出的差异被称为**零阶关系**(zero-order relationship)。零阶关系也称基础关系或无控制关系,是指两个变量之间的总体关系,而不考虑被研究的案例之间是否存在其他可能的差异。

表 5-1　党派与枪支管制意见之间的关系

对枪支管制的意见	党派		合计
	民主党	共和党	
支持	87.0%	68.8%	79.2%
	(407)	(243)	(650)
反对	13.0%	31.2%	20.8%
	(61)	(110)	(171)
合计	100.0%	100.0%	100.0%
	(468)	(353)	(821)

资料来源:2008 综合社会调查。

注:问题:"你会支持还是反对一项要求个人在购买枪支之前获得警察许可的法律?"

零阶关系通常会引起"还有什么?"(除了自变量以外,我们所比较的各组对象之间还存在什么不同)疑问。民主党与共和党之间还存在什么样的差异可能会导致二者在枪支管制意见上的不同呢? 在第 4 章中我们描述了一个有合理性的竞争原因——性别。性别可能与对枪支的态度相关,女性可能会比男性更支持枪支管制。由此推论,如果民主党人士中女性的比例多于共和党,党派-意见二者关系就可能是虚假的,真实的是一个性别-党派二者关系。要验证这个竞争性解释,需要在保持性别比例一致的情况下,重新检验党派与枪支管制意见之间的关系,这样就可以控制住性别的影响。

对照表

表 5-2 是一个控制比较表,展示了如何完成这一目标。控制比较表,或称对照表,就控制变量的每一个值都对自变量与因变量进行一次交叉列表分析。

表 5-2 党派与枪支管制意见之间的关系，控制性别

对枪支管制的意见	性别					
	女性			男性		
	党派			党派		
	民主党	共和党	合计	民主党	共和党	合计
支持	91.5%	74.9%	84.6%	80.8%	61.1%	72.2%
	(247)	(143)	(390)	(160)	(100)	(260)
反对	8.5%	25.1%	15.4%	19.2%	38.9%	27.8%
	(23)	(48)	(71)	(38)	(62)	(100)
合计	100.0%	100.0%	100.0%	100.0%	100.0%	100.0%
	(270)	(191)	(461)	(198)	(162)	(360)

资料来源：2008 综合社会调查。

首先按照控制变量的取值将个案分组。因此，在表 5-2 中受访者被按照性别（控制变量）划分为两类。其次对控制变量每一个值都单独进行一次自变量与因变量之间的交叉列表分析。表 5-2 左侧所示的交叉表是 461 位女性受访者的党派（自变量）与枪支管制意见（因变量）之间的关系。右侧的交叉表是 360 位男性受访者的党派-意见关系（461 位女性总体与 360 位男性总体的意见分别位于各自交叉表的"合计"列）。

对照表揭示了两组关系：第一，揭示了自变量对因变量的控制效应。**控制效应**（controlled effect）是指原因变量与因变量在另一个原因变量的某一个值上所出现的关系。在表 5-2 中，可分别得到男性和女性的党派归属与枪支管制意见之间的关系。这样，我们就得到两个关于党派的控制效应，一个是男性的，一个是女性的。第二，对照表使我们可以描述每一个自变量取值下控制变量对因变量的影响。通过对比男性民主党人士与女性民主党人士的观点——以及比较男性共和党人士与女性共和党人士的观点——我们可得出性别对观点的控制效应，其中一个控制效应是民主党的，另一个是共和党的。让我们进一步分析上述几组关系。

首先在保持性别一致的前提下考虑党派和枪支管制意见之间的关系。显然，对于女性和男性而言，不同党派之间都存在相当大的差异。首先关注女性，91.5% 的女性民主党支持持枪许可证制度，而女性共和党人中这一比例是 74.9%。计算女性中的党派控制效应，可得出：91.5% − 74.9% = 16.6%。然后关注男性，也发现了类似的党派划分。由对照表可知，80.8% 的男性民主党支持限制枪支，而男性共和党人中这一比例是 61.1%。对于男性而言，党派的控制效应是：80.8% − 61.1% = 19.7%。停下来想一想，从这两者的差异——女性 16.6% 的控制效应和男性的 19.7%，我们可以得出在控制性别的前提下党派与枪支管制意见之间存在怎样的关系。

偏效应

控制效应被概括为**偏相关**(partial relationship)或**偏效应**(partial effect)。正如零阶相关是对两个变量之间关系的总体概括,偏相关或偏效应是对考虑竞争变量之后两个变量之间关系的概括。[1]假如有人问,"控制性别之后,党派对枪支管制意见的偏效应是什么?"询问偏效应,意味着这个提问者想要得到的答案是简明的,可以用一个数字概括的控制性别之后党派与枪支管制意见之间的偏相关。我们有两个数字可供选择:对于女性而言,党派的控制效应是16.6;对于男性而言,党派的控制效应是19.7。这两个数字非常接近。通过一系列的计算可得出更精确的概括,[2]但是,控制性别之后党派与枪支管制意见之间的偏效应是17%左右,这看起来是合理且审慎的说法。支持更严格的枪支管制的民主党比共和党多17%左右。因此,党派的偏效应是17%。

现在将你的注意力转移到第二组关系上,即民主党和共和党内部的性别与枪支管制意见之间的关系。要估计这些关系,我们再看交叉列表分析,比较拥有相同党派归属(例如,全部都是民主党支持者)但是性别不同(男性与女性相比较)的受访者。我们如何完成这一比较呢?你可从表5-2中看出,如果用女性枪支管制支持者比例减去男性枪支管制支持者比例,我们会得到一个正数(+)。用男性支持者比例减去女性支持者比例会得到一个负数(-)。由于性别是定类变量,性别"提升"会导致枪支管制支持率的提升或降低这种说法是有问题的。因此,为什么要关注是正号还是负号呢?因为我们需要一种方式来确定与定类变量有关的交互关系。本书遵循**定类关系方向的判定规则**(rule of direction for nominal relationships)。我们把定义交叉列表中最左侧一栏的变量值作为基准分类。通过用基准分类值减去其他值的方法来确定定类关系的方向(参见专栏5-1)。

在表5-2中,女性位于控制表的左侧,男性位于右侧。根据规则,"女性"作为基准栏。性别对意见的控制效应由女性比重减去男性比重得出。91.5%的女性民主党人支持管制。男性民主党人的支持率为80.8%。由此得出性别的控制效应是:91.5%-80.8%=10.7%。类似的,74.9%的女性共和党支持枪支管制,比男性共和党61.1%的支持率要高。对于共和党而言,性别的控制效应是:74.9%-61.1%=13.8%。对每一个党派集团,性别-意见关系都"沿相同方向起作用"——我们用女性支持率减去男性支持率可以得到一个正数——但是,共和党内的性别差异相对更大一些。

我们假想的问题又回到"在控制了党派的条件下,性别对枪支管制意见的偏效应是什么?"与之前一样,我们有两个数字可以选择:民主党内性别的控制效应是10.7%,共和党内性别的控制效应是13.8%。只要这两个数字相差不是特别大,这种说法看起来就是合理又审慎的——即控制党派之后,性别对枪支管制意见的偏效应大概是11%。[3]与男性相比,女性大约有11%的可能性倾向于支持枪支管制。因此,性别的偏效应是11%。

专栏 5-1　定类关系方向的规则

在用"+"表示的正向关系中,自变量值的增加伴随着因变量值的增加。在用
"−"表示的负向关系中,自变量值的增加伴随着因变量值的减小。这种正向关系和
负向关系的定义与直觉相符。但是,对于定类关系而言,这种定义的直观性不复存
在。例如,在表 5-2 中对性别意见关系的描述中,我们用女性支持者比例减去男性
支持者比例得到一个正数。由于性别值是不能被排序的,用男性支持者比例减去
女性支持者比例得到一个负数同样也可能是正确的。但是,如果存在交互作用,那
么自变量与因变量的关系可能"按不同的方向作用",其方向取决于控制变量的值。
女性比例可能在某一控制变量取值下高于男性比例,也可能在控制变量另一取值
下低于男性比例。这就需要建立一个规则,使我们能以正号和负号来表示交互作
用在定类关系中的存在方式。

在本书中,我们遵循定类关系方向的判定规则。把定义交叉列表中最左侧一
栏的变量值作为基准分类。用基准分类的值减去其他值来求出名义变量的方向。
如果基准分类的值高于与之进行比较的其他分类值,则该关系是正向的;如果低于
与之比较的其他分类值,则该关系是负向的。在表 5-2 中,"民主党"是最左侧的自
变量值,"女性"是最左侧的控制变量值。在判断党派意见关系的方向时,我们用基
础比例(民主党比例)减去共和党比例。在判断性别意见关系的方向时,我们用基
础比例(女性支持者比例)减去男性支持者比例。这一规则与计算机软件在交叉列
表分析中计算关系方向所遵循的运算法则是一致的。

识别确认

在伪相关、累加关系或交互关系中,哪一种能最好地描述党派、性别和枪支管制意见
之间的关系呢? 我们来回顾一下关于伪关系、累加关系和交互关系的定义。

- 在一个伪关系中,保持控制变量不变后,自变量与因变量之间关系的减弱或者
  消失。
- 在一组累加关系中,自变量与因变量之间关系的趋向和强度在控制变量所有取值
  上都是一样的或者非常接近的。
- 在一组交互关系中,自变量与因变量之间关系的趋向和强度是不同的,取决于控
  制变量的值。

由这些定义可引出 3 个能帮助你确定所分析的关系最接近哪个模式的问题。在建
立起一个控制交叉列表或者是均值比较控制表(本章后面会有涉及)之后,检验数据并回
答以下问题:

1. 在保持控制变量恒定之后,自变量与因变量之间的关系是否至少在控制变量的一个取值上存在?
   - 如果答案是否定的,则该关系就是伪关系。如果答案是肯定的,就继续看问题。
2. 自变量与因变量之间关系的趋向在控制变量的所有取值上是否都保持一致?
   - 如果答案是否定的,则存在交互作用关系。如果答案是肯定的,就继续看问题。
3. 自变量与因变量之间关系的强度在控制变量的所有取值上是否都保持一致或者接近?
   - 如果答案是肯定的,则该关系是累加关系。如果答案是否定的,那么,交互关系最符合该关系的特征。

对于党派-性别-枪支管制意见关系而言,我们可肯定地回答第一个问题。在控制了性别之后,党派-意见关系是 17 个百分点。民主党人支持持枪许可管制的比例比共和党人高了 17%。如果二者是伪关系,这种偏相关就不会存在或者会减弱。由于自变量对因变量的偏效应在控制之后依然存在,因此,我们可以排除伪关系。党派-意见关系的稳健存在背后的逻辑,可从表 5-2 所列的原始频数中看到:民主党人为女性的可能性只比共和党人稍微多了一点。[4]因此,在比较自变量的两个值(即民主党和共和党)时,我们就不是在拿一个主要由女性组成的群体和一个主要由男性组成的群体进行对比。

排除了伪关系之后,让我们来看问题 2。如上所述,党派-枪支管制意见关系的趋势或者"方向"对女性和男性是一样的。对任何性别,民主党都比共和党更支持管制。为阐释观点,我们姑且假设女性民主党人不如女性共和党人那么支持管制,但是男性民主党人比男性共和党人更支持管制。在这种情况下,即不同的控制变量分类之下党派-枪支管制意见关系有不同的作用方向,问题 2 就提醒你存在着交互关系。不过,就目前这个例子而言,该关系具有相同的趋势。

问题 3 支持我们做出一个明确的选择:该关系为累加关系。我们可以这么说,是因为党派对枪支管制意见的控制效应强度,在不同性别之间是相同或十分接近的。控制性别之后,党派的偏效应是 17%。在女性和男性两个性别那里,从民主党转向共和党使枪支管制支持率下降了 17 个百分点。从共和党转向民主党这一支持率增加了 17 个百分点。控制党派之后,性别的偏效应是 11%。对民主党和共和党,女性的枪支管制支持率比男性高 11 个百分点,男性的支持率比女性低 11 个百分点。

所有的累加关系都具有直接的对称属性。各原因变量——自变量和控制变量——单独进入模型,均有助于解释因变量。两个变量一并进入模型,则提高了解释力。为阐释观点,假设我们把最不支持枪支管制属性的男性共和党人组合,与最支持枪支管制属性的女性民主党人组合加以比较。由于党派的偏效应是 17%,因此,这一比较中的党派"部分"可以指向男性共和党人和女性民主党人之间有 17 个百分点的差异。如果只考虑党派的影响,我们可预期女性民主党人的意见会比男性共和党人的意见多 17% 的支持度。但我们还要加入男性与女性的比较。由于性别的偏效应为 11%,比较的性别"部分"

又可以指向女性民主党人与男性共和党人之间另有 11 个百分点的差异。因此，我们会预期男性共和党人与女性民主党人之间存在 28% 的差异，这一差异与我们所掌握的数据（61.1% 与 91.5%，相差 30.4%）较为一致。

女性共和党人与男性民主党人之间的比较会如何？共和党-民主党部分会导致 17% 的差异。因此，如果只考虑党派，我们会预期男性民主党人的支持率比女性共和党人高 17%。但我们还需要加入（在这一比较中毋宁说是减去）男性-女性部分因素的影响。由于男性支持率比女性低 11%，我们必须从 17% 的党派差异中减去 11%，得到女性共和党人与男性民主党人之间 6% 的预计差异。再一次，这种不同部分的组合印证了实际数据：女性共和党人 74.9% 的支持率与男性民主党人 80.8% 的支持率之间相差 5.9%。

用图展示控制的比较

第 3 章介绍了如何基于自变量与因变量之间的交叉列表构建折线图。折线图对清晰并简洁地呈现控制比较关系十分有用。应如何构建与表 5-2 表达的关系相对应的折线图呢？参见图 5-1。如同所构建的用于简单比较的折线图一样，自变量的值在横坐标上——左侧和右侧分别是民主党和共和党，个案落在因变量某一个值的比例——支持枪支许可管理制度的比重——用纵坐标来表示。对于控制比较而言，图中的线描绘出在每一个控制变量取值下自变量与因变量的关系。"女性"线（实线）连接了表 5-2 中的两个比例，91.5%（女性民主党人的支持率）和 74.9%（女性共和党人的支持率）。"男性"线（虚线）连接 80.8%（男性民主党人的支持率）和 61.1%（男性共和党人的支持率）。

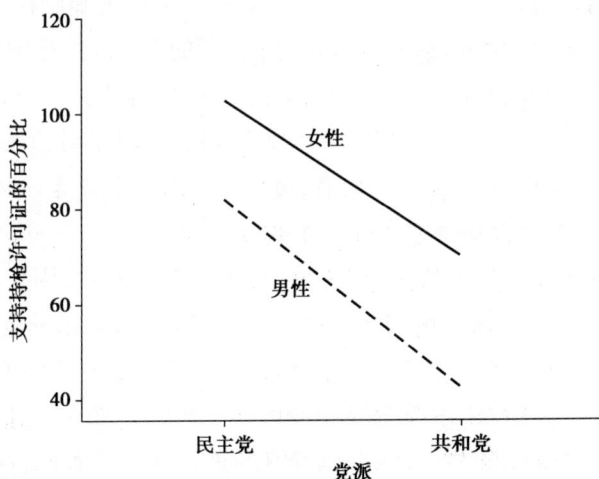

图 5-1　控制性别后党派与枪支管制意见的关系（折线图）

　　图形描绘通常能促进理解。由图 5-1 可清晰地看到,党派作为自变量,在不同的控制变量取值下都起到重要的解释作用。每条线都从左往右下降了 17 个百分点。控制变量对因变量的影响通过两条线之间的距离描绘出来。女性线比男性线大约高 11 个百分点。这种线性对称是完美的几何关系吗?不是的,而且现实世界中的关系也极少是。观察图 5-1 我们可断言,它十分接近一组累加关系的形状。

交互的例证

　　现在我们来考察一组交互关系,是与上面的例子所显示的累加关系特征极其不同的情形。如第 4 章的讨论所示,交互关系是变化多端的,其变化可取不同的形式。然而,所有的交互关系都有一个共同的特征:自变量与因变量之间关系的强度或趋势随控制变量值的变化而变化。有时,当我们期待发现的是别的什么(如一组累加关系)时,获得的却是交互关系模式。但是,在更多的时候,在我们获得的解释中,蕴含着交互关系。如果解释是正确的,我们不仅期望发现交互关系的存在,而且还可以知道那些交互关系是以什么方式存在的。

　　考察一下个人在某项议题上的立场与其政治行为之间可能的因果关联。例如,我们假设个人对堕胎权的态度(自变量)与其投票行为(因变量)之间存在因果关联。在对个人的比较中,相对于持反对堕胎权观点的人而言,那些持有支持堕胎选择权观点的人更倾向于支持民主党。注意,这一假设性因果关联的前提是堕胎权对于人们来说是一个重要的问题——即他们个人十分关注这一议题而且认为它极其重要。想象两个有选举权的投票者,两人都声称堕胎"应该永远被允许"。其中一个认为堕胎权议题是"极其重要的",而另一个只认为是"一般重要"。根据对这个议题的重视程度影响行为的观点,尽管两人在堕胎权议题上持相同立场,但是"极其重要"的投票者比"一般重要"的投票者更有可能为民主党候选人投上一票。当然,相同的思路也适用于对堕胎权持反对意见的人。一个对该议题十分重视的堕胎权反对者,可能比不那么重视这一议题的反对者更不容易给民主党投票,尽管二者在堕胎议题上持相同的立场。

　　重要性蕴含交互关系。它说的是,自变量(对堕胎权意见)与因变量(投票选择)之间的关系强度取决于一个控制变量的值,即人们是否认为该议题是重要的或值得关注的。在自变量的一个取值下——当人们重视该议题时——观点-投票关系会变强。在控制变量的另一个值下——当人们不重视该议题时——观点-投票关系就会变弱。

　　表 5-3 展现了对堕胎权的看法与投票选择之间关系的对照表,受到控制的变量是对这个议题的重视程度。[5]表 5-3 是依据制表规则构建的。受访者首先按照其声称的对堕胎权议题的重视程度被分为两组:385 个低重视程度受访者和 393 个高重视程度受访者。左侧的交叉列表展示了对议题给予低重视程度的人们的堕胎权观点-投票选择关系,右侧

的交叉列表为对议题给予高重视程度的人们的关系。

表 5-3　对堕胎权的看法与投票选择之间的关系,控制议题重视程度

投票选择	议题重视程度					
	低			高		
	对堕胎的看法			对堕胎的看法		
	总是允许	不总是允许	合计	总是允许	不总是允许	合计
民主党	63.2%	45.9%	53.2%	82.0%	34.9%	54.2%
	(103)	(102)	(205)	(132)	(81)	(213)
共和党	36.8%	54.1%	46.8%	18.0%	65.1%	45.8%
	(60)	(120)	(180)	(29)	(151)	(180)
合计	100.0%	100.0%	100.0%	100.0%	100.0%	100.0%
	(163)	(122)	(385)	(161)	(232)	(393)

资料来源:2008 年美国综合社会调查。

　　首先在控制重视程度的前提下考虑意见-投票选择关系。对低重视程度的受访者,议题立场显然与投票有关。在认为堕胎应该永远被允许的人当中,63.2%投给民主党。与之相比较,那些认为堕胎不应该被允许的人当中,这一比例是45.9%。控制效应是:63.2%-45.9%=17.3%。因此,在低重视程度的受访者中,堕胎权支持者投票给民主党的比例比堕胎权反对者高17 个百分点。现在转移你的注意力到高重视程度的交叉列表上来,你会发现一个强烈得多的关系。在选择"永远允许"的高度重视该议题的受访者中,82.0%投给民主党。与之对比,在选择"不应该允许"的高度重视该议题的受访者中,投票给民主党的比例只有34.9%。随着重视程度由低到高,某种关系放大器也开始起作用:82.0%-34.9%=47.1%。在高度重视议题的受访者中,堕胎权支持者投票给民主党的可能性比堕胎权反对者要高47.1 个百分点。

　　我们假想中的质疑者现在会问:"在控制重视程度的前提下,堕胎权意见对投票选择的偏效应是多少?"显然,有两个控制效应可供选择:低重视程度群体中得出的17%和高重视程度群体中得出的47.1%。这两个数字中的单独一个足以清楚地概括自变量对因变量的偏效应吗? 不能。我们来说明白。两个效应具有相同的趋势,沿着相同的方向起作用。对于低重视程度群体与高重视程度群体而言,堕胎权支持者都比堕胎权反对者更有可能投票给民主党。但是,两种关系在强度上存在显著的变化:17%的差异对应47.1%的差异。这是交互关系的明确标识。如果依靠一个数字来概括偏效应是没有太大意义的,经验现实要求对控制效应单独进行描述,这时就应该使用交互关系。

　　我们同样也看到重视程度对投票选择的控制效应存在交互关系。先来看堕胎权支

持者,即认为堕胎应该永远被允许的人。在低重视程度的堕胎权支持者中,63.2%的人投票给民主党候选人,而在高重视程度群体中这一比例是82.0%。因此,在堕胎权支持者中重视程度的控制效应是:63.2%−82.0%=−18.8%。负号表示低重视程度的堕胎权支持者给民主党投票的可能性比高重视程度的堕胎权支持者低18.8%。在低重视程度的堕胎权反对者中,45.9%的人投民主党的票,而高重视程度的堕胎权反对者中这一比例为34.9%。控制效应是:45.9%−34.9%=11%。这里的差异是一个正数,这表明,低重视程度的反对者选择民主党的可能性比高重视程度的反对者要高11个百分点。因此,这组关系在议题重视程度和投票选择上有不同的趋势——作用方向不同——取决于自变量的值。对议题的重视加强了堕胎权支持者的民主党倾向性,减弱了堕胎权反对者的民主党倾向性。这是交互关系的又一个明确信号。如果你保持一个变量不变——自变量或者控制变量——之后发现控制效应作用的方向是不同的,就说明存在交互关系。

尽管这里显然存在交互关系,但是我们仍要确认3个有关规则的问题,以引导我们得出正确的结论:

1. 在保持控制变量不变之后,自变量与因变量之间的关系是否至少在控制变量的一个取值上存在?

- 是的。这个关系不是伪关系。

2. 自变量与因变量之间关系的趋向在控制变量的所有取值上是否都保持一致?

- 是的。对低重视程度和高重视程度的受访者,堕胎权支持者都比反对者更支持民主党。有趣的是,如果我们重新组织这个研究问题——以重视程度作为自变量而堕胎权观点作为控制变量——问题2就可以直接引导得出交互关系的存在。如前文所述,对于重视程度与投票选择之间的关系而言,堕胎权支持者(对议题的重视会提升选择民主党的可能性)和堕胎权反对者(对议题的重视会降低选择民主党的可能性)之间存在相反的趋势。

3. 自变量与因变量之间关系的强度在控制变量的所有取值上是否都保持一致或者接近?

- 不是。在低重视程度时,堕胎权观点的控制效应是17%;在高重视程度时,控制效应是47%。

完全可以放心,无论你如何建立你的分析,这3个问句都能使你保持正确的方向。

图5-2展示了上文所述的交互关系。低重视程度线(实线)和高重视程度线(虚线)都是从左往右上升。随着自变量由“不允许”变为“允许”,投票给民主党候选人的比例有所提升。但是,低重视程度线的斜率明显要比高重视程度的低很多,这意味着自变量在高重视程度下有更强的影响。因此,识别交互关系的一个方法是制图演示,并确定各条线之间是否出现明显的不平行的情形。同样要注意,控制变量在“不允许”群体与“允

许"群体之间存在不同的影响。这里我们可清楚地看到：低重视程度的堕胎权反对者投票给民主党候选人的可能性比高重视程度反对者要大，低重视程度的堕胎权支持者投票给民主党候选人的可能性比高重视程度的支持者要小。

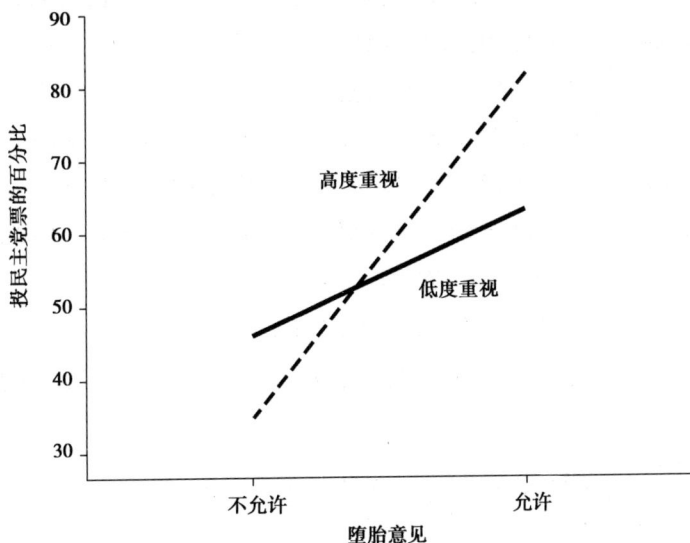

图 5-2　控制议题重视程度后堕胎意见与投票选择之间的关系（折线图）

要明确一组关系是交互关系，两条线一定要如图 5-2 所示那样交叉吗？不一定。交互关系的唯一要求是：自变量与因变量之间关系的强度或趋势不同，取决于控制变量的取值。交叉的线——表明是无序或转向的交互关系，使这一点非常明确，并且很容易看出来，但是并不是必需的。

均值比较

同样的控制方法及同样的图形展现，也适用于用均值概括的因变量。在很多方面，均值比较控制表比交叉列表更易于理解。交叉列表展示了个案沿因变量值的分布。即使是在只有最少的两个值的变量简单控制关系中，交叉列表也能提供相当多的信息量用以归类和理解。你在第 3 章中曾学过，均值比较将关系浓缩为一个单一、易于识别的对集中趋势的测量。在理想世界中，每一个因变量都是定距层级的，每一个都可以做均值比较分析。在本部分我们给出两个控制均值比较的例子：第一个阐释累加关系；第二个是交互关系的例子。

累加关系的例证

让我们来看看另外一个假设,在这个假设中性别作为自变量:在对个人的比较中,女性对待同性恋权利议题的支持度比男性更高。因变量由美国大选研究中的一系列问题构建成,用以测量受访者对同性恋相关问题的态度,体现在一个从10到100(得分越高表明对同性恋越支持)的量表中。[6]在解释对同性恋的态度时,有几个潜在的控制变量分析者可能会考虑在内——种族、收入、宗教信仰及年龄。[7]例如,有证据表明年轻人比年老的人更倾向于支持同性恋。我们来分析控制年龄后性别与对同性恋看法之间的关系。表5-4介绍了均值比较控制表的形式。控制变量(年龄)的不同分类出现在表格的最顶部并定义各列。

表 5-4 不同性别支持同性恋的平均得分,控制年龄

性别	年龄			合计
	18~40 岁	41~60 岁	61 岁及以上	
男性	55.3%	46.5%	37.9%	48.1%
	(371)	(343)	(209)	(923)
女性	66.7%	56.3%	49.5%	59.0%
	(461)	(434)	(246)	(1 142)
合计	61.6%	52.0%	44.2%	54.1%
	(832)	(777)	(455)	(2 065)

资料来源:2008 美国大选研究。

自变量(性别)的值出现在表的一侧并定义各行。从上到下阅读每列数据可看出,当每一个控制变量分类下自变量(性别)从"男性"变为"女性"时,因变量(支持同性恋量表中的得分均值)发生了什么变化。沿着每一行阅读,我们可以发现在自变量(性别)的每个取值之下控制变量(年龄)对因变量的影响。这个高效的小表格中包含了丰富的信息。通过从上往下阅读最右边的"合计"列,我们可以计算自变量对因变量的零阶影响。通过阅读最底下的"合计"行,我们可以得出控制变量对因变量的零阶影响。

仔细审视表5-4。回顾我们判定党派-性别-枪支管制意见关系和堕胎权意见-重视程度-投票选择关系时所遵循的3个步骤。性别-同性恋关系在控制变量的所有值上都保持一致。性别从"男性"到"女性",最年轻群体的平均得分上升了11.4个百分点,中年群体上升了9.8个百分点,最年老群体上升了11.6个百分点。因此,自变量与因变量之间的关系不是伪关系。

每一个控制效应都具有相同的趋势:女性均值比男性高。假如性别对老年人没有影响而对年轻人有非常大的影响——或反常地,性别和量表得分与某一个年龄群体负相关

而与另一个年龄群体正相关——那么,这些数据就显示了一个明显的交互关系。但是,这里目前还没有什么异常的情况出现。同样要注意,控制变量与自变量之间的关系在男性和女性之间具有相同的趋势:随着年龄提升,得分均值下降。还是这个例子,问题3——"自变量与因变量之间关系的强度在控制变量的所有取值上都保持一致或者接近吗?"——可以用来判断是交互关系还是累加关系。性别的控制效应在不同群体之间非常接近:11.4(最年轻),9.8(中年),11.6(最年老)。因此,性别的偏效应大约是 10。再者,请注意年龄的控制效应,对男性和女性几乎是一样的。在男性那里,量表得分随控制变量的增大而下降了 17.2 个百分点,从 55.3 降到 37.9。在女性那里下降了 17.2 个百分点,从 66.7 降至 49.5。因此,年龄的偏效应是 17。这两个偏效应,10 个百分点的性别效应和 17 个百分点的年龄效应,是性别-年龄-同性恋态度关系的累加性构建部分。

这些构建要素与数据十分契合。例如,两个原因变量取值都是支持同性恋的人(18~40 岁的女性)在量表中的平均得分为 66.7 分,而两个原因变量取值都不支持同性恋的人(61 岁及以上的男性)在量表中的平均得分为 37.9 分。仅从性别差异来看,18~40 岁女性在支持同性恋评分中会比男性的一组高 10 分。仅从年龄来看,年轻群体会比年老一些的群体在支持同性恋评分中高 17 分。因此,年轻女性在支持同性恋评分中会比年老的男性高 10 分+17 分=27 分。数据与预期相当一致:66.7 分−37.9 分=28.8 分,约为 29 分。比较年轻男性(55.3 分)与年老女性(49.5 分)。只考虑年龄影响,年轻群体比年老群体得分高 17 分。但是,要下调 10 分以把性别影响包括在内:17 分−10 分=7 分。观察到的差异是:55.3 分−49.5 分=5.8 分,约等于 6 分。

图 5-3 展示了性别-年龄-同性恋态度量表关系的折线图。如同之前提到的折线图一样,自变量(性别)值沿横轴分布,因变量(支持同性恋量表平均得分)均值记录在纵轴。

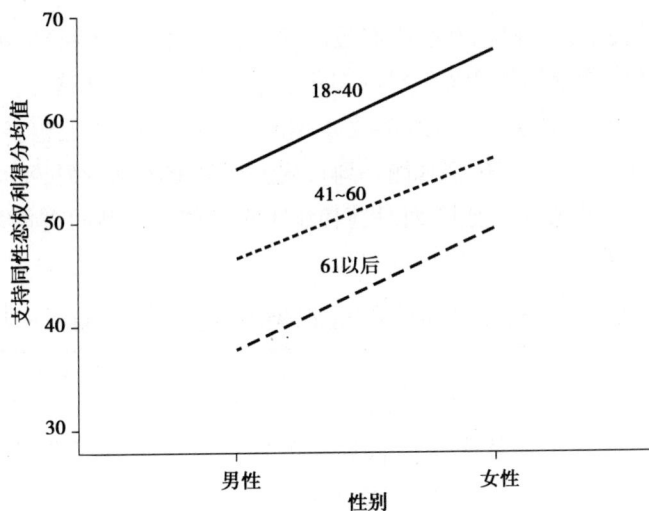

图 5-3 不同性别支持同性恋权利得分均值,控制年龄(折线图)

这 3 条直线是对每个年龄分组关系的图形概括。尽管不是完美对称——41～60 年龄组不像其他组那样陡——但是其形状清楚地表明，它是累加关系。

互动关系的例证

现在你已经对构建和理解控制比较（尤其是包含交互关系的）更熟悉了，我们再进一步讨论一个例子。我们从一个连接国家选举体制（自变量）和立法机构中女性比例（因变量）的假设出发：在对不同国家的比较中，实行比例代表制（PR）国家的立法机构中女性的比例比没有实行比例代表制的国家要高。比例代表制在第 3 章中有简单的介绍。你或许还记得，这个制度是基于这样的观念——政党在立法代表机构中的规模应反映其在选举中的支持率。由于比例代表制允许较小的党派获得立法机构席位，因此，它有助于促成意识形态多元和人口选择多样的选举环境。

一些学者声称比例代表制对提升立法机构中的女性比例十分有效。[8]另一些人指出，除了选举体制的影响之外，不同国家对女性作为政治领导人的文化包容度也存在差异。一些国家的公民认为男性是比女性更优秀的政治领导人，但其他文化不认同这种想法，并且认为男性和女性在领导能力上没有区别。[9]或者说，有可能是因为对女性领导角色的文化包容度作为前提，比例代表制才会产生影响。在女性接受程度低的文化中，这一前提条件是缺失的。在这些国家，选举体制的类型对议会中女性比例的影响较小。而在具备前提条件的宽容度更高的文化中，选举体制的类型才可能会产生较大的影响，使 PR 国家比非 PR 国家有更多的女性进入领导位置。[10]从方法论的角度出发，前提条件隐含着交互关系。如果前提条件缺失，选举体制与立法机构女性比例的关系就会变弱。如果前提条件存在，关系就会变强。

表 5-5 展示了关于立法机构女性比例与选举体制类型之间关系的均值比较控制表，受到控制的变量为对女性担任政治领导的文化包容度。[11]为了遵从构建控制表的规则，77 个国家被分为两类，分类基于其文化包容度水平——其中，56 个"低包容度"国家位于左侧一列，21 个"高包容度"国家位于右侧一列。从上往下阅读每一列，可估算控制文化之后的选举体制效应。沿每一行阅读，可估算控制了选举体制类型的文化效应。我们又得到一个简洁的表。

表 5-5　按选举体制分类并控制文化对女性政治领导包容度之后立法机构女性比例的均值

选举体制	对女性政治领导接受度		
	低	高	合计
非 PR	12.0 (32)	16.9 (11)	13.2 (43)

选举体制	对女性政治领导接受度		
	低	高	合计
PR	17.0 （24）	28.3 （10）	20.4 （34）
合计	14.1 （56）	22.3 （21）	16.4 （77）

资料来源：跨国民主数据（2008 年春修订），Pippa Norris，哈佛大学肯尼迪政府学院。立法机构女性比例数据出自
　　　2005 年，从国际议会联盟官网获得。测量文化包容度的变量是由 Norris 按照全球价值观调查做出来的，
　　　1995—2000 年。

检验这些数字，按照以下步骤理解：①选举体制-立法机构女性比例之间的关系至少在控制变量的一个分类下存在吗？是的。该关系不是伪关系。②选举体制-立法机构女性比例关系在文化包容度不同取值下的方向相同吗？是的。在"低"和"高"包容度国家，有 PR 体制的国家都比非 PR 体制的国家拥有更高的立法机构女性比例。③在不同文化包容度取值之下关系的强度是一样的或非常接近的吗？不是。在低包容度国家，女性比例均值从非 PR 体制国家的 12.0% 提升到有 PR 体制国家的 17.0%——有 5% 的控制效应。对有文化包容性的国家，女性比例均值从非 PR 国家的 16.9% 提升到有 PR 体制国家的 28.3%——存在 11.4% 的控制效应。正如那个前提条件所表明的，选举体制类型在女性包容程度高的文化中影响要大于女性包容程度低的文化。图 5-4 十分清晰地展示了这一交互关系。两条线都是从左向右提升，这表示 PR 在两种文化背景下的影响都是正向的，当存在文化前提条件时效应明显更强。

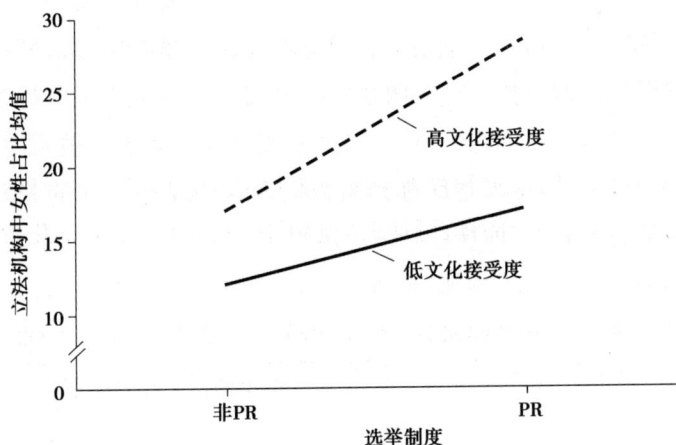

图 5-4 控制对女性政治领导包容度，
选举制度与立法机构女性比例的关系（折线图）

总　结

在本章里我们探索了控制比较法在政治研究领域的应用。非控制比较法反映了两个变量之间的零阶关系，控制比较揭示了在控制一个原因变量的前提下，另一个原因变量对因变量的影响。人们通常用偏相关或者偏效应来概括控制比较法。在累加关系中，自变量的控制影响可用一个数值的偏效应来概括。同时，保证自变量不变，可用单一的偏效应来描述控制变量和因变量之间的关系。在自变量和控制变量值有多种不同组合的情况下，这些偏效应成为估计因变量值的累加性构成要素。在交互关系中，自变量对因变量的控制影响不能通过单个偏效应来准确地概括，而是必须针对控制变量的不同值分别进行描述。

本章介绍了三步式启发问题来帮助你判定，在伪关系、累加关系或交互关系这 3 种关系中哪一种最好地描述了被研究的关系。首先，检验自变量与因变量之间的关系在控制了竞争变量之后是否仍然存在。如果关系仍然存在，你就可以排除伪关系的可能性。其次，是否自变量和因变量的关系对控制变量所有的值都有相同的趋势。如果这种关系在控制变量的不同取值下有不同的方向，交互关系就是成立的。如果所有取值下的方向都相同，我们就可以问第三个问题：自变量与因变量之间关系的强度在控制变量所有取值下是否一样。如果关系的强度是一样的，则累加关系是最好的描述；如果关系的强度差异很大，则交互关系是更好的特征表述。

我们提供了 4 个经验分析的案例，其中，两个是累加关系模式，两个是交互关系模式。选择这些案例的主要原因，当然还是它们清晰易懂。即使如此，以后你在自己的分析中也往往会发现类似的清晰性。在做好控制表或画出变量关系的折线图后，你就会发现自己的分析结果非常接近伪关系、累加关系或交互关系 3 种关系中的哪一种。但是，通常仍然需要额外的信息来帮助你判断数据表现的是什么样的关系，尤其是在累加关系和交互关系的区分上，你往往必须做出艰难的抉择。折线图中的平行线究竟要隔开多远，才足以使我们放弃"累加"而取"交互"关系？正是在这里，我们需要统计推论。统计推论对于政治学研究者来说，是非常重要的资源，它也是评估变量之间关系的重要解释工具。在接下来的章节中，你将会认识到统计推论在政治分析中至关重要的地位。

关键术语

控制效应（controlled effect）

偏效应（partial effect）

偏相关（partial relationship）

定类关系方向的判定规则（rule of direction for nominal relationships）

零阶关系（zero-order relationship）

练　习

1. 根据常理,宗教活动参与和对色情作品的看法之间可能存在因果关联:在不同个体的对比中,频繁参与宗教活动的人相比较少参与或从不参与宗教活动的人,更可能认为色情作品应被法律禁止。受教育程度也与对色情作品的看法相关。相比于受教育程度低的人,受教育程度较高的人对此持更开放(宽容)的态度。

A. 以下控制表将使你能够分析在控制教育水平的情况下,宗教活动参与率与对色情作品看法的关系。[12]此表仅显示了原始数据。例如,在低教育水平组里,低宗教活动参与的有 282 人。其中,71 人表示色情作品应对所有人非法,211 人表示色情作品不对所有人非法。请根据以上信息做出一个完整的控制表。

对色情作品态度	教育					
	低			高		
	宗教参与			宗教参与		
	低	高	合计	低	高	合计
对所有人非法	71	96	167	50	108	158
不对所有人非法	211	68	279	247	106	353
合计	282	164	446	297	214	511

B. 找出哪种关系模式(伪关系、累加关系或交互关系)能最好地描述这些关系。(1)写出本章介绍的启发性问题来帮助你确定模式。(2)用完整的句子回答每个问题。

C. 画出以受教育水平为控制变量,宗教活动参与度和对色情作品看法关系的折线图。横轴为宗教活动参与度,纵轴报告表示"对所有人非法"的受调查者所占的百分比。**为提高折线图的可读性,把 10% 作为纵轴的最低点,60% 作为纵轴的最高点。**

2.在本章的一个例子里,我们观察了在控制了社会对女性政治领导的文化包容度的情况下,选举体制对女性在国家立法机构中所占比例的影响。在本题中,你将验证一个选举体制会影响投票率的猜想:在不同国家的对比中,比例代表制国家相比非比例代表制国家有更高的投票率。经济发展程度是一个重要的控制变量,因为经济发展程度(用人均国民生产总值衡量)是选民参与度的已知决定因素之一。由此,以人均国民生产总值为控制变量,评估选举体制和投票率的关系。[13]

低人均国民生产总值国家中,投票率平均水平如下:非比例代表选举制国家,56.1%;比例代表选举制国家,69.8%。所有低人均国民生产总值国家的投票率平均值为61.6%。高人均国民生产总值国家中,投票率平均水平如下:非比例代表选举制国家,66.0%;比例代表选举制国家,68.5%。所有高人均国民生产总值国家的投票率平均值为67.4%。所有国家中,非比例代表制国家平均投票率为63.1%;比例代表制国家为68.7%。所有国家总体均值为66.0%。

A.根据提供的信息做出均值比较控制表(总案例数并未给出,因此,均值控制比较表将只给出均值)。

B.确定哪种关系模式(伪关系、累加关系或交互关系)能最好地描述这些关系。(1)写出本章介绍的启发性问题来帮助你确定模式。(2)用完整的句子回答每个问题。

C.画出一个在控制人均国民生产总值的情况下选举体制和投票率关系的折线图。**将纵轴最低值设为55%,纵轴最高值设为70%,以提高图表可读性。**

D.有人做出以下陈述:"经济发展是选举体制发挥作用的前提。在贫穷国家实行比例代表选举制对投票率最多只会有少许效果。"(1)据你的研究,此说法是否正确?(2)陈述你的理由。

3.在第3章的一个练习中,我们提到护腰带被广泛运用于工业企业来防止受伤,但是它并没有发挥应有的作用。现在我们假设研究人员收集了大量的工人个体的数据信息。每个工人都由一个二分类自变量来测量,命名为"使用护腰带"。自变量的值是"使用护腰带"和"没有使用护腰带"。每个工人也用命名为"腰部受伤"的因变量来测量。因变量的值分别是"报告受伤"和"没有报告受伤"。

A.画一个空白的交叉列表,在纵列上标注自变量的值,在横排上标注因变量的值。在交叉列表内随便写一些百分比来表示腰部受伤与护腰带的使用没有关系(只是编造一些百分比,你并不需要编造原始频数)。

B.根据美联社的一篇报道(2000年12月5日):"(护腰带研究)的发现受到了国际大零售组织发言人的质疑。该组织是一个拥有会员人数超过200个连锁机构的行业团队。这个发言人提到研究人员并没有直接比较同工种的工人。"这个发言人认为,原始的研究是错误的,因为它没有控制工作的类型。描述一个测量工人承担的工作类型的两分控制变量的值,并将其命名为"工作类型"。

C.发言人的声明提出了一个有挑战性的方法论问题。他说零阶关系(表示护腰带使用和腰部受伤没有关联性)掩饰了护腰带使用和腰部受伤之间真实的因果关系:使用护腰带的工人相比不使用护腰带的工人更倾向于报告背部受伤。这个发言人声称在控制了工作种类后,这种因果关系才会变得明显。(1)这个发言人说的意思是在控制了工作种类后,护腰带使用与腰部受伤的关系是伪关系吗?或者,他说的是护腰带-工作类型-腰部受伤之间的关系是累加关系?或者,他是说交互作用出现在护腰带-工作类型-腰部受伤之间的关系之中?(2)解释为什么以下情形出现是可能的:虽然零阶关系表明护腰带使用和腰部受伤是没有关系的,但在多种控制关系中,至少有一种表明使用护腰带的工人与不使用腰带的工人相比,更不易受伤。

D.草拟一个 2×2 的交叉列表。就像你在 A 部分做的那样,在纵列上放置自变量,在横排上放置因变量。在交叉列表内,随便写一些与 C 部分回答一致的百分比。

注　释

1.我们所描述的党派差异应可称为一阶偏效应,因为我们控制了一个变量——性别。随着更多的变量被纳入考虑,我们的命名也按序增长。例如,在控制性别和地区的同时比较民主党人和共和党人,就会产生二阶偏效应。

2.把两种效应做简单的平均,即(16.6+19.7)/2 = 18.2 是颇有吸引力的。但这一过程得到的是权重不平衡的均值,它只能在控制群体的规模差不多一样大时使用。因为女性样本和男性样本的抽样规模通常是接近的,我们可使用权重不平衡的均值。但是,控制组通常规模不同。因此,一个更好的方法是依据各个控制群组的规模对每一个效应做权重处理,然后把经过加权处理的各个效应加总。在我们的例子中,有 821 个受访者,461 个女性和 360 个男性。女性占据样本的 461/821,或者 0.562。男性占样本的 360/821,或者 0.438。加权女性的党派效应:16.6×0.562 = 9.33。加权男性的党派效应:19.7×0.438 = 8.63。加总权重:9.33+8.63 = 17.96。关于交叉列表的因果效应的一个直观且通俗的讨论,可参见:Ottar Hellevik, *Introduction to Causal Analysis*: *Exploring Survey Data by Crosstabulation*, 2nd ed.(Oslo: Norwegian University Press, 1988).

3.一个通过加权得到的更精确的偏效应等于 12 个百分点。民主党占样本的 0.570(468/821 = 0.570);共和党占样本的 0.430(353/821 = 0.430)。对效应加权:民主党是 10.7×

0.570＝6.10；共和党是 13.8×0.430＝5.93。加总权重：6.10＋5.93＝12.03。

4. 表 5-2 中有 468 个民主党人，其中有 270 个女性和 198 个男性。因此，女性在民主党中占比为 270/468＝0.577，或者说 57.7%。有 353 个共和党人，其中有 191 个女性和 162 个男性。女性在共和党中占比为 191/353＝0.541，或者说 54.1%。因此，民主党中女性比例与共和党中女性比例差异为 3.6%。

5. 表 5-3 中的数据来自 2008 年美国大选研究。堕胎权意见是基于变量 V085086。凡选择"根据法律，一个女人应该总是能够得到堕胎的机会"答案的受访者，均被测定为"允许"。所有其他有效回答都被测定为"不允许"。重视程度基于变量 V085087："这一议题对你个人而言有多重要？"就堕胎权议题回答"极为重要"的受访者被测定为"高重视程度"。所有其他有效回答都被测定为"低重视程度"。投票选择基于变量 V085044a。

6. 本例中所使用的支持同性恋量表是基于 2008 年美国大选研究的如下变量构建的：V083213（支持或反对同性恋收养）、V083211x（支持或反对保护同性恋免受工作歧视的法律）、V083214（对同性婚姻的立场）、V083212x（支持或反对同性恋者参军），以及 V085064u（对同性恋态度的程度测量）。

7. 参见 Joe Bergeron, "Examining Determinants of American Support for Same-Sex Marriage"（美国人支持同性婚姻的决定因素考察），论文发表在美国政治科学学会的年会上，Washington, D. C., September 1-4, 2005。

8. 参见 Wilma Rule, "Women's Underrepresentation and Electoral Systems"（女性的低代表性与选举体制），*PS*: *Political Science and Politics 27*, no. 4（1994-12）：689-692。

9. 参见 Pippa Norris 和 Ronald Inglehart, "Cracking the Marble Ceiling: Cultural Barriers Facing Women Leaders"（打破天花板：女性领导人面临的文化阻碍），一份哈佛大学的报告，John F. Kennedy School of Government（Cambridge, Mass.: Harvard University, January 13, 2008）。

10. 这个想法早期由 Andrew Reynolds 提出，"Women in the Legislatures and Executives of the World: Knocking at the Highest Glass Ceiling", *World Politics 51*, no. 4（1999-7）：547-572。

11. 表 5-5 所依据的变量出自跨国民主数据（2008 年春修订），Pippa Norris, 哈佛大学肯尼迪政府学院。立法机构中女性比例数据出自 2005 年，从国际议会联盟官网获得。测量文化包容度的变量是由 Norris 按照全球价值观调查做出来的。不同国家按照从 1（低包容度）到 4（高包容度）编码，基于其公民不同意以下说法的程度，"整体而言，男性是比女性更优秀的领导人"。观察值在 1.4 到 3.4 之间波动。在表 5-5 中，1.4 到 2.7 之间的国家编码为"低包容度"，2.8 到 3.4 之间的国家编码为"高包容度"。

12. 这个练习中的数据基于 2008 年综合社会调查中的 ATTEND, PORNLAW 以及 EDUC 等变量。低参与者是指参加频率为每年一次或更少的受访者；高参与者是指参加频率为每周或更频繁的受访者。接受学校教育等于或少于 12 年的受访者被测定为"低"，13 年及以上的被测定为"高"。

13. 本练习中的数据来自全球指标共享数据库 V2.0 版 (2005 年秋更新) 中的 85 个民主政体，由哈佛大学肯尼迪政府学院，剑桥大学等提供，出自《比较民主政体 2：选举与投票研究面临的新挑战》(*Comparing Democracies* 2：*New Challenges in the Study of Elections and Voting*，ed. Lawrence LeDuc，Richard G. Niemi，and Pippa Norris) (London：SAGE Publications，2002)。

14. 原始研究比本练习中所描述的要精细很多。参见 James T. Wassell, Lytt I. Gardner, Douglas P. Landsittel, Janet J. Johnston，以及 Janet M. Johnston，"A Prospective Study of Back Belts for Prevention of Back Pain and Injury"（关于护腰带防止腰部伤痛的一项前瞻性研究），*Journal of the American Medical Association* 284，*no.* 21（2000-12-6）：2727-2732。

第6章 统计推论的基础

学习目标

在本章中你将学到：

- 为什么随机抽样在政治学研究中非常重要
- 为什么我们可以从看起来很小的样本中获取对更大群体的精确信息
- 如何确定抽样样本中信息的误差范围大小
- 怎么用正态曲线来估计样本中的信息

　　截至本书此处，你已对政治学分析的核心技巧很熟悉了。你知道怎么对概念进行清晰的和批判的思考。你已可以测量变量、建构解释，建立交叉列表和进行均值比较。你已可以解释复杂的关系。然而，如在第 5 章中所见，现实世界的关系可能会给我们提出解释方面的挑战。例如，假设在对全美大选研究的一项分析中，我们发现男性对共和党的平均评分为 55 分，相比之下，女性平均评分是 52 分。那么，这 3 分的差是否"足够大"，可用来佐证"男性比女性更支持共和党"的结论吗？还是说相反，我们应认定这 3 分的差别"太小"而不能支持这一结论？假设我们调查退伍军人的选举动员。其中的一个交叉列表显示，在总统选举中，84%的退伍军人报告他们参与了投票。相比之下，非退伍军人中只有 77%参与了投票。那么，这 7%的差别允许我们说退伍军人比非退伍军人更愿意投票吗，还是说，这个差别可能因为不够稳健而不能支持这个判断？

　　推论性统计被用于帮助调查者对实证关系做出正确的解释。**推论性统计**（inferential statistics）是指这么一系列程序，通过这些程序估计，我们从抽样样本中获得的参数，在多大程度上符合其总体中不能被直接观测到的关系。推论性统计有助于我们决定在抽样样本中，男性和女性之间这 3 分的支持度差别能否代表在总体中确实存在着真实的性别差异，还是说，这 3 分的差别是由样本抽样过程中的偶然误差导致的。推论性统计将告诉我们，假设在总体中退伍军人与非退伍军人的投票率没有任何差别，那么，在随机抽样中，退伍军人与非退伍军人之间产生 7%投票率差别的概率有多少。在本章中，我们将讨论推论性统计的主要基础。在第 7 章中我们会将这些基础性技巧应用于实证关系的分析。

总体参数和样本统计

任何对政治、社会或是经济感兴趣的人都想要知晓大规模群体的态度、信念或行为。这些大的单位集合体就是总体。**总体**（population）可宽泛地定义为研究者想要描述的个案总体。例如，如果我正在研究政治行动委员会（PACs）在最近一次国会选举中的财政活动，我关心的总体将包括政治行动委员会在最近一次国会选举中所有的捐助。相反，如果学者分析最近几次国会选举中的投票选择，那么，他们将把研究总体定义为所有选举适龄的成年人口。总体的特征，如政治行动委员会的平均捐助金额或选举适龄人口的投票率，被称为**总体参数**（population parameter）。探明总体的特征，即它的参数，是社会科学研究者的一个主要目标。一些研究者通过**普查**（census），能完全知晓他们所关心的总体的情况。例如，他们可观察和测量每一个政治行动委员会，每一个合资格的选民，国会里的每一个议员，最高法院的每一个判决或者其他事项。这些普查允许研究者获得对总体中所有成员的指标测量结果。因此，当描述个案的具体情况时，研究者不需要进行推论或是估计任何的总体参数。[1]

然而，更多的时候，研究者不能直接观察总体，而必须依赖样本。**样本**（sample）是从总体中抽出的若干个案或观测资料。抽样，就像死亡和税收一样，是社会研究生活的常客。由于总体的特征经常无法通过直接观察获得，因此，我们转向样本，后者产生可观察的样本统计。**样本统计**（sample statistic）是基于从总体中抽取出的样本做出的有关总体参数的估计。例如，公众民意调查通常没有普遍调查到研究总体中的每一个人（例如，所有选举适龄人口）。民意调查者一般是抽取一个样本，得到一个见解，然后从这个样本统计推断或估计总体特征。有时，这些样本，典型的是 1 000 到 1 500 的观察样本，看起来似乎太小而不能真实地代表它们的总体参数。那么，样本统计可在多大程度上精确估计总体参数呢？回答这个问题，就是推论性统计的核心任务。

接下来的部分我们将讨论，决定一个样本统计可以多么确切地反映总体参数的 3 个因素。前两个因素与样本本身有关：我们用来抽取样本的程序和样本规模（样本中的个案数量）。第三个因素与我们想要估计的总体参数有关：总体特征中的变异情况大小。首先，我们依次讨论随机抽样的本质和重要性。然后我们讨论，样本规模大小和总体中的变异情况大小如何影响我们在随机抽样中获得的样本统计。最后，我们说明正态分布如何帮助研究者判定样本估计的误差范围，以及如何将这些信息用于统计推断。

随机抽样

　　抽样程序是选取样本最根本的部分。为了使一个样本统计量获得对总体参数的精确估计,研究者必须使用**随机样本**(random sample),即样本是从总体中随机抽取的。在抽取随机样本时,研究者必须保证总体的每一个成员都有同等机会被选为样本。之前我们已讨论过随机过程的方法论价值。在第 1 章里,我们看到随机误差将偶然干扰量带入测量过程。可以肯定的是,随机测量误差是不受欢迎的。但是,与系统性测量误差带来的根本性失真相比,它仅仅是一个小小的烦恼。在第 4 章中,我们发现随机分配是实验性研究设计中选择性偏差的巨大中和剂。随机分配确保在任何情况下测试组和控制组不存在任何已知或未知的可能影响因变量的系统性差别。在非实验性研究中,随机抽样的原理与实验性研究中的原理是一样的。由于实证研究不能直接观测总体的全部信息,因此,我们抽取一个随机样本,它保证总体中的每一个成员都有平等的机会被包括在内。正如实验性研究中的随机分配消除了测试组和控制组之间的偏差一样,随机抽样也消除了总体和样本之间的偏差。

　　为了理解随机抽样的重要性,这里考察一个众所周知的抽样案例,它发生在 1936 年的美国总统大选竞选过程中。时任总统罗斯福(Franklin Roosevelt)是民主党人,其政策倾向被广泛认为在照顾更底层人士和工人阶级。他在谋求连任,对手是共和党候选人兰登(Alf Landon),后者代表高收入群体和商业公司利益。在试图预测结果(顺便提升发行量)的过程中,美国《文学文摘》(*Literary Digest*)杂志进行了一场可能是选举政治历史上最大规模的民意调查。《文学文摘》用从电话记录、机动车注册名单和他们自己的订阅者名单中获得的姓名和地址清单,寄出 1 000 万张规模巨大的模拟选票,其中大约 240 万张被填写后返回。从这些巨量模拟选票中的回复进行推断,《文学文摘》预测兰登将取得大胜。他们估计对两党的投票中,57%会给兰登,43%会给罗斯福。最终的正式投票结果确实是大胜——但是赢家不是兰登,而是罗斯福最终获得了超过 60%的选票(《文学文摘》最终破产)。

　　哪里出错了?《文学文摘》的抽样程序在哪些方面注定了它的预测会失败? 毫无疑问,在大萧条时期那些拥有汽车和电话的人们(还有付得起杂志订阅费的)应该多数代表着兰登的支持者。但是,他们明显不能有效代表全体选民。《文学文摘》当然希望要对可能投票者的总体做出一个有效的推论。但是,他们使用了错误的**抽样框架**(sampling frame),即在定义他们想要研究的总体时使用了错误的方法。差劲的抽样设计直接导致选择性偏差或者抽样偏差。之前第 4 章在对非实验性研究设计的讨论中提到过选择性偏差。在设计实验研究的过程中,当非随机过程产生研究者难以察觉的组合性差异时,就会在测试组和控制组间产生**选择性偏差**(selection bias)。类似在进行随机抽样的过程中,当非随机方法产生组合性差异时,就会在总体和从总体中抽取的样本之间产生研究者同样难以察觉的选择性偏差。结果,一部分总体中的成员比其他的成员更有可能进入样本中。在《文学文摘》的抽样样本中,没有电话或汽车的人们已被系统性地排除在外,导致出现选择性偏差,产生了一个可能比总体有更多的高收入个体的样本。另外在民意调查中,当样本的一些案例比其他的案例更容易被测量时,就会出现**回复偏差**(response bias)。由于《文学文摘》的样本中只有一小部分返还了他们的选票,回复偏差便发生了。积极填写并返还模拟选票(类似自愿回复的问卷调查)的这些人,他们所持的意见可能与那些收到选票但是没有填写返还的人们所持的意见存在着系统性差异。[2] 以这种方式选出的样本肯定会产生出与总体参数没有任何有意义联系的样本统计,即无用输入带来无用输出。

　　幸运的是,从类似《文学文摘》等出了名的失误中学到了的教训,社会科学界已懂得通过构建样本框架来最终消除选择性偏差,并且修改抽样程序来使回复偏差最小化。一个有效的抽样样本应当是基于**随机选择**(random selection)的。当总体中的每一个成员有平等的机会被包括在抽样样本里时,就是随机选择。例如,若总体有 1 000 个成员,任何一个成员被选择的可能性就应当是 1/1 000。《文学文摘》需要定义他们想要推论的总体——1936 年的所有选举适龄人口,然后从总体中抽取一个随机抽样样本。这样,通过使用随机选择,每一个合资格的投票者都有一个平等的机会被选入样本,而不仅仅是那些拥有汽车或是电话的人们。但是,《文学文摘》可能相信一个巨大的样本规模有助提升代表性,而忽视随机选择的核心原则:若一个抽样样本不是随机选择的,那样本规模大小毫无意义。

　　让我们用一个在真实世界中可能存在的案例来探究这些要点。假设一个学生组织想要测量学生的一系列政治观点:学生是如何评价各个政党和政府机构的,他们是否曾志愿参加政治竞选活动,他们的意识形态倾向,等等。因实际条件限制,这些学生研究者不可能调查大学录取的所有 20 000 名学生,所以他们决定抽取一个有 100 名学生的样本。这些学生调查者应怎么抽取样本来避免《文学文摘》那次著名调查所犯过的错误?他们应该首先分配一个独一无二且连续的数字给总体中的每一个学生,从列在系统记录中的第一个学生 00 001 到列在最后的 20 000 来确定样本框架。到目前为止没有问题。但是,调查员如何保证每一个学生都有 1/20 000 的机会被抽为样本? 一些系统性方法,如间隔每 200 个编号抽取学生就会得到预期的样本规模(因为 20 000/200 = 100),但这不会生成一个真正的随机抽样。为什么? 因为在样本框架内,相邻的两个学生不会有平等的机会被选中。

为了获得一个随机抽样,研究者需要一个五位制的随机数字表,它由计算机程序产生。这个5位随机数字天然有无序的优点。第一位数字是从数字0到9中随机产生。第二位数字也是从0到9中随机产生,因此,它的值与第一个数字无关。第三位数字与之前两个也完全独立,这5位数字都以此类推。由于这些数字没有任何规律和排序理由,调查者可从数字表上的任何地方开始,将编号与第一个随机数字相同的学生加入到他们的样本中,用第二个随机数字来确定第二个学生,一直添加直到样本中的学生数达到100(因为随机数字表不存在系统的分布,任何高于20 000的随机数字都可安全地跳过)。这些基本程序的类似方法在如盖洛普(Gallup)等商业调查公司或如密歇根大学社会研究中心等以学术为导向的研究机构中经常被使用。[3] 就像随机分配是实验性研究中选择性偏差的主要中和剂,随机抽样也是推论统计中选择性偏差的主要中和剂。

然而,我们需要强调,这么做在消除选择性偏差时并没有消除随机误差。事实上,在选取一个随机抽样时,我们很清楚地知道存在有**随机抽样误差**(random sampling error)。随机抽样误差被定义为样本统计量因**偶然**原因而不同于总体参数的程度。用一种误差去代替另一种误差是一件糟糕的事,但是,随机抽样误差明显比选择性偏差要好,因为我们知道它怎么影响样本统计量,并且完全懂得怎么计算它的大小。假设我们正在进行一个随机抽样,总体参数就等于从样本中获得的统计,加上因抽样引起的随机误差:

$$总体参数 = 样本统计 + 随机抽样误差$$

这些学生研究者想要得到一个样本统计来对真实的总体参数即大学里所有学生的某一特征进行非偏的估计。他们通过选取一个随机抽样来消除选择性偏差。但是,他们知道随机抽样正在影响对总体参数的估计。假设这些学生研究者用一个感知温度量表来测量样本群体对民主党的态度。收集每个样本成员的信息后,他们就估计对民主党的平均评分。因为他们正在进行的是随机抽样,学生民意调查者明白,样本中对民主党的平均评分等于总体的平均评分加上抽取样本产生的随机误差。之所以随机抽样误差"更好",原因是我们有统计工具,可算出随机抽样误差在多大程度上影响样本统计量。

随机抽样误差的大小取决于两个因素:样本规模;测量的总体特征的变异情况。样本规模与随机抽样误差有一个反向相关的关系:随着样本规模的增大,随机抽样误差减小。总体特征的变异情况与随机抽样误差有一个直接关系:随着变异情况增大,随机抽样误差也增多。这两个因素(变异情况因素和样本规模因素)不是分开和独立的,而是相反,它们一同发挥作用,就像伙伴似的,共同决定了随机抽样误差的大小。这个共同作用可以用我们已讨论过的概念和术语来定义:

$$随机抽样误差 = \frac{变异情况因素}{样本规模因素}$$

在我们探究随机抽样误差这个概念公式的精确属性之前,先感受一下它的直观诉求：注意，"变异情况因素"是分子，反映了它与随机抽样误差的直接关系。"样本规模因素"是分母，描述了它与随机抽样误差的反向相关关系。回到前述的学生组织案例中，以讨论这两个因素如何共同作用。假设在 20 000 个学生的总体中，对民主党的评分变异情况很大。大量的学生不喜欢民主党，给出的评分在 0 到 40。另外许多学生喜欢民主党，给出的评分在 60 到 100。也有些学生给分在中间范围，即 40 到 60 之间。故学生研究者想要去估计的总体参数即学生对民主党平均评分会有一个很大的变异情况因素。再假设这个校园群体正在进行的随机抽样是很小规模的。因此，变异情况因素相对较大，样本规模因素相对较小。用大的变异情况因素除以小的样本规模因素，会导致很大的随机抽样误差。这种情况下，学生组织不能太自信地认为，他们的样本统计量会提供一个对真实总体均值的精确描述，因为他们的估计中包含了如此大的随机抽样误差。但要注意，若是这个校园群体进行了一个大规模抽样，或学生对民主党的平均评分没有这么分散，随机抽样误差就会减小，这样，学生民意调查者对他们的样本统计量就会更有把握。

变异情况和样本规模两个因素的属性已为研究者们所知晓，这有助于帮助研究者计算出一个样本统计量中包含多少随机抽样误差。

样本规模和随机抽样误差

如之前提到的那样，样本规模对随机抽样误差的基本影响是：随着抽样规模增加，误差减少。常见的标记符号是样本规模用小写字母 n 表示，我们可以说 $n=400$ 的样本规模要优于 $n=100$ 的样本规模。因为更大的样本规模可为我们所欲知的世界提供一个更精确的图景。但是，样本规模与样本误差之间的反向相关关系是非线性的。即便 400 的样本量是 100 样本量的 4 倍，但从 $n=100$ 到 $n=400$，只会在随机抽样上将误差缩小为 1/2。换成日常语言来讲就是，你若希望将误差减半，就必须将样本规模增大 4 倍。在数学语言中，随机抽样误差中的样本规模因素等于样本规模 n 的平方根：

$$随机抽样误差的样本规模因素 = \sqrt{n}$$

将这个公式插入我们对随机抽样误差的概念化公式中：

$$随机抽样误差 = \frac{变异情况因素}{\sqrt{n}}$$

由于样本规模与随机抽样误差之间的非线性关系，看起来规模很小的样本量仍具有一个可接受的抽样误差值。考虑 3 个样本：$n=400$，$n=1\ 600$，$n=2\ 500$。最小样本规模的样本规模因素是 400 的平方根，即 20。因此对这样规模的样本，我们通过将变异情况因素除以 20 来估计随机抽样误差。对于下一个样本规模 1 600 来说，随机抽样误差就是变异情况因素除以 1 600 的平方根即 40。因此，通过从 400 的样本规模扩展到 1 600 的样本规模，我们可将随机抽样误差的样本规模因素从 20 增加到 40。注意，通过将样本规模从 20 增加到 40，我们将分母 $\sqrt{n}$ 翻两倍。这对随机抽样误差是有益的，将其有效地减少了 1/2。因此，若是条件允许，抽取一个规模为 1 600 的样本是更为明智的。最大的样本规模 2 500，其随机抽样误差是变异情况因素除以 2 500 的平方根即 50。从 1 600 到 2 500，样本规模量增加了 900，却在样本规模因素上只有轻微的增加，即从 40 增加到 50。复杂的抽样是一项昂贵的事业，调查设计者必须在抽取更大样本的花费与增加的精确度中做取舍。出于这个原因，你看到和阅读过的许多调查的样本规模在 1 500 到 2 000 之间，这个规模对估计总体参数是一个可接受的范围。

样本规模是影响样本统计量精确程度的一个重要因素。你现在已能更好地了解 n 如何影响随机抽样误差。假设校园组织成功地收集了它的样本（$n=100$）并估计出一个样本统计量，即学生对民主党平均评分。假设这一样本中对民主党的平均评分是 59。研究组想要知道在这个估计中包含了多少随机抽样误差。如我们刚才看到的那样，抽样误差部分取决于样本规模。在这个案例中，样本规模因素等于 $\sqrt{100}$ 的平方根，也就是 10。然后呢？样本规模误差因素为 10 与样本均值 59 的精确度间有什么关系（这个 59 是校园研究组对学生总体对民主党真实平均评分的估计）？答案取决于随机抽样误差的第二个因素，即被测量总体特征中的变异情况。如我们所见，这个联系是直接的：随着在总体中变异情况的增加，随机抽样误差将增加。

为了更好地理解总体参数中的变异情况如何影响随机抽样误差，思考图6-1，它描述了在学生总体中，对民主党评分的两个可能分布情况。首先，假设在学生总体中，对民主党评分离散很广，如图 6-1 里的 A 组。每一个从低到高的得分范围内，学生数量都不少，只有一小部分聚在分布的中心。因在总体特征中变异情况很高，随机抽样误差的变异情况因素就很大。从总体中抽取的随机抽样得到的样本均值与总体均值可能接近也可能不接近，这取决于究竟哪些案例被随机抽取到。由于每一个同学都有平等的机会被选为样本，一个样本中抽取的学生可能更多处于取值分布的上方范围。从相同总体中抽取的另一个样本，抽取的学生可能更多处于取值分布的下方范围。事实上，我们可抽取非常多套的随机抽样，每一套抽样都会产生一个对应总体均值不同的样本估计量。现在，将另一个总体如图 6-1 所示的 B 组那样图形化。注意到样本均值聚集在一个明确的中心，在量表的末端有较少的案例。由于在总体特征中的变异情况很低，随机抽样误差的变异情况因素也相应很低。因此，从总体中抽取的一个随机抽样可产生一个接近于总体均值的样本均值。进而言之，从同一个总体中重复抽样将产生一个又一个样本均值，这些样本均值将越来越接近于总体均值，而且彼此之间也将越来越接近。

随机抽样误差的变异情况因素在统计学上可用你以前或许见过的测量指标来定义：标准方差（标准差）。在讨论标准方差的定义后，我们再来讨论这个基础性的测量指标如何影响随机抽样误差。

图A：学生总体对民主党评分的高变异情况

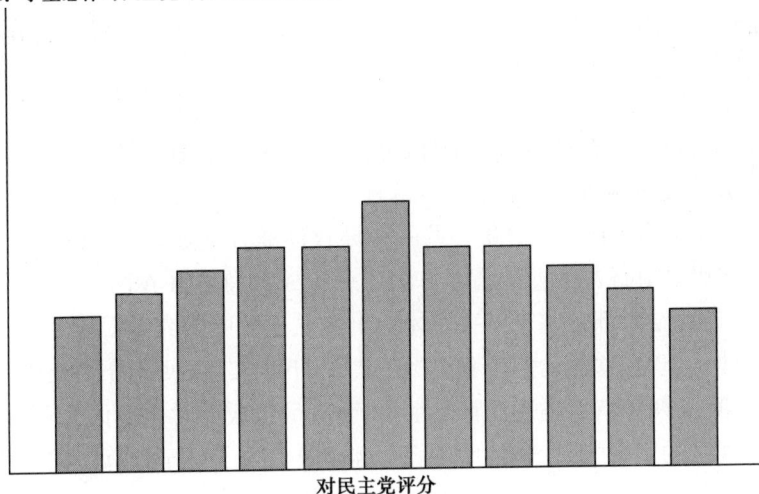

对民主党评分

图B：学生总体对民主党评分的低变异情况

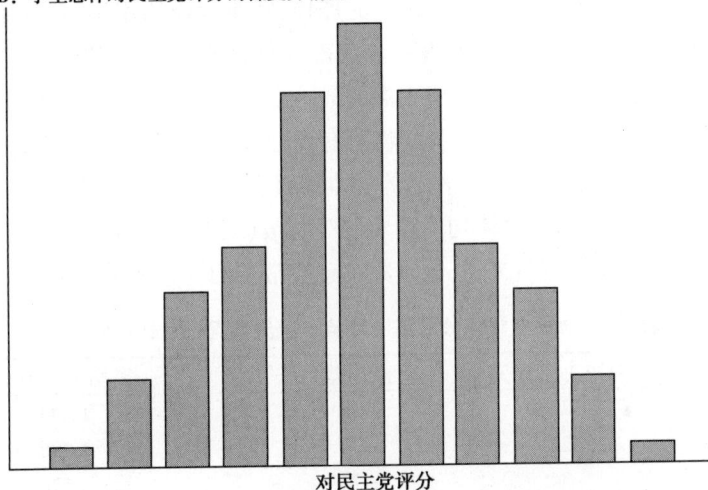

对民主党评分

图 6-1　总体参数上的高变异情况和低变异情况

差异再考：标准方差

在变量中,变异情况大小是由变量取值范围内各案例的离散程度决定的。若是案例倾向于落在变量的一个值内,或落在一些相似的值内,这一变量就有较低的离散程度。若是案例在变量的取值范围内更为分散,这一变量就有较高的离散程度。在第 2 章中已讨论过,在定序或是定类变量内描述离散程度有时需要主观判断。

对于定距变量而言,可使用一种更精确的测量方法来测量变异情况。**标准方差**（standard deviation,简称标准差）概述了在一个定距变量分布内观察值落在分布均值上或分布均值附近的程度。虽然定距变量的标准方差更加精确,但它所基于的直觉,与运用于定类和定序变量的变异程度的不那么精确的主观判断所基于的逻辑是相同的。例如，总的来说，如果个案值距离分布均值并不是太远，那么，标准方差就是一个很小的数字。如果相反，个案值相对均值离散得很远，也就是说，在个案值与分布均值间存在着明显的差异，那么标准方差数值就大。

为了展示标准方差在决定随机抽样误差大小中的核心重要性，我们对学生总体对民主党评分的分布提出两种假设的情形。两种情形中，总体均值相同，均为 58。然而，与总体 B 相比，总体 A 学生评分更分散一些——导致标准方差更大。在讨论总体 A 时，我们提供一个分步骤计算标准方差的指导方法。总体 A 和总体 B 在两个方面是不合现实的。第一，两者的计算结果都是基于同一总体得出的。现实中研究者得出计算结果是基于样本而不是总体。但是，这儿的例子我们"假定"一下现实，以便为介绍相应的术语打下必要的基础。第二，两种情形描述的都是由 11 个成员组成的学生总体，而不是我们一直使用的更接近现实的 20 000 个学生的例子。这样做是为了易于计算。在这些简化操作的服务目的完成后，我们将重新使用较为真实的总体。

表 6-1 展示了学生总体 A。如之前讨论的那样，样本规模量用小写字母 n 表示。与此对应，总体的规模大小用大写字母 N 表示。在表 6-1 中，$N=11$。在"对民主党评分"这一栏，总体中每一成员给出的评分，从对民主党的最冷漠回答的 20 分，一直到对民主党最欢迎的 96 分。为了获得总体的平均评分，我们将所有评分（20+22+34+…）的总和 638 除以总体规模 11 得到 58。与用普通英文字母表示的样本统计量不一样的是（后面我们将看到），总体参数一般用希腊字母表示。总体均值用希腊字母 μ（发音为 mew，"谬"）表示。因此，在表 6-1 中，$\mu=58$。对于定距变量来说，这是集中趋势常用的一个测量方法。

表 6-1 对民主党评分的集中趋势和变异情况：假设性情境 A

学生	对民主党评分	离均差	离均差的平方
1	20	−38	1 444
2	22	−36	1 296
3	34	−24	576
4	50	−8	64
5	56	−2	4
6	58	0	0
7	60	2	4
8	66	8	64
9	82	24	576
10	94	36	1 296
11	96	38	1 444

概要信息

集中趋势	离散情况
评分总和＝638	平方差总和＝6 768
	平方差的均值（方差）＝615.3
$N=11$	
$\mu=58$	$\sigma=24.8$

　　我们如何概括在这个总体中学生评分的变异情况呢？**全距**(range)提供了一个快捷、粗略的测量方式,它由最大实际值减去最小实际值得到。因此,在这个案例中,全距就是最高分 96 减去最低分 20,得到全距为 76。然而,在测量定距变量的变异情况时,选择的测量方法是标准方差。总体的标准方差是由希腊字母 σ(sigma,西格玛)表示。正如其名,标准方差基于离均差的分布来测量差异。找到标准差的第一步是要用离均值的差异值来表示每个个案,更精确地说,是将每一个个案值减去均值。

　　步骤 1:计算每个个案值与均值间的差异值:

$$个案值 - \mu = 离均差$$

如果一个学生的评分低于总体均值就会有一个负向的偏差,一个学生的评分高于均值就会有一个正向的偏差。学生评分等于总体均值的,个体偏差为 0。在表 6-1 中,总体中每一个成员的偏差都显示在"离均差"一列。这些偏差值告诉我们每一个总体成员相对于总体均值的位置。因此在这个评分量表里,学生 1 对民主党的评分为 20 分,他的偏差为 -38,意味着他的评分比总体均值 58 低了 38 分。学生 7 的民主党评分为 60,稍微高于总体均值,得分比总体均值 58 高了 2 分。计算与总体均值的偏差值为计算标准方差提供了起始点。

　　步骤 2:将离均差平方。所有计算定距变量变异情况的测量方法,包括标准方差在内,都是基于离均差的平方。在表 6-1 中,对总体中每位学生的计算标注在"离均差的平方"一列。将每个个体的离均差进行平方,这样就移去了负偏差值,即那些评分低于总体均值的成员的负数符号。注意,学生 1 的离均差(-38)平方与学生 11 的离均差(38)平方是相同的,都等于 1 444。为什么对学生 1 和学生 11 两个明显不同的评分,要做一个视两者为相等的计算？因为在标准方差的逻辑中,这两个学生对评分的**变异情况**做出了相同的贡献。两者都位于距离总体均值(58)相同距离的位置,所以这两个偏差值在相对于均值的离散程度上是完全一致的。

　　步骤 3:对离均差平方进行加总。若我们将"离均差的平方"一列的所有方差加总,我们得到总值 6 768。差值平方的和一般被称为**总平方和**(total sum of squares),这被认为是对一个分布中变异情况的整体总结概括。当用由许多个体单位组成的真实世界的数据进行计算时,平方的总和通常是一个很大且看起来无意义的数字。然而,当我们讨论相关分析和回归分析时,方差的总和就变得十分重要(参阅第 8 章)。

　　步骤 4:计算平方差总和的均值。平方差的均值有一个统计学上的术语被人所熟知,即**方差**(variance)。总体的方差等于平方差总和除以 N(特别说明:为了计算一个样本的方差,你应将平方差总和除以 $n-1$。这在后文会讨论)。对于表 6-1 描述的总体而言,方差是离均差平方的总和(6 768)除以总体规模大小($N=11$),得到 615.3。请注意,对于任何一个均值来说,方差对远离均值的个体值很敏感。评分接近分布值两端的学生——学生 1 和学生 2 在低端,学生 10 和学生 11 在高端——与评分接近总体均值的学生相比,对方差有更大贡献。这就是方差的精妙所在。若是总体的个案值都聚集于均值附近,那么,平方差的均值就会体现这种趋近的情况。随着离均差变大,方差也会变大。

步骤5:计算方差的算术平方根。我们现在关心的总体参数即标准差,是基于方差计算的。事实上,标准差是方差的算术平方根。对于情境 A 中的学生总体来说,标准差(σ)就是 615.3 的算术平方根,或写为 $\sqrt{615.3} = 24.8$。

表 6-2　对民主党评分的集中趋势和变异情况:假设性情境 B

学生	对民主党评分	离均差	离均差的平方
1	25	−33	1 089
2	34	−24	576
3	50	−8	64
4	55	−3	9
5	56	−2	4
6	58	0	0
7	60	2	4
8	61	3	9
9	66	8	64
10	82	24	576
11	91	33	1 089

概要信息

集中趋势	离散情况
评分总和=638	平方差总和=3 484
	平方差的均值(方差)= 361.7
$N=11$	
$\mu=58$	$\sigma=17.8$

现在看表 6-2,该表描述了学生总体对民主党测量评分的第二个可能分布。总体 B 对民主党评分的均值与总体 A 是相同的,$\mu=58$,但个案评分相对没有那么分散。这种低离散的情况在表 6-2 中的每一栏都可找到证据。注意,它的全距等于 91−25=66(相比之下,总体 A 为 76),并且离均差达双位数的个案值较少。最显著的是,其平方差的值更小,加总共计 3 484(相比之下,总体 A 为 6 678),方差是 316.7,明显少于我们对前一更离散总体的计算值(615.3)。取方差的算术平方根后,可得 σ 等于 17.8,低于总体 A 的标准方差(σ 为 24.8)7 个点。正如我们将会表明的,从总体 A 中随机抽取的样本,它的样本统计量相对于从总体 B 中随机抽取样本得来的统计会有更高的随机抽样误差。

n 和 σ

让我们停顿一下,回顾本章迄今讨论的统计因素:

样本规模因素:随着样本规模增大,随机抽样误差将按样本规模的平方根的函数而减少。

变异情况因素:随着变异情况变大,随机抽样误差将因总体的标准方差而增大。

现在,我们将深入观察一下这些因素是如何共同作用的。再次考虑总体 A 和总体 B——这次在一个更现实的层面来考察它们。每个总体不再是仅有 11 个成员,现在是包含 20 000 个学生。如表 6-1 中一样,总体 A 中分布的 20 000 个学生的评分均值等于 58,标准方差等于 24.8。如表 6-2 中一样,在总体 B 中分布的 20 000 学生的评分均值等于 58,标准方差等于 17.8。人为设定了这些接近现实的总体后,我们可让计算机从每个总体中抽取不同规模大小的随机抽样样本。[4] 然后,我们计算和记录从每一个样本中获得的对民主党平均评分情况。

结果如图 6-2A 和 6-2B 所示。在图 A 中所有列举出的样本均值都是基于相同的学生总体计算的——这个总体 $\mu = 58$,$\sigma = 24.8$。图 B 中所列出的样本均值是从另一个 $\mu = 58$,$\sigma = 17.8$ 的学生总体中抽取出来的。两个图例中的水平虚线表示了真实总体均值的位置。这一总体参数是要用样本均值来估计的。对每一个总体,计算机抽取 10 套 $n = 25$ 的随机抽样样本,10 套 $n = 100$ 的随机抽样样本,10 套 $n = 400$ 的随机抽样样本。因此,从左到右的浏览两张图,你会看到样本规模对随机抽样误差的影响。通过比较图 A 和图 B,你可以看到标准方差对随机抽样误差的影响。(我们没有忘记学生研究者,他们计算的样本均值为 59,在图 A 中 $n = 100$ 的组里用实心点表示。我们后面还会用到这个例子。)

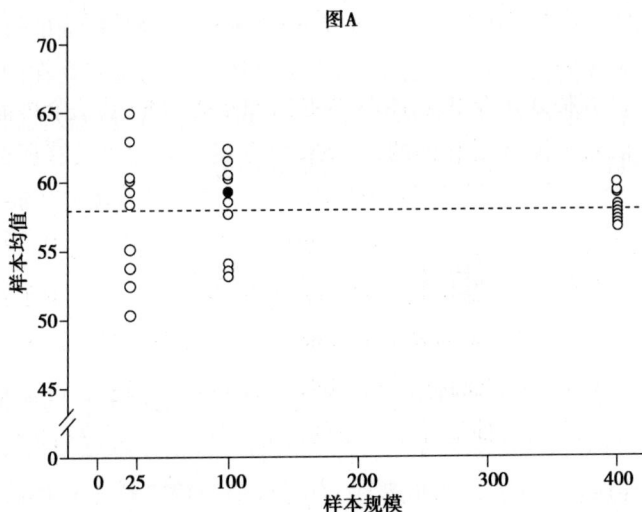

图A

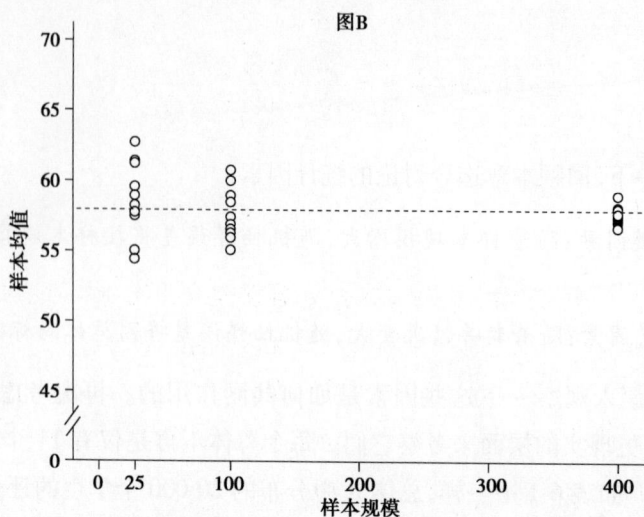

图 6-2 　总体 $\mu = 58, \sigma = 24.8$ 的样本均值（图 A）与
总体 $\mu = 58, \sigma = 17.8$ 的样本均值（图 B）

思考图 A 中 $n = 25$ 的抽样样本集合，它有着最大误差因素。虽然这些样本均值中有 3 个或 4 个相当接近总体均值 58，但大多数分布得很分散，数值的范围可以低至冷漠（对民主党评分均值 50），高至温和喜欢（样本均值 65）。小样本规模，加上一个离散的总体参数，造成了大量的随机误差。当我们在图 A 中横向移到 10 套 $n = 100$ 的样本均值时，我们得到一组更紧凑、分散性更低的数据，但即便在这组数据里，均值范围仍取值在 53 到 62 之间。$n = 400$ 的样本结果更加精准。10 套样本均值中有 4 个几乎精确等于总体均值。显然，随着样本规模增大，抽样误差减少。通过比较图 A 和图 B，我们可看到总体的标准方差对随机抽样误差的影响。例如，观察图 B 中那 10 套 $n = 25$ 的样本，其产生的样本统计量与在图 A 中 $n = 100$ 的样本产生的统计量是准确程度相当的。当总体参数中离散程度较低时，只需要一个较小的样本规模有时就能获得相对精确的统计量。当然，在图 A 中，增大其样本规模也能更好地定位到真实总体均值的位置。在图 B 里 $n = 400$ 的情况中，6/10 的样本均值都在真实总体均值附近。可见，样本规模较大，加上离散程度较低，等于较小的随机抽样误差和对样本统计的更大信心。

样本均值的标准误

现在我们来补充缺失部分，即随机抽样误差的变异情况因素。随机抽样误差是由一个你现在已熟知的测量尺度标准方差（σ）来决定的。给定样本规模为 n，随着总体标准方差增大，随机抽样误差增加（反之亦然）。当将这个规律与样本规模误差因素结合时，

我们可再次描述随机抽样误差两因素间的关系:

$$随机抽样误差 = \frac{标准方差}{样本规模的平方根}$$

或用已讨论过的标号标记:

$$随机抽样误差 = \frac{\sigma}{\sqrt{n}}$$

在本章中,我们使用一个常见的术语**随机抽样误差**来描述在抽取随机抽样时带来的误差。正如我们刚刚所见,误差大小是将变异情况因素除以样本规模因素来决定的。然而当研究者在描述一个样本统计量的随机抽样误差时,他们通常不用术语**随机抽样误差**,而是使用样本均值的**标准误**(standard error)。计算机分析程序通常会为样本均值计算标准误,政治学研究者也通常在他们发表的定量研究论文中报告样本估计的标准误。让我们理解清楚:**样本均值的标准误**和**样本均值的随机抽样误差**这两个术语是同义的。它们都涉及推论性统计的根基。但是,由于你经常遇到术语标准误,因此本书也会使用这个术语。让我们再次强调这点,一个样本均值的标准误与它的随机抽样误差是同义的:

$$样本均值的标准误 = \frac{\sigma}{\sqrt{n}}$$

我们怎么用标准误来描述一个样本均值在多大程度上接近总体均值呢? 让我们回到学生研究者的例子。出于当下学习的目的,假设我们是无所不知的观察者。我们观测到,民意测验者从一个已知 $\mu = 58$ 和 $\sigma = 24.8$ 的总体中抽取出了一套 $n = 100$ 的随机抽样。这样,我们知道学生群体抽取样本的均值将等于总体均值 58 加上相应的标准误。基于样本均值的标准误公式,学生样本均值的标准误大小等于:

$$\frac{24.8}{\sqrt{100}} = 2.48 \approx 2.5$$

在学生们抽取他们 $n = 100$ 的随机抽样之前,我们就已相当确定这个抽样得到的样本均值应大约是 58 加上或减去 2.5,即在 55.5(58 减去 2.5)和 60.5(58 加上 2.5)之间。因为一些原因(后文会陈述),我们有一个相当大的概率,即大约 68% 的可能性,会使任何随机抽样计算的均值落在 μ 上下一个标准误的范围内(学生研究者的样本均值 59,就大概率落在这个的大致区间内)。我们几乎可以确定(但也不是完全确定)学生的样本均值会落在低于总体均值两个标准误和高于总体均值两个标准误的长条内。事实上,样本均值处在 58 减去 2×2.5 和 58 加上 2×2.5 之间区域的概率超过 95%——即处在最低值 53 和最高值 63 之间。这些学生有一个小的但也确实存在的可能性,即有 5% 概率,会随机地偶然抽中一个样本,使这个样本的均值低于真实总体均值 58 两个标准误以上(小于 53),或超过总体均值真实值两个标准误以上(超过 63)。

中心极限定理和正态分布

刚才讨论的百分比 68%,95% 和 5% 源自哪里? 回答这个问题需要对两个相关话题有了解:中心极限定理和正态分布。为了同时介绍这两个话题,再思考图 6-2 中的图 A。在构建图 A 时,计算机仅抽取了 10 套 $n = 100$ 的随机抽样。这些数量不多的样本只能给我们一个关于总体均值真实位置的大概想法。但是,假设从一个均值为 58、标准方差等于 24.8 的总体中,抽取相当多套 $n = 100$ 的随机抽样样本,即抽取一套样本,记录对民主党评分的均值,将这些案例放回到总体。再选取一套,记录对民主党评分的均值,将这些案例放回到总体。再抽取一套,再一套,再一套直到成千上万的均值从成千上万套 $n = 100$ 的样本中计算和记录下来。所有这些样本均值的分布是怎样的? 参看图 6-3,它显示了从学生总体 A 中抽取的 10 万套随机抽样的均值分布情况。图 6-2A 的样本均值也是用相同的总体产生的。

注意图 6-3 呈现的分布中的两个特征:第一,它以真实总体均值 58 为中心。事实上,如果计算图 6-3 中这 10 万套随机抽样的样本均值,我们就会得到总体均值。这 10 万套样本均值大部分集中在 58 附近区域,即 56 与 60 之间。我们再次看到,学生调查者计算的样本均值 59,是一个反映了分布主流趋势的典型样本均值。但即便如此,也有一些抽样的结果不能很好地代表 μ,它们的取值或者小于 53,或者大于 63。第二,虽然有一些随机的异常值散布各处,但分布还是有一个对称的钟形结构。这个钟形的对称分布是正态分布的标志。

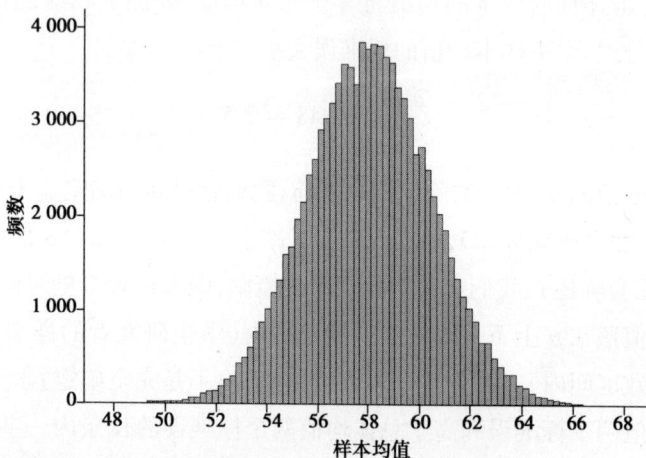

图 6-3 从 10 万套随机抽样中得出的均值分布

注:展示的数据是 10 万套 $n = 100$ 的随机样本的均值。总体参数:$\mu = 58$,$\sigma = 24.8$。

　　图 6-3 中,正态分布的均值和分布形状一同诠释了中心极限定理。**中心极限定理**(central limit theorem)是一个已确立的统计规则,它告诉我们如果从一个规模为 N 的总体成员中抽取无数个样本规模为 n 的随机抽样,这些样本的均值将呈正态分布。此外,样本均值的分布会有一个均值,与总体均值相等,并且随机抽样误差等于 σ(即总体标准方差)除以 n 的平方根。因此,从均值为 58、标准方差为 24.8 的总体中抽取的多套 $n=100$ 随机抽样,绝大多数的均值会落在 58 附近上下 2.5 之间。事实上,正态分布允许我们做出一个精准的推断,来确定抽样均值落在总体真实值的任何给定的标准误的数目上的概率百分比。

　　正态分布(normal distribution)是一个用于描述定距变量的分布。检视图6-4,它再次呈现了这 10 万套样本均值的分布。图 6-4 与图 6-3 有两个方面的不同:第一,一条代表正态曲线的线围绕着样本均值分布被画了出来,它概括了正态分布的形状。第二,横轴简单地标注为"Z",并且图 6-3 的测量单位(对民主党评分量表上的分数)在图 6-4 中被一个一位数的量表代替。图 6-3 中显示为原始值"58"的均值在图 6-4 中标注为"0"。在均值之下的都是负数,在均值之上的都是正数。

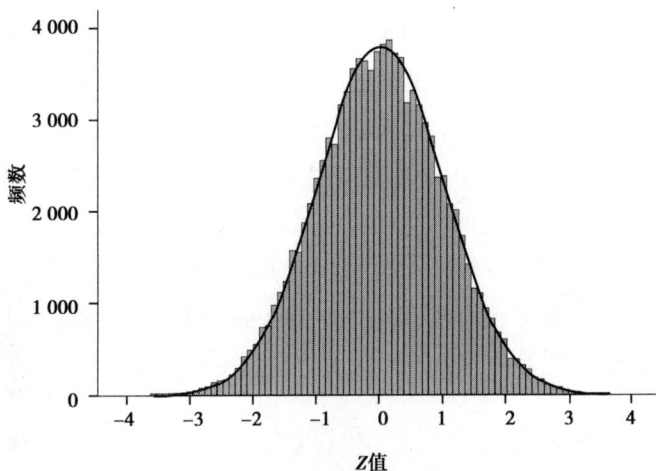

图 6-4　原始值转换为 Z 值

　　图 6-4 中的横轴是图 6-3 横轴线标准化转换后的轴线。当在分布中的数值被转换为距离分布均值(离均差)的标准单位时,**标准化**(standardization)就产生了。在测量量表上的得分、年龄、收入这些原始形式的值,被称为原始值或非标准化值,已被标准化的值称为 Z 值或 Z 分数(Z score)。为了将非标准化的值转换为 Z 值,你需要将这一得分的离均差除以你正在使用的标准单位:

$$Z = \frac{离均差}{标准单位}$$

标准方差,如其名所示,是离均差的标准化单位。花几分钟的时间重新回到表 6-1,它展示了一个包含有 11 个成员的总体对民主党的评分情况。如果你想要将名单上这 11 个对民主党的评分进行标准化,你需要将"离均差"一列的每一个值除以标准方差 24.8。在均值以下,得分为负值 Z,在均值以上,得分为正值 Z。例如,学生 1 给民主党评分为 20,他的 Z 分数等于 $-38/24.8 = -1.53$。这个 Z 值 -1.53 将该学生评分定位在均值之下大约一个半标准方差的位置上。学生 8 对民主党人评分为 82,他的 Z 分数等于 $24/24.8 = 0.97$,即大约高于均值一个标准差。当然,任何等于均值的原始值的 Z 分数都等于 0。

标准误,如其名所示,也是离均差的标准化单位。请思考图 6-3 中的 3 个样本均值:54,58 和 60。假定标准误等于 2.5,样本均值为 54,则它的 Z 分数等于 $(54-58)/2.5 = -1.6$,即在总体真实均值 58 之下的 1.6 个标准误位置。因此,图 6-3 中显示样本均值为 54 的值,在图 6-4 中即显示为 Z 分数为 -1.6 的值。图 6-3 中的样本均值 58 正好等于总体均值,故图 6-4 中它的 Z 分数等于 0:$(58-58)/2.5 = 0$。样本均值 60 则对应 Z 分数 $(60-58)/2.5 = 0.8$,非常接近图 6-4 中的 Z 值 1。

为什么要通过一个按部就班的程序将原始的评分转换为 Z 分数? 因为 Z 值是正态分布推断应用的关键。图 6-5 再次展示了钟形曲线,这次列出了曲线内的百分比。横跨 $Z = -1$ 和 $Z = +1$ 之间的箭头标记有"68%"。这是什么意思? 它的意思是:若是一系列值呈正态分布,那么,在该分布中,68%个案的 Z 值落在 -1(低于均值一个标准单位)与 +1(高于均值一个标准单位)之间,而且由于曲线完美对称,68%的一半——个案的 34%——将会落在均值(Z 等于 0)和 Z 值 +1 之间,另一半 34%会落在均值与 Z 值 -1 之间。因此,在 $Z = -1$ 和 $Z = +1$ 之间的范围是曲线最胖和最高的部分,包含了 2/3 的个案。注意标示为 95%的箭头,其在 $Z = -1.96$ 和 $Z = +1.96$ 之间延伸。这些数字告诉我们,在一个正态分布中,95%的个案 Z 值会落在低于均值 1.96 个标准单位与高于均值 1.96 个标准单位的区间内。换言之,这个区间包含了几乎所有案例。但仍有 5%的个案——那些 Z

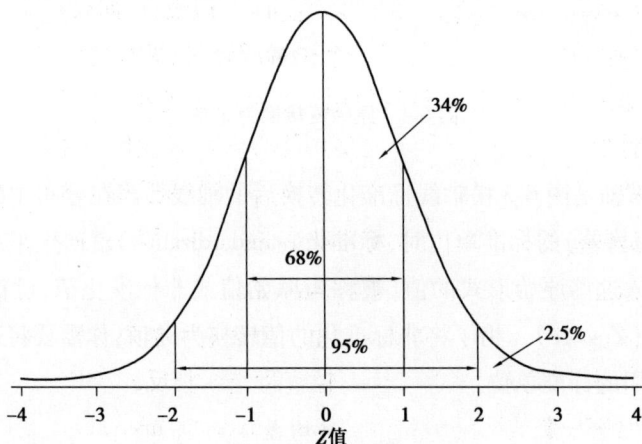

图 6-5 正态曲线分布下的区域大小

值低于−1.96 或是高于+1.96 的——会处在这个区间之外,位于那些分布得较为稀疏的尾端。同样,由于曲线是对称性的,5%的 1/2,即 2.5%会落在低于 $Z = −1.96$ 的区域,另外的 2.5%会落在高于 $Z = +1.96$ 的区域。

现在讨论正态分布在做概率推论时的核心作用。**概率**(probability)被定义为一个事件或是一组事件出现的可能性。设想蒙上眼睛,随机从图 6-3 的样本均值分布中抽取一个均值。你随机抽取的均值在 55.5 与 60.5 之间的概率是多大?用标准误 2.5 将每一个原始的值转换为 Z 值。较低值的 Z 值等于:$(55.5−58)/2.5 = −1$。较高值的 Z 值等于 $(60.5−58)/2.5 = +1$。由于可依靠正态分布来进行推断,你知道个案的 68%落在这个区间内。从呈正态分布的一系列数值中随机抽取的数值,其 Z 值将有 68%的概率落在 $Z = −1$ 和 $Z = +1$ 之间。但是,因为随机过程在起作用,你选择的数值 Z 值仍可能会落在−1 到 +1区间之外。这个机会有多大?由于个案的 68%在 $Z = ±1$ 区域,个案剩余的 32%一定落在高于 $Z = +1$ 或低于 $Z = −1$ 的区域。因此,有 32%的可能性——大约 1/3 的机会——从呈正态分布的一系列数值中随机抽取的任何数值,其 Z 值会有可能落在曲线较胖和较高的部分之外。假设你想要赌一次就抽取到一个 Z 值大于+1.96 的数值。概率会站在你这边吗?几乎不。基于正态分布,所有个案的 95%落在 $Z = −1.96$ 和 $Z = +1.96$ 之间,只有 5%落在这些边界之外:2.5%低于 $Z = −1.96$ 和 2.5%高于 $Z = +1.96$。因此,你在打赌一件不大可能的事,它随机发生的概率在 100 次中少于 3 次。当然不是不可能,只是可能性太低。

使用正态分布进行推论统计

现在你已经对学生民意调查者所在的且调查的那个更大的并只能依靠概率来推论的世界有所了解了,让我们开始重塑学生调查案例的真实性。我们会假设(合乎现实地)研究者不知道真实的总体均值是 $\mu = 58$。但是,我们仍将假设(不符合现实地)他们知道总体标准方差 $\sigma = 24.8$(在下一部分,我们会放宽这个假设)。回想一下,学生研究者抽取了一套 $n = 100$ 的随机抽样,并且计算了一个样本统计量,即在他们的样本中对民主党评分均值等于 59。正如我们所见,总体均值用希腊字母 μ 代表。为了把这个总体参数与基于样本得出的估计值区别开来,样本的均值用符号 $\bar{x}$ 表示(读作"x 把"),即普通的字母 x 在顶端有一根横线。因此,在这个案例中,$\bar{x} = 59$,或是"x 把"等于 59。当然,学生们不知道 μ 的值,但他们知道,他们对 μ 的估计值即样本的均值 59 会等于总体均值,加上一个标准正态分布的标准误区间:$24.8/\sqrt{100} = 2.48 \approx 2.5$。

考虑到这个信息,总体均值的位置在哪里?由于有可能随机获得到一个显著偏离总体参数的样本统计量,因此,统计学家从不轻言肯定。相反,他们谈论信心程度和概率。最常见的标准是把 95%**置信区间**(95% percent confidence interval)定义为这么一个区间,在区间内所有可能的样本估计值会有 95%随机落入其中。多亏了中心极限定理,我们知道95%的置信区间的边界被定义为样本均值减去1.96个标准误作为较低端的边界值,样本均值加上1.96个标准误作为较高端的边界值。让我们用这个知识来找出学生总体中对民主党平均评分的95%的置信区间。

$$置信区间低端 = \bar{x} - 1.96 \text{ 标准误}$$
$$= 59 - 1.96 \times 2.5$$
$$= 54.1$$
$$置信区间高端 = \bar{x} + 1.96 \text{ 标准误}$$
$$= 59 + 1.96 \times 2.5$$
$$= 63.9$$

结论:所有 $n=100$ 的随机抽样,其计算的样本均值会有95%可能落在54.1到63.9之间。

95%的信度标准被广泛使用,但要快速计算它的精确边界却有点烦人。因此,一般按照惯例将1.96四舍五入为2,这是一个有用的拇指法则。为了找出一个样本均值的95%置信区间,可将标准误乘以2得到一个数字。从样本均值中减去这个数字就会获得低端的信度边界。将这个数字加到样本均值上就会获得高端的信度边界。[5] 应用这个拇指法则,学生组织可以确信,至少有95%的信度,未观测到的总体均值(μ)的值会介于 $59 \pm 2 \times (2.5)$,即54与64之间。

为了论证(同时也为了演示推论性统计)起见,假设"大学民主党人"社团主席一听到学生的调查结果,就表示了怀疑,认为民意调查者获得的均值"不靠谱"。"这肯定有些错误",社团主席表示,"我会假设大学里所有学生对民主党的平均评分至少是66,而不是你们样本中的得分59。"现在,社团主席提出了一个反事实推理——假设的总体均值即 μ 比研究者的观测样本均值高出7分。这位社团主席提出的均值是正确的还是错误的呢?我们还记得,学生民意调查者是在一个不确定的环境内进行估计的。他们不知道真实的总体均值,但是他们可以构造并回答以下的概率问题:假设民主党社团主席是对的,即 μ 的真实值是66,那么,随机抽样凭偶然性产生等于59样本均值的**概率是多少**?这个问题触及了推断性推理的一般逻辑:设想假设的总体均值是对的,然后确定,如果假设性挑战事实上是正确的,那么获得观察到的样本统计量的发生概率是多少。把所有的相关数据集中如下:

$$社团主席的总体均值(设想的 \mu 值) = 66$$
$$观测到的样本值(\bar{x}) = 59$$
$$\bar{x} \text{ 的标准误} = 2.5$$

究竟社团主席的假设总体均值66相距我们的观测均值59有多远?为了找到差值,我们用假定的均值(μ)减去样本均值 $\bar{x}$:

$$假设的均值减去样本均值 = \mu - \bar{x}$$
$$= 66 - 59$$
$$= 7$$

如之前所见，为了发掘正态分布的推论性力量，我们必须用标准单位去转换原始数值，使之成为标准化分数，即 Z 分数。在这个案例中，7 分是差异值。这个标准单位当然是均值的标准误。我们将这有争议的 7 分差异转换为 Z 值：

$$Z = \frac{假设的均值减去样本均值}{标准误}$$

$$= \frac{66 - 59}{2.5}$$

$$= \frac{7}{2.5}$$

$$= 2.8$$

假设的总体均值 66 与学生研究者观测到的样本均值 59 之间的统计距离有多大？未标准化的差异值（7 分）经转换为标准单位后，我们获得 Z 值 2.8。因此，社团主席提议的均值高于学生研究者的样本均值 2.8 个标准误。如果主席是对的，那么，学生研究者抽取的随机抽样产生这么一个远低于真实值的均值的机会有多大？

停顿一下，并再次思考图 6-4，它显示了 10 万套抽样样本均值转换为 Z 单位的分布。设想学生研究者像我们一样，正在思考图 6-4。然而和我们不一样的是，学生不知道总体均值的真实位置。他们只有一个假设的均值 66 和一个观测到的抽样样本均值 59，并且他们知道假设值高出观测值 2.8 个标准单位。为了提出推论性问题，研究者会假设社团主席的均值是真实总体均值。在这个工作设想下，研究者会定位主席的均值为 $Z=0$，即处在所有可能样本均值分布的真实中心。因为研究者得到的样本统计量低于设想的总体均值 2.8 个单位，研究者会定位他们的样本均值为 -2.8，靠近 $Z=-3$ 的刻度线。现在设想我们处在 $Z=-2.8$ 的位置，并且望向 $Z=0$ 的位置。若社团主席是对的，即真实的总体均值确实远在 $Z=0$ 之上，那么，在随机过程产生的样本均值低于真实总体均值 2.8 个标准单位的概率是多少？会产生这样一个结果的随机抽样大概会占所有抽样的多少比例？

答案包含于如表 6-3 所示的正态分布概率表之中。简单审视一下表 6-3，其中的每一个条目报告了正态分布中高于 Z 值绝对值的比例。在用表 6-3 测试社团主席的均值之前，让我们查阅一个你早已熟悉的 $Z=+1.96$ 的 Z 值概率。顺着左边一列往下读取到 Z 的整数位和小数点后第一位为（1.9），然后横向查阅，直到你找到 Z 值小数点后第二位为（0.06）的单元格。单元格的条目值为 0.025 0。这个数字印证了我们已知的情况：正态分布中 Z 值大于 $+1.96$ 的区间占全部曲线面积的 2.5% 或 0.025。注意，因为正态分布是对称的，表 6-3 也可用于查阅负 Z 值的概率。例如，因曲线中 0.025 位于 $Z=+1.96$ 之上，故曲线中同样有 0.025 一定位于 $Z=-1.96$ 之下。因此，在使用表 6-3 时，你可安全地忽略 Z 值的正负符号，只需查找它的绝对值。记住，即便存在负值 Z，表 6-3 中的条目也可以告诉你低于 Z 值的曲线比例。

表 6-3　正态分布中高于 Z 值绝对值的分布概率

Z 值个位值和小数点后第一位	Z 值小数点后第二位									
	0.00	0.01	0.02	0.03	0.04	0.05	0.06	0.07	0.08	0.09
0.0	0.500 0	0.496 0	0.492 0	0.488 0	0.484 0	0.480 1	0.476 1	0.472 1	0.468 1	0.464 1
0.1	0.460 2	0.456 2	0.452 2	0.448 3	0.444 3	0.440 4	0.436 4	0.432 5	0.428 6	0.424 7
0.2	0.420 7	0.416 8	0.412 9	0.409 0	0.405 2	0.401 3	0.397 4	0.393 6	0.389 7	0.385 9
0.3	0.382 1	0.378 3	0.374 5	0.370 7	0.366 9	0.363 2	0.359 4	0.355 7	0.352 0	0.348 3
0.4	0.344 6	0.340 9	0.337 2	0.333 6	0.330 0	0.326 4	0.322 8	0.319 2	0.315 6	0.312 1
0.5	0.308 5	0.305 0	0.301 5	0.298 1	0.294 6	0.291 2	0.287 7	0.284 3	0.281 0	0.277 6
0.6	0.274 3	0.270 9	0.267 6	0.264 3	0.261 1	0.257 8	0.254 6	0.251 4	0.248 3	0.245 1
0.7	0.242 0	0.238 9	0.235 8	0.232 7	0.229 6	0.226 6	0.223 6	0.220 6	0.217 7	0.214 8
0.8	0.211 9	0.209 0	0.206 1	0.203 3	0.200 5	0.197 7	0.194 9	0.192 2	0.189 4	0.186 7
0.9	0.184 1	0.181 4	0.178 8	0.176 2	0.173 6	0.171 1	0.168 5	0.166 0	0.163 5	0.161 1
1.0	0.158 7	0.156 2	0.153 9	0.151 5	0.149 2	0.146 9	0.144 6	0.142 3	0.140 1	0.137 9
1.1	0.135 7	0.133 5	0.131 4	0.129 2	0.127 1	0.125 1	0.123 0	0.121 0	0.119 0	0.117 0
1.2	0.115 1	0.113 1	0.111 2	0.109 3	0.107 5	0.105 6	0.103 8	0.102 0	0.100 3	0.098 5
1.3	0.096 8	0.095 1	0.093 4	0.091 8	0.090 1	0.088 5	0.086 9	0.085 3	0.083 8	0.082 3
1.4	0.080 8	0.079 3	0.077 8	0.076 4	0.074 9	0.073 5	0.072 1	0.070 8	0.069 4	0.068 1
1.5	0.066 8	0.065 5	0.064 3	0.063 0	0.061 8	0.060 6	0.059 4	0.058 2	0.057 1	0.055 9
1.6	0.054 8	0.053 7	0.052 6	0.051 6	0.050 5	0.049 5	0.048 5	0.047 5	0.046 5	0.045 5
1.7	0.044 6	0.043 6	0.042 7	0.041 8	0.040 9	0.040 1	0.039 2	0.038 4	0.037 5	0.036 7
1.8	0.035 9	0.035 1	0.034 4	0.033 6	0.032 9	0.032 2	0.031 4	0.030 7	0.030 1	0.029 4
1.9	0.028 7	0.028 1	0.027 4	0.026 8	0.026 2	0.025 6	0.025 0	0.024 4	0.023 9	0.023 3
2.0	0.022 8	0.022 2	0.021 7	0.021 2	0.020 7	0.020 2	0.019 7	0.019 2	0.018 8	0.018 3
2.1	0.017 9	0.017 4	0.017 0	0.016 6	0.016 2	0.015 8	0.015 4	0.015 0	0.014 6	0.014 3
2.2	0.013 9	0.013 6	0.013 2	0.012 9	0.012 5	0.012 2	0.011 9	0.011 6	0.011 3	0.011 0
2.3	0.010 7	0.010 4	0.010 2	0.009 9	0.009 6	0.009 4	0.009 1	0.008 9	0.008 7	0.008 4
2.4	0.008 2	0.008 0	0.007 8	0.007 5	0.007 3	0.007 1	0.006 9	0.006 8	0.006 6	0.006 4
2.5	0.006 2	0.006 0	0.005 9	0.005 7	0.005 5	0.005 4	0.005 2	0.005 1	0.004 9	0.004 8
2.6	0.004 7	0.004 5	0.004 4	0.004 3	0.004 1	0.004 0	0.003 9	0.003 8	0.003 7	0.003 6
2.7	0.003 5	0.003 4	0.003 3	0.003 2	0.003 1	0.003 0	0.002 9	0.002 8	0.002 7	0.002 6
2.8	0.002 6	0.002 5	0.002 4	0.002 3	0.002 3	0.002 2	0.002 1	0.002 1	0.002 0	0.001 9
2.9	0.001 9	0.001 8	0.001 8	0.001 7	0.001 6	0.001 6	0.001 5	0.001 5	0.001 4	0.001 4
3.0	0.001 3	0.001 3	0.001 3	0.001 2	0.001 2	0.001 1	0.001 1	0.001 1	0.001 0	0.001 0

　　现在,运用表6-3去查阅高于 $Z=2.8$ 绝对值的曲线比例。顺着你左手边的一列,继续往下读直到发现 Z 的整数位和小数点后第一个数字为(2.8),然后横向查阅符合 Z 第二个小数位为(0.00)的比例值。这个方格中的数字是0.002 6。这个数字可以这样理解:社团主席(非常)有可能是错的。我们为什么能这么说?假设主席是对的,那么,在所有可能的样本均值中,学生研究者的样本均值只有0.002 6或是0.26%的可能性会落在离得如此之远的位置上。若是如主席声称的那样,总体均值真是66,那么,样本均值59被观测到的可能性在10 000次随机抽样中只有26次。因为这么小的概率事件是不太可能的,所以这些学生调查者们会拒斥主席的假设,并且推论他们的样本统计量更为接近真实的总体均值。

　　这个案例表明了如何使用正态分布进行推论(简称**正态估计**),来验证总体均值的假设值正确与否。这个推论性过程有着明确的逻辑。学生研究者一开始假定提出的假设值是正确的。因此,当社团主席提出学生总体对民主党评分的均值是"至少66"时,学生调查者说:"好的,让我们假设总体均值是至少66。"然后,研究者会用通过抽样样本观测到的结果来检验这一假设能在多大程度上获得支持:"若总体均值真的是66,那么,我们获取一个样本均值为59的概率是多少?"这个永远用概率表达的答案,会决定我们在推论上的判定:"若总体均值至少是66,那么,我们在10 000次随机机会中获得样本均值为59的次数是26。因此,我们推论总体均值不是66或更高的数。"这些步骤——假定假设值是对的,用正态估计来验证假设值,然后根据概率大小进行推论——定义了用推论性统计进行假设性检验的逻辑。在你遇见的大多数研究情况中,正态估计都会对你有帮助。

　　然而,在学生研究者的案例中有一个重要的方面是不符合现实的——这一点必须在此进行处理。在计算随机抽样误差的变异情况因素,即标准误时,我们假定了总体标准误(σ)是一个已知数。这是不现实的。在实际问题中,一个研究者很少会知道总体的任何参数。若是总体参数都是已知的,那就根本没有必要抽取样本了! 幸运的是,不能知晓总体的标准误并没有它看起来那样严重。一个不同的分布——该分布在许多情况下与正态分布很相似——可被运用于当总体标准方差未知时的推论。这个分布就是我们下一个讨论的主题。

用学生 t-分布进行推论

　　如刚刚所提,在大多真实的抽样情况中,研究者有一个随机抽样样本,而且这也就是他们所有的一切。研究者用这个抽样样本来估计样本均值,就像学生调查者从他们的样本中估计学生对民主党评分的均值。但是,为了判定均值的标准误——样本均值随机偏离总体均值的程度有多少——研究者需要了解总体标准方差。由于通常情况下,这一参数难以获得,那么,研究者至少需要一个对总体标准方差的估计值。有一个合理的估计是可以获得的。为什么不直接计算样本的标准方差呢? 在计算标准误时,可用样本的标准方差作为 σ 的一个替代。因此,很简单,样本均值的标准误会变成:

$$\frac{样本标准方差}{样本规模的平方根}$$

或用普通字母 s 来表示样本标准方差,则标准误是:

$$\frac{s}{\sqrt{n}}$$

回想一下,为了获得总体标准方差,首先,我们将离均差的平方相加,除以总体规模 N 来获得方差:总体方差=(离均差平方的总和)/N。总体标准方差 σ 是总体方差的平方根。在估计抽样样本的方差时,我们同样先将样本均值的离均差进行平方后加总。但在计算样本方差时,将它除以 $n-1$:样本方差=(离均差平方的总和)/$(n-1)$。样本标准方差 s 等于样本方差的平方根。[6] 现在,对于规模足够大的样本而言,用 s 替代 σ 也运行良好,正态估计可以使用。[7] 但是,当使用规模较小的样本,或是你已将大样本划分成较小的子样本进行分别分析时,正态分布的确切属性可能不适用于做出推论。幸运的是,一个相似的分布即学生 t-分布可以适用。**学生 t-分布**(Student's t-distribution)是一个在样本规模较小时对总体均值进行推论的概率分布。

正态分布总是具有同样的形状。Z 值 -1.96 和 $+1.96$ 通常标记了它 95% 置信区间的边界。学生 t-分布则不同,它的形状取决于样本规模。95% 置信区间的边界不是固定的,而是依据被用于做出推论的样本规模大小而变化的。在这里存在着一种不容否定的逻辑。当总体标准方差未知且样本规模较小时,t-分布为随机抽样误差划定更宽的边界,并且对样本统计量的精确度有更小的信心。当样本规模很大时,t-分布也会相应地调整这些边界,缩小随机抽样误差的范围,并且对从样本那里获得的测量有更多的信心。虽然用于描述 t-分布的术语与描述正态分布的术语不一样,但对总体参数做出推论的步骤是一样的。

我们再次使用学生研究者的样本均值来展示学生 t-分布和正态曲线在推论属性上的相似点和不同点。我们保持这个例子的大多数元素不变,样本规模是 $n=100$,样本对民主党评分的均值 $\bar{x}$ 是 59。但这一次,我们让这个例子符合真实情况:学生研究者不知道总体标准方差,因而必须依赖他们的样本的标准方差,他们用计算机估计是 27,所

以 $s = 27$。如之前描述的方式那样,样本均值的标准误现在变为:

$$\frac{s}{\sqrt{n}} = \frac{27}{\sqrt{100}}$$

$$= \frac{27}{10}$$

$$= 2.7$$

这与之前用到的方法相同。这个校园组织用样本标准方差代替总体标准方差,通过计算,获得样本均值的标准误为 2.7。正如正态分布一样,调查者知道,在可接受的随机抽样误差边界内,他们的样本均值等于总体均值。这些边界是什么?样本均值的 95% 置信区间是什么?答案包含在学生 t-分布的表格内,见表 6-4。

在继续讨论这个例子之前,让我们熟悉一下表 6-4。由于学生 t-分布的具体形状取决于样本规模,表 6-4 与表 6-3 看起来不太一样。表 6-3 显示了不同 Z 值在正态曲线之下的区域。在正态估计时,我们不必担心样本规模,故计算 Z 值,并找到在这个值之上的曲线区域。然而,用学生 t-分布进行估计时,样本规模决定了分布的形状。

首先思考表 6-4 的左边"自由度"一列的栏目。什么是自由度? **自由度**(degrees of freedom)指的是包括学生 t-分布在内,一系列分布的一个统计属性。自由度的数值等于样本规模 n 减去用抽样样本估计的参数数量。若是用 $n = 100$ 的案例数来估计总体参数 μ,那么,我们会有 $n-1$ 的自由度:$100 - 1 = 99$ 个自由度。

现在检视表 6-4 中"曲线之下的区域"标题下的各列。各列用不同的比例标记:0.10,0.05,0.025 和 0.01。每一列的条目都是 t 的值。各个单位格告诉我们位于曲线对应的比例之上的 t 值。例如,在 0.025 一列,最顶端的单元格写到,如果是一个自由度,学生 t-分布中的 0.025 或是 2.5% 落在 t 值 12.706 之上。这为随机抽样误差界定了一个十分宽阔的边界。设想在正态曲线中,从均值开始,需要向前一直推进超过 12 个 Z 值单位,才能到达 0.025 的边界!学生 t-分布的特征是它根据样本规模大小会相应调整置信区间。确实,注意在 0.025 一列,随着样本规模(自由度也同样)增加而发生的变化。随着样本规模增加,标记 0.025 边界的 t 值开始减少。更多的自由度意味着较少的随机抽样误差,因而对样本统计量就会有更多的信心。出于阐释的目的,对应基准线 0.025 的 Z 值 $Z = 1.96$ 显示在表 6-4 中 0.025 一列的最下端。注意到对于一个大的样本(自由度 = 1 000)来说,$t = 1.962$,因此,对于有非常多自由度的大规模样本来说,学生 t-分布接近于正态分布。

表 6-4 学生 t-分布

自由度	曲线之下的区域			
	0.10	0.05	0.025	0.01
1	3.078	6.314	12.706	31.821
2	1.886	2.920	4.303	6.965
3	1.638	2.353	3.182	4.541
4	1.533	2.132	2.776	3.747
5	1.476	2.015	2.571	3.365
6	1.440	1.943	2.447	3.143
7	1.415	1.895	2.365	2.998
8	1.397	1.860	2.306	2.896
9	1.383	1.833	2.262	2.821
10	1.372	1.812	2.228	2.764
11	1.363	1.796	2.201	2.718
12	1.356	1.782	2.179	2.681
13	1.350	1.771	2.160	2.650
14	1.345	1.761	2.145	2.624
15	1.341	1.753	2.131	2.602
16	1.337	1.746	2.120	2.583
17	1.333	1.740	2.110	2.567
18	1.330	1.734	2.101	2.552
19	1.328	1.729	2.093	2.539
20	1.325	1.725	2.086	2.528
21	1.323	1.721	2.080	2.518
22	1.321	1.717	2.074	2.508
23	1.319	1.714	2.069	2.500
24	1.318	1.711	2.064	2.492
25	1.316	1.708	2.060	2.485
26	1.315	1.706	2.056	2.479
27	1.314	1.703	2.056	2.473
28	1.313	1.701	2.048	2.467
29	1.311	1.699	2.045	2.462
30	1.310	1.697	2.042	2.457
40	1.303	1.684	2.021	2.423
60	1.296	1.671	2.000	2.390
90	1.291	1.662	1.987	2.368
100	1.290	1.660	1.984	2.364
120	1.289	1.658	1.980	2.358
1 000	1.282	1.646	1.962	2.330
正态分布(Z)	1.282	1.645	1.960	2.326

我们现在回到例子中,并且用表6-4来找到学生研究者的样本均值的95%置信区间。首先,我们确定自由度的数值,这依赖于样本规模(自由度=n-1)。由于学生组织的抽样样本 n=100,它的自由度就是99。在表6-4 中没有一列正好符合自由度为99,因此,用最近的较低数值90的自由度。现在横向读到标记为0.025 的一列,这个数字1.987 告诉我们0.025 或2.5%的曲线落在 t=1.987 之上。由于学生 t-分布和正态分布一样是完美对称的,因此,曲线的2.5%必须位于 t=-1.987 之下。这些 t 值给予我们确定样本均值95%置信区间的信息:

$$较低信度边界 = \bar{x} - 1.987 \ 标准误$$
$$= 59 - 1.987 \times 2.7$$
$$= 53.64$$
$$较高信度边界 = \bar{x} + 1.987 \ 标准误$$
$$= 59 + 1.987 \times 2.7$$
$$= 64.36$$

因此,学生研究者可以有95%的信心认为,真实总体均值将位于最低端53.64 和最高端64.36 之间。另外有5%的可能性,总体均值会落在这些边界之外——低于53.64 或是高于64.36。

关于学生 t-分布有两个让人欣慰的消息。其中一个特征已经指出:随着样本规模增加,t-分布将越来越像正态曲线。再注意表6-4底栏的数字,它们报告了相应概率上的 Z 值大小。你可以看到,对自由度为100的抽样样本,t-分布看着已经像是"正态"了。对于1 000 或是更多的自由度来说,两个分布变得几乎一致。第二相关的要点与你已学到的正态估计的经验法则有关。回想一下,95%的置信区间是可以很快判定的,只要将标准误乘以2得到一个数值,然后从样本均值中减去这个数值就得到低端的信度边界,样本均值加上这个数值就得到高端的信度边界。这是一个很好的拇指法则,因为它在大多数情况下都是有效的。由表6-4 可看到,甚至对较小规模的样本——那些有60 个自由度的——这个拇指法则都能提供一个对95%置信区间的精确估计。

样本比例如何处理

推论性统计的一个吸引人的特征是其方法的通用性。只要符合某些先决条件,推论的规则就能适用。我们已回顾了随机抽样的逻辑,也已了解了用于估计样本均值标准误的拇指法则在一般情况下都能适用,甚至当总体标准方差未知时都能适用——当然,只要样本规模达到一定的水平。但是,许多政治研究者感兴趣的变量并不是定距层级的测量,而是定类层级或定序层级的。因此,我们可能抽取一个样本,计算出受访者中支持增加军队支出的百分比,或反对枪支管制的百分比。在这个案例中,我们并不是用一个定距层级的样本均值($\bar{x}$)来估计总体均值(μ)。相反,我们会使用**样本比例**(sample proportion),即通过把落在某一变量取值中的案例数除以样本中的案例总数得到。虽然如此,推论的规则却仍然适用。在合理的条件限制内,相同的程序同样适用。你已经知道了这些程序,所以这里只需一些简短的阐述。

让我们假设前述校园组织调查在样本($n=100$)里的学生,问他们是否在上次的学生会选举中投票。假设 72 个学生回答了"是的,在选举中投票了",剩余的 28 个回答"不,没有在那次选举中投票"。那么,投票者的样本比例是多少?

$$投票者的样本比例 = \frac{回答"是的"人数}{样本规模}$$

$$= \frac{72}{100}$$

$$= 0.72$$

相似的,未投票者的样本比例是:

$$未投票者的样本比例 = \frac{回答"不"人数}{样本规模}$$

$$= \frac{28}{100}$$

$$= 0.28$$

因此,投票者的样本比例是 0.72,未投票者的样本比例是 0.28。这一样本比例 0.72 与我们要估计的学生总体中的真实投票比例有多么接近?这一观测到的样本统计量0.72 的标准误是多少?

你已经知道,样本均值用符号 $\bar{x}$ 表示。而在定类或者定性变量中,样本落在变量的一个取值上的比例用小写字母 p 表示。在这个案例中,学生落在"是的,在选举中投票了"的取值的比例是 0.72,故 $p=0.72$。落在定类或者定性变量中其余所有取值的比例用字母 q 表示。这个比例 q 等于 1 减去 p,或写成 $q=1-p$。在此案例中,q 即回答"不,没有在选举中投票"的学生比例,等于 1−0.72,即 0.28。让我们集中展示现有的数值:

$$投票者的样本比例\ p = 0.72$$

$$未投票者的样本比例\ q = 0.28$$

$$样本规模\ n = 100$$

这些信息(p 的值、q 的值和样本规模)允许我们估计样本比例 p 的标准误。首先回顾一下,随机抽样误差的一般公式是变异情况因素除以样本规模因素:

$$\text{随机抽样误差} = \frac{\text{变异情况因素}}{\text{样本规模因素}}$$

在计算样本比例的随机抽样误差时,样本规模因素与之前相同,为 n 的平方根。但对于样本比例 p 来说,变异情况因素等于 p 乘以 q 后取平方根,即:

$$\text{随机抽样误差的变异情况因素} = (p \times q) \text{ 的平方根,或} \sqrt{pq}$$

因此,样本比例的随机抽样误差 p 等于:

$$\frac{\sqrt{pq}}{\sqrt{n}}$$

现在我们在前述案例中代入数字,看看我们得到什么:

$$pq = 0.72 \times 0.28 = 0.20$$

$$\sqrt{pq} = \sqrt{0.20} = 0.45$$

$$\sqrt{n} = \sqrt{100} = 10$$

$$\frac{\sqrt{pq}}{\sqrt{n}} = \frac{0.45}{10} = 0.045$$

在学生总体中,投票者的真实比例等于样本比例 0.72,加上一个标准误 0.045。因此,学生研究者知道真实的总体比例等于 0.72 加上标准误 0.045 的抽样误差。如同正态估计一样,总体参数有 68% 的可能性会落在样本比例上下一个标准误区间内,这个区间在 0.72 减去 0.045(= 0.675)和 0.72 加上 0.045(= 0.765)之间。95% 置信区间则可界定为:

$$\text{较低信度边界} = p - 1.96 \text{ 标准误}$$

$$= 0.72 - 1.96 \times 0.045$$

$$\approx 0.63$$

$$\text{较高信度边界} = p + 1.96 \text{ 标准误}$$

$$= 0.72 + 1.96 \times 0.045$$

$$\approx 0.81$$

因此,学生研究者可以有 95% 的信心说,学生总体中真实的投票比例介于 63% 与 81% 之间。

最后有一个关于统计的警告。我们刚展示了如何运用正态估计确定一个样本比例的标准误。在大多数情况下,这个方法运作良好。然而,学界已知正态估计在样本比例接近于 0.5 时会运作良好,但 p 接近于 0.00 或 1.00 时,这一方法开始逐渐失效。我们如何知道正态估计是不是可以适用呢? 这里有一个一般程序可以判定。将 p 乘以样本规模,将 q 乘以样本规模。若是得到的两个数值是 10 或更高,那么,正态估计会运作良好(实际上,若是两个数值是 5 或是更多,正态估计也仍然起作用)。因为 $100 \times 0.72 = 72$,以

及 $100 \times 0.28 = 28$，所以学生研究者的推论是有扎实的统计基础支持的。然而，若是民意调查者想将他们的样本细分为较小的分组，例如依据性别或阶级等级进行划分，然后从这些较小的子样本来做出推论，那就会产生麻烦。

作为大众媒体的消费者，相比算术均值，我们更容易接触百分比或比例。当然，有时一些媒体组织使用的抽样程序是有问题的，并且他们的报告结果也应该留有余地。声誉良好的调查者往往会报告一些随机抽样误差的测量（通常遵从格式"误差范围±……"），典型的是用于界定95%置信区间的边界。你现在已获得了相应知识来理解这些比例。你也已学会了在将来理解更高级政治学研究主题时所需要的推断性统计知识。

总　结

用样本统计量去估计总体参数，其精确度有多高？现在你该知道，答案是清晰的："这取决于 3 个因素。"第一，它取决于样本是否是从总体中随机抽取的。通过确保总体的每个成员都有相同的概率被抽选成为样本，研究者就能在样本统计中消除"不好的"误差，即系统性误差。一个随机样本还允许研究者去估计样本统计量中的"好"误差，即随机误差。第二，它取决于随机样本的规模大小。较大的样本量相比较小的样本量，得出的估计更精确。但你现在已理解为什么看起来较小的样本仍可为统计推论提供一个坚实的基础。第三，它取决于在总体中个体间变异情况的大小。你现在已熟悉了一种测量定距层级变量变异情况的重要方法，即标准差。现在你也知道在找寻样本均值的置信区间时，标准方差是如何与样本规模共同工作的。

本章讨论了许多的符号和专业术语。表 6-5 提供了一个清单，大致按照这些术语和符号的介绍顺序进行了排序。让我们回顾一下它们。总体均值(μ)是我们首要关注的参数——研究者最感兴趣的估计集中趋势的方法。围绕总体均值的变异情况是由标准差(σ)决定的，它是用于测量总体中的集聚和分散程度的方法。总体中的任意数值的相对位置都可被表述为一个 Z 值，Z 值代表了该实际数值落在均值之上或者之下多少个标准单位。标准差和标准误都是离均差的标准单位，运用它们可将原始值转化为 Z 值。通过知道 Z 值和运用正态分布的推论属性，我们可判定样本均值（符号为$\bar{x}$）在多大程度上接近总体均值。

我们知道样本均值应等于总体均值，加上抽取样本时产生的随机抽样误差。误差的大小，术语上称为"样本均值的标准误"，是由 σ 和样本规模(n)决定的。同样运用正态分布，研究者可估计样本均值的95%置信区间。在此区间，所有可能出现的样本均值会有95%的机会落在这一范围内。Z 值在这里可直接被运用。通过将标准误乘以 Z =

1.96——或依照拇指法则将其四舍五入至 2——研究者可计算出真实总体均值的可能边界。在实践中,我们很少知道总体的标准方差,所以研究者用样本标准差(符号为 s)来代替 σ,然后运用学生 t-分布进行估计。正如你所知的,许多政治学研究中包含了定类和定序变量,尤其是民意调查研究。在本章中,我们也讨论了如何运用正态估计法来估计样本比例的 95% 置信区间。

表 6-5　术语和符号以及它们在推论中扮演的角色

术语或符号(发音)	它是什么或做什么	在抽样和推论中扮演的角色
μ(mew,谬)	总体均值	通常 μ 是未知的,用 $\bar{x}$ 来估计
N	总体规模大小	
σ(sigma,西格玛)	总体标准方差	测量总体特征的变异情况。随机抽样误差的变异情况因素
Z 值	将离均值 μ 的差从原始值转化为标准单位	定义正态分布的刻度线;正态分布中 68% 位于 $Z=-1$ 与 $Z=+1$ 之间;正态分布的 95% 位于 $Z=-1.96$ 与 $Z=+1.96$ 之间
$\bar{x}$(x bar,x 把)	样本均值	用来估计 μ 的样本统计量
n	样本规模	随机抽样误差的样本规模因素是 $\sqrt{n}$
s	样本标准差	当 σ 未知时,代替 σ 作为随机抽样误差的变异情况因素
样本均值的标准误	用于测量 $\bar{x}$ 随机偏离 μ 的程度	随机抽样误差 若 σ 是已知的,等于 $\sigma/\sqrt{n}$ 若 σ 是未知的,等于 $s/\sqrt{n}$
95% 置信区间	$\bar{x}$ 所有可能的值中有 95% 的机会落在这区间内	在正态分布中定义为 $\bar{x}\pm1.96$ 标准误。通常可用经验法则判定:在所有的估计中 $\bar{x}\pm2$ 标准误
p	样本中落在定类或定序变量内某一取值的比例	一个总体比例的样本估计
q	样本中落在定类或定序变量某一取值之外所有值的比例	等于 $1-p$
样本比例的标准误	测量 p 随机偏离总体比例的程度区间	定义为 $\sqrt{pq}/\sqrt{n}$。通常适用于运用正态估计来计算 p 的 95% 置信区间

关键术语

95%置信区间(95 percent confidence interval)　　全距(range)

普查(census)　　回复偏差(response bias)

中心极限定理(central limit theorem)　　样本比例(sample proportion)

自由度(degrees of freedom)　　样本统计(sample statistic)

推论性统计(inferential statistics)　　抽样框架(sampling frame)

正态分布(normal distribution)　　选择性偏差(selection bias)

总体(population)　　标准方差(standard deviation)

总体参数(population parameter)　　标准误(standard error)

概率(probability)　　标准化(standardization)

随机样本(random sample)　　学生 t-分布(Student's t-distribution)

随机抽样误差(random sampling error)　　方差(variance)

随机选择(random selection)　　Z 值/分数(Z score)

练 习

1.一家民意调查公司想要知道哪个候选人可能会赢得总统选举,主要政党的候选人分别是共和党的杜威·齐滕和民主党的安·豪尔。民意测验者建立起一个网站,让访问者表明他们的偏好选择。调查结果是:几个月后,依据几十万访问者回答的样本,共和党齐滕应该会以巨大优势获选。但问题是:在实际大选那天,豪尔轻而易举地赢了。可以看出,调查公司希望通过抽样推论所了解到的全民偏好,与实际上他们在样本中获得的结果之间有巨大差异。

A.调查公司感兴趣的总体是什么?

B.提出两个为什么这一抽样很糟糕的原因。

C.正如这里描述的,网络民意测验大多发现,人们对共和党的偏好高于对民主党的偏好。你觉得为什么会这样呢?

2.一个大利益集团的领导人正尝试着是否要提高会员费。这个集团会员的平均收入是一个重要的考量因素。虽然这个集团缺少会员们收入的当下信息,但是他们在前一次会员普查中有统计数据。依照这个普查,当时平均收入是 60 000 美元,标准差是 10 000 美元。

A.这一章讨论了如何将一个原始值,如以美元为单位计算的收入转化为 Z 值。Z 值是通过将原始值的离均差除以标准单位得来的。标准差是一种用于将离均差转换为 Z 值的标准单位。请写出下列收入的 Z 值:20 000 美元、45 000美元、60 000 美元和 90 000美元。

B.该集团聘请的一位统计员从统计数据库中随机挑出 3 位会员:第一位会员的 Z 值为 1.5。第二位会员的 Z 值为-0.6,第三个成员的 Z 值为 0。这 3 位会员的实际收入分别是多少?

C.该集团认为这个普查已经过时,所以不再使用了。但因他们缺乏资源再去进行一次新的普查,故他们希望统计员抽取一个样本进行估计。假设这位统计员可接触到全体成员信息表,请描述这位统计员该如何去获得一个 $n=200$ 的随机抽样样本。

3.一整群受访者被要求表达他们对医疗保健改革的意见。这些意见由一个从 0(回应者偏好基于私人医疗保障的计划)到 20(回应者偏好依赖政府的计划)的量表进行测量。这一总体中各成员对医疗保健评分的结果分别是:0,6,8,10,12,14,20。

A. μ 值,即关于医疗保健意见评分的总体均值是多少?

B.在一张纸上写下 3 列排头标题:"医疗保健意见评分""离均差""离均差的平方",并将其填写完整。

C.基于你在 B 部分的计算,总体方差是多少? 总体标准方差(即 σ)是多少?

D.设想这一总体包含数万个成员,而非仅含 7 个成员。假设这个更真实的总体与你在 A 部分的计算有相同的总体均值,并且与你在 C 部分的计算有相同的标准方差(为了本部分的练习,将标准方差四舍五入为最近的整数)。依据中心极限定理,如果从总体中抽取无数套 $n=36$ 的随机抽样,所获得的样本均值有68%概率会落在哪两个医疗保健评分之间? 样本均值有95%概率会落在哪两个医疗保健评分之间?

4.县警长正关注县公路某一特定路段的超速行驶者。依据规定,该路段速度限制为 45 英里/小时。警长设立了一个雷达测速仪,经过长时间的测速以后,获得了在这条路上驾驶的所有车辆的时速数据。车辆的速度均值是 52 英里/小时。

A.警长打击了超速者。在打击运动结束后,警长在该路上随机抽取了一个样本量为 $n=100$ 的车辆速度情况样本。该样本特征为:样本均值 47 英里/小时;样本标准方差 8 英里/小时。如果用样本标准方差代替总体标准方差进行计算,那么样本均值的标准误是什么？运用±2的经验法则，样本均值95%的置信区间是多少？

B.一位对此产生怀疑的县委委员认为，打击运动措施是无效的，并且这条路上的平均行驶速度仍是52英里/小时。这一怀疑是否有可靠的统计基础支撑？解释你是如何得知的。

5.社会学家在美国社会已经进行了许多有关性别刻板印象的有趣研究。关于刻板印象中一个有趣的现象是，人们对男女之间差异的感知会比男女之间实际存在的差异要大。例如，当问及男性与女性的身高时，受访者会倾向于认为男性与女性的身高差要高于实际的差别。假设你想要检测这个观念是否成立，即人们认为的男女身高差要比总体中实际存在的男女身高差要更大。在总体中，男性平均比女性高5英寸 *。因此男女总体之间真实的身高差异是5英寸。

你随机抽取了一个含400个个体的样本。对每个受访者，你都记录了他或她对男性与女性身高差异的看法。在样本中，你发现人们观念中认为的身高差的平均值是6英寸。因此，受访者观念中认为男性比女性高6英寸。样本标准差是4英寸。

A.计算样本均值的标准误。

B.用±2拇指法则，计算95%的置信区间。

C.若真实的性别间身高差异是5英寸。你能从你的样本中推论说人们在观念中认为的身高差要比实际存在的身高差更大吗？请解释。

6.以下的每一个比例都是基于调查回复计算的。对每一个比例，请用±2拇指法则来计算其95%置信区间。

A.当问及他们是否满意他们的收入状况时，29%的人说"非常满意"（$n=121$）。

B.当问及人们是否可被信任时，32%的人说"是"（$n=100$）。

C.在接受调查的所有个体中，40%的人现在仍居住在16岁时就居住的城市（$n=225$）。

＊ 1英寸=25.4厘米

注 释

1.术语总体特征和总体参数是相同的,在本章中可以互换使用。

2.关于 1936 年《文学文摘》的调查已有许多著作、论文和讨论。参见 Maurice C. Bryson, "The *Literary Digest* Poll:making of a Statistical Myth", *The American Statistician* 30,no.4.(November, 76):184-185;Peverill Squire, "Why the 1936 Literary Digest Poll Failed", *Public Opinion Quarterly* 52,no.1(Sping, 1988);125-133.也可参阅 Thomas B. Littlewood, *Calling Election:The history of Horse-Race Journalism*(Notre Dame,Ind.:University of Notre Dame Press,1998). Bryson 和 Squire 认为回复偏差的问题比选择性偏差更为严重。

3.当然,对于大的总体来说,完全随机抽样是不切实际的,但研究者们已为大样本的抽样框架设计了一些基于随机要求的抽样技术。我们可以在下列书中发现一种极佳的处理方法:Herbert Asher, *Polling and the Public:What Every Citizen Should Know*, 6th, ed.(Washington,D.C.:CQ Press,2004).也可参阅 S.K.Thomson, *Sampling*(New York:Wiley, 1992).

4.图 6-2 和图 6-3 中呈现的模型是运用 Stata 软件中的 bxmodel 命令建立的(Version 1.2 January 31, 2006),该命令可参见 Philip B. Ender, Statistical Computing and Consulting UCLA, Academic Technology Services.

5.统计学家通常讨厌模糊,但这一拇指法则是可以被接受的,因为它是保守的:它稍微扩宽了 95%置信区间的随机误差的宽度。

6.通过将离均差平方的和除以 $n-1$,而不是 n,我们能用已知规律,通过校正样本方差来估计总体方差,使其更精准。这一校正对小样本(n 值较小)的影响比对大样本(n 值较大)的影响更为显著。

7.正态估计法可用于样本 $n=100$ 或更大的样本规模。参见 David Knoke, George W.Bohrnstedt and Alisa Potter Mee, *Statistics for Social Data Analysis*, 4th ed.(Blemont, Calif.:Wadsworth/Thomson,2002),128.

第7章 显著性检验与相关性测量

学习目标

在本章中你将学到:

- 两个变量之间的关系是如何受到随机抽样误差影响的
- 如何使用非正式检验做关系推论
- 如何使用正式检验做关系推论
- 相关性测量是如何度量经验关系的强度的
- 应使用何种相关性测量进行政治分析并解释结果

在第 6 章,我们讨论了推论的基本原理,并对推论统计在检验总体均值上的作用做了简短的论述。在这一章里,我们将阐明如何使用推论性统计来检验假设。例如,请考虑这个假设:在对个人的比较中,女性在感情温度计上愿意给予民主党的热度比男性愿意给予的要高。使用一组抽样样本,我们进行了以下分析:按性别即自变量把样本一分为二,然后对两组样本的因变量值即民主党感情热度的均值进行比较。假定我们发现女性的热度为 61,而男性为 56。于是,在女性和男性受访者之间就出现了 5 度的差距。无论如何,这就是我们在抽样样本中所观察到的差距。然而,抽样样本的女性和男性这一差别,究竟在多大程度上反映了总体(从中我们抽取到了我们的样本)中的女性和男性的真实差距? 停下来好好地思考一下这个问题。你注意到这个问题和第 6 章讨论过的抽样与推论问题的相似点了吗?

在研究一个自变量和一个因变量的关系的推论性问题时,你在第 6 章学到的逻辑能直接派上用场。你已经知道样本均值的标准误差——样本均值随机偏离总体均值的程度。在这一章里,你将学习到,正如一个均值包含随机抽样误差一样,两个均值之间的差也包含随机抽样误差。正如标准误差适用于估计不可见的总体的可能边界一样,两组样本差的标准误差统计也适用于估计总体的差,而且正如研究者可使用正态分布或学生 t-分布检验关于总体均值的假设判断一样,研究者也可使用同样的工具检验关于两个变量在总体中关系的假设判断。因此本章所要讨论的内容均建立在你已学过的技能之上。

　　这一章还在两个方式上专注于并拓展你的统计技能。首先，我们更直接地把研究的焦点聚集在统计显著性的检验上。**统计显著性检验**（test of statistical significance）帮助你决定，你所观察到的自变量和因变量的关系是否也存在于总体之中，或者说，它是否产生于随机抽样的过程？其次，通过某些更广泛运用的关于相关性的测量，我们来讨论如何测度自变量和因变量的关系强度。**相关性测量**（measure of association）告诉我们一个自变量在多大程度上能用于解释因变量。

统计显著性

　　让我们从上面描述过的发现谈起——对民主党的评价，在女性（给分 61）和男性（给分 57）之间有 5 分的差距。因为这个差距符合我们的期待，因此，我们的假设，女性确实比男性更高地评价民主党，似乎就站得住脚了。但是，请采取怀疑的立场。设想在总体中性别和民主党评分之间并无关系存在。设想我们能测量总体中的所有女性和所有男性，然后计算女性和男性总体的评分均值之差，我们得到的结果是 0，无性别差距。

　　这种怀疑的设想被称为**零假设**（null hypothesis），并在假设检验中扮演至关重要的角色。零假设说的是，在总体中自变量和因变量之间不存在关系。也就是说，在样本中观察到的任何关系都是由随机抽样误差造成的。因此，零假设在两个方面上自证其名：在总体中不存在任何关系；在样本中发现的表面上存在的关系，均是由产生样本的随机过程导致的。零假设被记为 H_0。它提醒我们观察到的关系可能是由随机抽样误差造成的。我们构建的那个假设，即认为在性别与政治温度之间有关系的假设，被视为**备择假设**，标记为 H_A。如果要对 H_A 有信心，那么，我们必须证明事件的 H_0 版本——所发生的一切都是随机性的——是充分不合理的。表 7-1 展示了这一推理的张力。

　　表 7-1 的列标题反映了在看不到的总体那里真实发生的情况。零假设可以是事实上正确的，或者它也可以是事实上错误的。表的各行传达了我们通过观察存在于样本里的关系所做的推论。基于样本，研究者可做出不拒斥零假设的决定，也可做出拒斥零假设的决定。显然，每个研究者都希望对有关的数据做出正确的推论：当零假设错误时拒斥它，当零假设正确时不拒斥它。但是，推论出错有两个方式。当总体事实上不存在的关系，研究者却下结论在总体中存在这一关系时，就会发生**类型Ⅰ错误**（Type Ⅰ error）。当总体事实上存在的关系，研究者却推论在总体中不存在这一关系时，就会发生**类型Ⅱ错误**（Type Ⅱ error）。

表 7-1 类型 I 和类型 II 错误

基于样本数据做的推论决定	在总体中,H_0 是真的? 或 H_0 是假的?	
	H_0 是真的	H_0 是假的
不拒斥 H_0	正确的推论	类型 II 错误
拒斥 H_0	类型 I 错误	正确的推论

很简单,如果能洞悉总体,我们就总能做出正确的推论。显然,在样本中发现的任何关系——5 分、15 分、50 分或任何什么政治温度均值差——可能是在我们随机抽取样本时所意外产生的东西。因为我们是在一个不确定的环境下运作,所以在做推论决定时需要保守些,有一切可能的机会让随机因素对观察结果做出解释。于是,我们给予 H_0 以特权地位,全力以赴避免产生类型 I 错误。为做到这一点,我们采取能够使类型 I 错误发生概率最小化的决策规则。

我们总是从设想随机抽样误差解释了我们观察的结果开始的。换言之,设想零假设是真的,并且为拒斥它设置一个相当高的门槛。最低的标准是 0.05 **的显著性水平**(0.05 level of significance)。如果我们决定拒斥 H_0,我们要把犯类型 I 的错误控制在不多于 100 次出现 5 次的水平。用随机误差的语言来说,0.05 的门槛规定了 H_0 和 H_A 的推论命运:如果 H_0 是真的,我们凭机运在样本中获得这一关系的次数是多少? 如果回答是"在 100 次中大于 5 次",那么,我们就不拒斥零假设。这也就是说,如果存在一个可能的概率——定义为超过 5% 的概率——随机抽样误差会在这一概率上产生我们在样本中见到的关系,那么,我们不拒斥 H_0。如果回答是"100 次中有 5 次或更少"的话,我们拒斥零假设。这也就是说,如果随机抽样误差不太可能——定义为 5% 或更低的概率——产生该关系的话,那么,我们拒斥 H_0。

对于性别与民主党评价的关系而言,零假设说的是总体中的均值差距等于 0,观察到的 5 分的差距仅仅代表了随机抽样中偶然性的产物。随机过程产生观察到的差距,是 100 次中多于 5 次吗? 100 次中有 5 次? 或者更少? 我们如何用 0.05 的门槛进行检验? 答案取决于一个熟悉的因素:随机误差。

比较两组样本均值

尽管我们现在处理的是两组样本的均值,一组基于女性受访人,另一组基于男性受访人,但是随机误差背后的逻辑与之前并无差异。在第 6 章,我们看到了一个单独的样本均值 $\bar{x}$ 等于总体均值,加上或减去一定的随机误差。这个误差的规模取决于两个构成因素:样本的规模 n 和总体的标准差 σ。因为总体的标准差通常是未知的,我们用样本的标准差 s 取代 σ。均值的标准误等于它的标准差除以 n 的开平方,即 $s/\sqrt{n}$。同样的逻辑也适用于两组样本均值的差。两组样本的均值差等于总体中存在的真实但未观察到的差,加上或减去一定的随机误差。这个误差有多大?

　　请看表 7-2,该表显示了对成年美国人随机抽样形成的 625 个妇女和 553 个男子的民主党温度平均值等相关统计数据。平均而言,女性给予民主党的分数为60.5分,而男性为55.9 分,两个平均值的差为 4.6 分。这些平均值的标准误是以我们现在已经很熟悉的方式得出的:把各组样本的标准差除以样本量的平方根。因此,女性样本均值的标准误是1.00,男性样本均值的是 0.98。到此为止,我们一直是在我们很熟悉的区域内讨论。这两个均值标准误——1.00 于女性样本之均值,0.98 于男性样本之均值——提供了拒斥零假设的初步证据。我们这样说理由何在? 运用中心极限定理和±2 的大拇指规则。如果我们从女性总体中无限次抽取样本,那么,在这些样本中只有 2.5% 会产生 60.5 减去两个标准误的样本均值:$60.5 - 2(1.00) = 58.5$。余下的 97.5% 的样本均值将产生大于 58.5 的评价均值。于是,我们可以合理地说,58.5 这个数值代表了总体中的妇女对民主党的最低限度的评价均值。同样,如果我们从男性总体中无限次抽取样本,那么,在这些样本中只有 2.5% 会产生 55.9 加上两个标准误的样本均值:$55.5 + 2(0.98) = 57.9$。余下的 97.5% 的样本将产生小于 57.9 的评价均值。于是,57.9 这个数值代表了总体中的男子对民主党的最高限度的评价均值。如果女性的最低均值是 58.5,男性的最高均值是 57.9 的话,那么,真实的均值差等于 0(这是零假设最青睐的数值)就是非常不可能的事了。

表 7-2　按性别分民主党评价温度均值

性别	样本均值	样本均值的标准误	标准误的平方
女性	60.5	1.00	1.00
	(625)		
男性	55.9	0.98	0.96
	(553)		
均值差	4.6		
标准误平方和			1.96
均值差的标准误			1.40

资料来源:密歇根大学政治研究中心,《全美选举研究,2004:选前和选后调查》(计算机文档)。ICDSR0424-V。安娜堡:密歇根大学政治研究中心(制作者),2004。政治和社会研究校际协同体(发行者),2004。

注:括号内为样本数。女性均值的标准方差等于 24.9。男性均值的标准方差等于 23.1。

　　为了判断上述统计证据是否为拒斥零假设提供了初步的支持,还需要对均值差的标准误做一番更加正式的推导。为了计算两个样本均值**差异的标准误**(standard error of the difference),按以下步骤进行:

1.把每个均值的标准误平方化。如表 7-2 所示,女性均值标准误的平方等于 1.00。男性均值标准误的平方等于 0.96。

2.把平方化的标准误加总。在本例中:1.00+0.96=1.96。

3.把第二步得到的合计值开平方:$\sqrt{1.96}=1.40$。

因此,女性均值和男性均值的差的标准误等于 1.40。让我们想一想如何使用这些信息并使用 0.05 的显著性检验水平来检验零假设。我们在因变量上获得 4.6 分的均值差。零假设声称,在总体中女性和男性在政治温度表上没有差距,即两者之间的真实均值差为零。如果零假设是正确的,随机抽样因偶然产生 4.6 的均值差的概率是多少?如果回答是"大于 5%",那么,我们就不能拒斥零假设。如果回答是"5% 或更少",那么,我们就可以拒斥零假设。

有两个运用 0.05 的显著性标准(也可以是任何显著性标准)的方式。在**置信区间方法**(confidence interval approach)中,研究者使用标准误确定总体中最小可能均值差。如果最小可能均值差大于 0,那么,零假设就能被拒斥。如果最小可能均值差等于或小于 0,那么,零假设就不能被拒斥。在 **P-值方法**(P-value approach)中,研究者本着零假设是正确的设想,确定观察均值差可获得的准确概率。如果概率值,即 P-值,小于或等于 0.05,零假设即可被拒斥。如果 P-值大于0.05,零假设不能被拒斥。

正负 2(±2)的大拇指规则是一个非正式但却有效的置信区间方法。如你所知,这个规则的道理根植于正态分布曲线的关键值之一 1.96 的四舍五入。在正态分布中,95% 的个案分布于均值之下的 1.96 个单位和均值之上的 1.96 个单位之间。把这个规则运用于我们的例证:总体中的女性和男性的真实均值差,有 95% 的概率落于样本均值差 4.6 减两个标准误和 4.6 加两个标准误所围成的区间。下限等于 4.6-2(1.4)=1.8。上限等于 4.6+2(1.4)=7.4。因为 H_0 断言均值差即总体的均值差等于 0,而它已经低于下限 1.8,所以拒斥零假设是安全的。

在实践中,许多研究者一旦获得样本的统计数据和标准误之后,就会运用统计显著性目测检验法。按照这个非正式检验方法,如果样本均值差至少是它的标准误的 2 倍,那么,检验结果就将超过 0.05 的门槛,H_0 就能被拒斥。例如,既然 4.6 比 1.4 的 2 倍还要大,那么,4.6 的样本均值差就能通过目测检验。这是一个正确的逻辑,它不会把你导向错误的方向。正如我们即将谈到的道理所表明的,这个不正式的检验超过了 0.05 的标准,其检验更有利于维持 H_0。

当使用 ±2 的大拇指规则做非正式的目测检验时,我们发现的是随机抽样误差的上限和下限。总体的真实均值差低于 1.8 下限的概率为 0.025,而高于 7.4 上限的概率也是 0.025。这一非正式检验所运用的是所谓**统计显著性双尾检验**(two-tailed test of statistical significance)。通过发现随机抽样误差的上限和下限,这个检验把拒斥零假设的 0.05 区间一分为二,并报告以下两个值:0.025 部分的曲线大于第一个值,0.025 部分的曲线小于第二个值。不过,请注意,在这里上限之上的曲线部分,与我们的备择假设,即用于反对零假设而检验的假设无关。我们不在乎总体中的差距是否大于 7.4。零假设的判定不需要借助随机误差的上限。H_0 完全是以 0.0 为界的统计领地的守卫者。因此，我们所需要的，不是发现上下限，并把0.05的拒斥区间一分为二。我们需要发现的仅仅是下限，总体中女性均值和男性均值可能的最低之差。如果这个界限大于 0，我们击败 H_0，并对自变量和因变量在总体中是相关的这一点获得了信心。

在大多数你所能遇到的研究场合，0.05 门槛是标准，并且惯例做法是使用**统计显著性单尾检验**（one-tailed test of statistical significance）。在进行统计显著性的单尾检验时，我们并非把 0.05 一分为二，然后发现信心的上下边界。我们所做的是把整个拒斥区间置于零假设的领地，即那个包含了总体中的差距为 0 的曲线区间。通过把推论决定转向曲线的 H_0 一侧，我们可以提出以下的问题："总体中的差距可能低到 0 的概率是多少？"在正态的估计中（这些估计在样本达到相当的规模时即可合理地采用），标志单尾的 0.95 和 0.05 边界 Z 的绝对值是 1.645。因此，可能的最低差距可定义为样本统计值减去 1.645 个标准误。如果这个值大于 0，那么，我们可拒斥零假设。在我们的例子中，这个下限应为 4.6 减去 1.645×（1.4），它等于 4.6 减去 2.3，也即 2.3。于是，对于总体中的女性和男性来说，对民主党评价的可能的最低之差等于 2.3。因为 2.3 大于 0，所以我们能够拒斥 H_0。注意，0.05 边界即 2.3 比 0.025 的边界 1.8 离 H_0 的基线更远，对备择假设，后者提供了比前者更为严格的检验。

当计算两组样本的统计差时，我们有时获得的是一个正数，如上述例子表明的那样。但在其他的时候，我们计算所得的差是一个负数。学生有时会对两个样本的统计差是负数时如何使用单尾 1.645 规则感到困惑。记住，正态曲线完全是对称的。当 $Z = -1.645$ 时，0.05 的曲线位于 Z 之下，0.95 的曲线位于 Z 之上；当 $Z = +1.645$ 时，对称性正好倒置，0.95 的曲线位于 Z 之下，0.05 位于 Z 之上。因此，从决定统计显著性这唯一的目的看，我们可以完全忽略样本差的正负号，而只处理其绝对值。遵循以下步骤：

　　1.把样本差的标准误乘以 1.645。

　　2.把样本差的绝对值减去第 1 步所得的值。

　　3.如果结果大于 0，拒斥 H_0。如果结果不大于 0，不拒斥 H_0。

统计显著性的置信区间方式用起来方便，且只需最低限度的计算，但却较粗糙。一个更加精致的确定统计显著性的方法，是发现在样本统计和 H_0 所假设的总体属性（population parameter）之间有几个标准误，然后再计算出当 H_0 是真的情况下获得这一差距的概率。这个方法为所有的计算机统计软件所采用，因此，理解其所涉及的原则至关重要。

为计算当真实的总体是 0，获得一个既定的样本差的准确概率是多少，我们需要了解 3 件事：与备择假设 H_A 相关的差；零假设 H_0 声称的差；给定样本差的标准误。这些信息使我们得以计算**检验统计**（test statistics），而后者准确地告诉我们在样本差和 H_0 所声称的 0 之间隔了几个标准误。对任何检验统计通用的公式为：

$$检验统计 = \frac{H_A - H_0}{样本差的标准误}$$

H_A 是观察到的样本差,H_0 是设定的总体中的差(等于 0),样本差的标准误的内容如前所述。研究者使用的具体检验统计将取决于我们所做的估计的类型。如果我们使用的是正态估计,那么,检验统计是以 Z 单位的形式表现出来的:

$$Z = \frac{H_A - H_0}{样本差的标准误}$$

如果我们使用学生 t-分布(student's t-distribution),那么,检验统计以 t 单位的形式表现出来:

$$t = \frac{H_A - H_0}{样本差的标准误}$$

哪一个检验统计合适?作为一个统计问题,正态估计可用于 $n = 100$ 或更多的样本。[2] 作为一个实践问题,大多数统计分析软件提供了学生 t-分布统计。让我们使用上述例子来演示两种估计方法。我们先看 Z 方法。在正态估计下:

$$Z = \frac{H_A - H_0}{样本差的标准误}$$
$$= \frac{4.6 - 0}{1.4}$$
$$= 3.3$$

于是,在我们所观察到的差 4.6 和零假设所断言的差 0 之间,有 3.3 个标准误的距离。是的,我们再一次看到结果对零假设不利。但是,不利到何种程度? 如果总体的差确实是 0,那么,仅凭偶然我们观察到样本差为 4.6 的概率究竟有多大? 大多数统计软件以报告 P-值的方式来回答这个问题。P-值,或概率值,是对位于 Z 的绝对值之上的曲线区域的准确测量值。如果 P-值大于 0.05,我们不能拒斥 H_0。如果它小于或等于 0.05,我们能够拒斥 H_0。Stata 这个非常普及的软件对 $Z = 3.3$ 的输出 P-值为 0.000 5。如果零假设是真的,那么,所观察到的自变量和因变量的关系因随机抽样误差而偶然产生,10 000 次中仅可能有 5 次。使用目测检验法,我们已知 P-值小于 0.025。计算机则给我们更为精确的统计结果。零假设代表一个极其遥远的随机事件。因此,拒斥 H_0。

对于大样本而言,正态分布和 t-分布几乎是等同的。即便如此,计算机程序通常报告的是与学生 t-分布检验统计相关的 P-值。这一检验统计有时被称为 t-**比值**(t-ratio),其计算方式与 Z 一样:

$$t = \frac{H_A - H_0}{样本差的标准误}$$
$$= \frac{4.6 - 0}{1.4}$$
$$= 3.3$$

但是,与正态曲线不同,$t=3.3$ 的 P-值将取决于自由度。如我们在第 6 章里看到的,一个样本的均值的自由度数目等于样本规模 n 减 1。在比较两个样本均值时,自由度数目等于第一个样本规模加第二个样本规模减 2。根据表 7-2,女性样本有 625 个人,男性样本有 553 人。因此,对检验统计 3.3,其自由度为 $625+553-2=1\,176$。仿佛是要确认学生 t 的大样本与 Z 是天然血亲一般,Stata 对 t-比值为 3.3 并具 1 176 自由度给出的 P-值为 0.000 5。因此,拒斥 H_0。

比较两个样本比率

运用于两个样本均值比较的原则同样也适用于两个样本比率的比较。这也不是特别奇怪,如果考虑在统计的意义上样本比率**就是**样本均值这一事实的话。[4] 为阐明两者之间的相似性,让我们考虑另一个关于性别差异的假设:在对个人的比较中,妇女比男人更赞同允许同性伴侣领养孩子的法律。表 7-3 展现了一个交叉列表分析的结果:按自变量受访者性别来看,因变量即受访者是否赞同允许同性恋伴侣领养孩子的分布。展现的数据与假设一致吗? 看起来像是。沿各列阅读因变量取值为“是”的一行,54.1% 的妇女赞同,而男人只有 44.8%,相差 9.3 个百分点。以比率的方式来表现为:0.541 减去 0.448,即 0.093。零假设这时又会不厌其烦地出来声称,0.093 这一样本差距是随机抽样误差的结果,而总体的真实差距为 0.000。于是,这里的推论问题变成:假定零假设是正确的,我们观察到的样本差距为 0.093 的概率有多大? 回答再次取决于标准误的大小。

表 7-3　按性别分对同性恋伴侣领养孩子的意见

赞同同性恋伴侣领养吗?	性别		合计
	女	男	
是	54.1%	44.8%	49.7%
	(285)	(217)	(502)
否	45.9%	55.2%	50.3%
	(242)	(267)	(509)
合计	100.0%	100.0%	100.0%
	(527)	(484)	(1 011)

资料来源:2004 全美大选研究。

注:问题:“你认为男或女同性恋伴侣,即同性恋伴侣,应允许合法地领养孩子吗?”

第 6 章介绍了对样本比率的常规命名方法。小写字母 p 代表落入一个变量的某一个值的个案所占的比率,字母 q 代表落入这个变量的其他值的个案所占的比率。比率 q 被称为 p 的补集,等于 $1-p$。为了不混淆女性样本统计和男性样本统计,使用不同的下标:用 p_1, q_1, n_1 来指称女性样本,用 p_2, q_2, n_2 来指称男性样本。对于表 7-3 的女性样本而言,$p_1=0.541, q_1=0.459$ 和 $n_1=527$。对于男性而言,$p_2=0.448, q_2=0.552$ 和 $n_2=484$。为了求出两组比率之差的标准误，把 6 个数字填入公式：

$$比率差的标准误 = \sqrt{\frac{p_1 q_1}{n_1} + \frac{p_2 q_2}{n_2}}$$

表 7-4 以表格的形式呈现了为确定支持同性恋伴侣领养孩子的女性和男性比率差的标准误而进行的相关计算。女性的比率 $p_1$0.541 和男性的比率 $p_2$0.448 出现在左侧一栏，两者之差 0.093 在这一栏的底部。两个补集（q_1 和 q_2）出现在下一栏。注意，最右边的一栏被命名为"标准误平方（pq/n）"。把 p 乘以 q，然后再除以样本数，实际上导出的是每个比率的标准误平方。[5] 于是，比率差的标准误的导出直接类似于均值差的标准误的导出：对标准误的平方求和再开平方。在当下的这个例子中，我们发现样本的比率差为 0.093，其标准误等于 0.031。

表 7-4　按性别分赞同同性恋伴侣领养孩子的比率

性别	样本比率 p	样本比率的补集 q	标准误平方 $\dfrac{pq}{n}$
女	0.541 (527)	0.459	0.000 47
男	0.448 (484)	0.552	0.000 51
比率差	0.093		
标准误平方和			0.000 98
比率差的标准误			0.031

资料来源：2004 全美大选研究。

注：个案数见于括号中。

这个公式蕴含了以下步骤：

1.把各个比率 p 乘以其补集 q，并把乘积除以样本数。对女性样本：$0.541 \times 0.459/527 = 0.000\ 47$。对男性样本：$0.448 \times 0.552/484 = 0.000\ 51$。

2.把步骤 1 得出的两个数字相加。把女性数和男性数相加：$0.000\ 47 + 0.000\ 51 = 0.000\ 98$。

3.把步骤 2 得出的数字开平方。在本例中：$\sqrt{0.000\ 98} = 0.031$。

我们观察到的比率差 0.093，以非正式的目测检验，能通过检验吗？是的，它通过了，因为 0.093 至少是其标准误 0.031 的 2 倍。用 1.645 检验情况如何？为了发现支持同性领养孩子的女性和男性比率可能的最小差，我们首先把 1.645 乘以标准误：$1.645 \times 0.031 = 0.051$。然后，我们把这个数从样本比率差中减去：$0.093 - 0.051 = 0.042$。因为 0.042 大于 0，我们知道，样本差凭偶然出现的概率 100 次抽不到 5 次。那么，与这个样本比率差相关的准确的概率，即 P-值是什么呢？使用正态估计：

$$Z = \frac{H_A - H_0}{\text{样本差的标准误}}$$

$$= \frac{0.093 - 0}{0.031}$$

$$= 3.0$$

　　计算机给出 $Z = 3.0$ 的 P-值为 0.001 3。如果零假设是正确的,那么,偶然产生样本差为 0.093 的概率为 1 000 次中出现 1 次略多。因此,拒斥 H_0。

卡方显著性检验

　　你现在已熟悉最常见的统计检验——对两个均值的比较和对两个比率的比较。关于个案在因变量值上是如何分布的,还有一个不同于上述检验但同它们互相补充的检验。**卡方显著性检验**(chi-square test of significance)决定了观察到的样本的分布与假定零假设正确时我们所期待的分布,是否有着显著的不同。卡方(标记为 χ^2)检验由英国统计学家卡尔·皮尔逊于 1900 年提出,它是仍在使用中的最古老的统计检验。[6] 它很简单却多能,这两个特点决定了它的长寿。

　　卡方也许是交叉列表分析中最常见的统计检验。它之所以在服务这个目的上特别有用,是因为在决定统计显著性时,它把交叉列表中的所有数据都考虑了进来。它并不对两个均值或比率的具体差距进行估计。这使它易于分析具有多个种类或价值的定类或定序变量之间的关系。为阐释卡方检验,让我们考察这样一个假设:在对个人的比较中,女人比男人更可能赞同使用外交而非军事武力解决国际问题。

　　表 7-5 建构了一个为检验这一假设的交叉列表。自变量(性别)的值按列排布,因变量(关于外交和军事武力的意见)按行排布。不过,现在请你暂且忽略表的主体,即个案在"女性"和"男性"两列上的分布。先完全集中看最右的"合计"一列,该列显示了所有1 041 个样本个案的分布。零假设就蕴含于这一列中。在卡方检验那里,零假设讲的是表中各列的个案分布,应与样本的全部个案的总分布一致。例如,根据这一推理,如果在所有的受访者中有 40.4% 落入"外交"范畴,那么,在 530 个女性受访者中应有 40.1% 的人持这个观点,同理,在 511 个男性受访者中也应有 40.1% 这样做。零假设把这无情的同一逻辑运用于因变量的每一个值。既然总体而言,25.6 的样本总体落入因变量的"中庸"范畴,那么,25.6% 的女性受访者和 25.6% 的男性受访人也应被预期持同样立场。再者,既然 33.9% 的样本个案说使用"武力",那么,两个性别的样本个案也应分别有 33.9% 给出这一反应。当然,如通常那样,零假设把它的赌注放在这一点上:任何脱离这一期待模式的观察值均可被随机抽样误差所解释。

　　思考一下这种特殊的零假设形式。H_0 提供了这样一种观点:在总体中,性别与关于解决国际问题的意见两个变量彼此之间毫无关系,一者的价值与另一者没有关系。因此,无论你怎样对随机抽样的样本分组——分成 530 或 511 的较小群组或以任何方式划分——你都可期待出现同样的模式,与你在样本总数那里看到的个案分布一样。备择假设(H_A)说的是,在总体那里,两个变量彼此之间有众多关联,一个变量(关于外交和武力的意见)的值依赖于另一个变量(性别)的值。因此,H_0 和 H_A 的对峙集中在 H_0 的期待能在多大程度上经得起观察到的数据的考验。

表 7-5　按性别分外交还是军事武力的意见分布

赞同外交或武力	性别		合计
	女性	男性	
外交	46.2%	34.4%	40.4%
	(245)	(176)	(421)
中庸	23.6%	27.8%	25.6%
	(125)	(142)	(267)
武力	30.2%	37.8%	33.9%
	(160)	(193)	(353)
合计	100.0%	100.0%	99.9%[a]
	(530)	(511)	(1 041)

资料来源:2004 年全美选举研究。

注:问题:"有些人相信美国应通过外交和其他国际压力手段解决国际问题,唯有在绝对必要时,才使用军事武力。假设我们把这些人置于量表的"1"一端。另有一些人相信外交和压力经常失败,美国必须做好使用军事武力的准备。假设我们把这些人置于"7"的位置。当然,还有人落在这两个极端位置之间,即落在 2,3,4,5 和 6 之上。你愿意把你自己放在这个量表的何处? 或者,你有没有好好地想过这个问题?"外交"在这里被定义为 1~3 的量表位置;"中庸"为位置 4;"武力"为 5~7 的量表位置。

a　因四舍五入,加总不等于 100.0%。

卡方建立在两个数之差的基础上:观察到的频数,即落入交叉列表的各单元格的个案的实际数;期待的频数,即如果 H_0 是正确的,应落入各单元格的假设个案数。对任何一个给定的格子,其所观察到的频数标记为 f_o。例如,在表 7-5 中,有 245 个人落入"女性-外交"一格中。因此,这一格的 f_o 就是 245。任何给定的格子的期待频数,即零假设所声称的应落入这一格的频数被标记为 f_e。我们应如何计算这个假设的频数? 检视所有个案落在因变量各值上的频数,根据零假设,我们应看到有 40.4%(0.404)的样本落入"外交"的范畴。于是,按照 H_0 的逻辑,530 个女性的 40.4%,应落入"外交"的范畴。因此,把 0.404 乘以 530 个人,即大约 214 个人,应落入这一格,如果零假设是正确的话。现在,我们看到了卡方检验统计的基石,观察频数和期待频数之差:f_o 减 f_e。对"女性-外交"这一格,这个差是 245 减 214,即 31。因此,在这一格上,无论如何,零假设脱靶了 31 个个案。在"外交"这一范畴上,与依据零假设所做的期待相比,我们多了 31 个女性。

f_o 与 f_e 之差是卡方检验统计的出发地。不过,在计算卡方时,需要更多的步骤。同时,卡方统计检验与我们此前讨论过的检验公式大不一样:

$$\chi^2 = \frac{\sum (f_o - f_e) \times 2}{f_e}$$

在我们解释如何运用这个公式之前,先看看 f_o 与 f_e 之差所扮演的核心角色。注意,如果零假设对总体的期待或多或少是准确的(即如果 $f_o - f_e$ 接近 0),那么, χ^2 是一个较小的数。然而,真实世界的状况离 H_0 的模型世界越远, χ^2 的数值越大,而我们就可开始琢磨拒斥零假设的主意了。我们如何获得卡方检验统计?

根据这个公式,我们可通过下面 5 个步骤获得对整个交叉列表的卡方检验统计(为陈述方便,出现在解说中的所有的数字都四舍五入化了。更加精确的计算见表 7-6)。

1. 找出每个格子的期待频数。如表 7-6 所示,我们可通过把合计一列中每一范畴的比率,运用于依自变量划分的、相应的因变量的每一范畴来完成这个步骤。例证:因为 0.339 的全样本落入因变量的"武力"的范畴,那么,"女性-武力"一格的期待频数 f_e 就应当是 0.339 乘以 530,约等于 180。[7]

2. 在每一格,把期待频数从观察频数中减去。例证:"女性-武力"一格的 f_o 等于 160, f_e(得自于第 1 步)等于 180。从 160 中减去 180 等于 -20。

3. 把每一格这样求出的数字平方化。例证:把 -20 平方得 400。

4. 把第 3 步骤得出的数除以期待频数 f_e。例证:400 除以 180 等于 2.2。

5. 把所有格子按上述步骤计算得出的第 4 步结果加总,即获得卡方检验统计。

表 7-6 按性别分外交还是军事武力的意见卡方检验

赞同外交或武力		性别	
		女性	男性
外交	观察频数 f_o	245	176
	期待频数 f_e	214.3	206.7
	$f_o - f_e$	30.7	-30.7
	$(f_o - f_e)^2$	942.5	942.5
	$(f_o - f_e)^2 / f_e$	4.4	4.6
中庸	观察频数 f_o	125	142
	期待频数 f_e	135.9	131.1
	$f_o - f_e$	-10.9	10.9
	$(f_o - f_e)^2$	118.8	118.8
	$(f_o - f_e)^2 / f_e$	0.9	0.9
武力	观察频数 f_o	160	193
	期待频数 f_e	179.7	173.3
	$f_o - f_e$	-19.7	19.7
	$(f_o - f_e)^2$	388.1	388.1
	$(f_o - f_e)^2 / f_e$	2.2	2.2

资料来源:2004 年全美选举研究。

表 7-6 展现了性别-外交意见的逐格的卡方检验统计的基石。各单元格的第一个数 f_o 是在样本数据中出现的实际个案数,第二个数 f_e 是 H_0 所期待的个案数。其余的数值显示了计算的各个步骤:f_o 和 f_e 之差,这个差的平方,这个平方差除以 f_e。注意出现在 "f_o-f_e" 格子中的形态。零假设低估了女性落在"外交"这个范畴的数目(且高估了男性的数目)。并且,H_0 高估了落在"武力"这个范畴的数目(且低估了男性的数目)。样本的总形态看来更适合 H_A 而非 H_0。表 7-6 的数据能拒斥零假设吗?

卡方检验统计是通过把各单元格的计算结果加总获得的。表 7-6 是:4.4+4.6+0.9+0.9+2.2+2.2=15.2。零假设说,把每一格的离差平方并除以 f_e,然后把这些数目加总,我们应得到一个接近 0 的结果,另加随机抽样误差。但是,在表 7-6 中,计算得出的卡方值是 15.2。这个值看来又是一个不利于 H_0 的数字。一个通过如此计算获得的卡方值的随机抽样误差的边界在哪里?

χ^2 统计有其自身分布,但它的推论解释方式与 Z 值或 t 值分布大体相似:它的值越大,因偶然得到的结果的概率就越低。但是,标志着 0.05 门槛的准确 χ^2 值是不固定的。而是如学生 t-分布一样,取决于自由度。在卡方那里,自由度的数目是由交叉列表中的列和行的数目决定的。具体而言,它的自由度数目是由交叉表中的行数减 1 乘以列数减 1 决定的:

$$自由度数目 = (行数 - 1) \times (列数 - 1)$$

于是,表 7-6 有 $(3-1)\times(2-1) = 2$ 个自由度。

现在,考察一下表 7-7,χ^2 关键值表。一个**关键值**(critical value)标出了随机误差的可能上限,从而定义了 H_0 的边界。一个具体的关键值取决于自由度(表 7-7 的左侧一列)和研究者选择的显著水平。在此例中,自由度为 2,且我们将运用的是 0.05 的标准。在自由度列中找到 2,并沿着 2 所在的行读到 0.05 列。关键值 5.991 告诉我们:如果零假设是正确的,即在总体中,性别与外交意见是彼此完全独立的,那么,我们凭偶然获得一个小于 5.991 的 χ^2,将不止于 100 次中出现 5 次。因此,零假设统治着从 0(卡方不能设想负值)与卡方关键值 5.991 之间的所有区域。对于任何落在这个区域即 0 到关键值之间的卡方检验统计来说,零假设均不可拒斥。但是,我们的 χ^2 检验统计 15.2 超过了关键值5.991。再一次,计算机能够准确地告诉我们,如果 H_0 是真的,我们获得如此之大的值的机会是多少。Stata 给出的与 15.2(且有 2 个自由度)对应的 P-值是 0.000 5。如果零假设是真的,那么,随机抽样误差造成的所观察到的自变量与因变量关系的机会是 10 000 次中出现 5 次。因此,拒斥 H_0。

表 7-7　χ^2 的关键值

自由度	关键值右侧的区域			
	0.10	0.05	0.025	0.01
1	2.706	3.841	5.024	6.635
2	4.605	5.991	7.378	9.210
3	6.251	7.815	9.348	11.345
4	7.779	9.488	11.143	13.277
5	9.236	11.070	12.833	15.086
6	10.645	12.592	14.449	16.812
7	12.017	14.067	16.013	18.475
8	13.362	15.507	17.535	20.090
9	14.684	16.919	19.023	21.666
10	15.987	18.307	20.483	23.209
11	17.275	19.675	21.920	24.725
12	18.549	21.026	23.337	26.217
13	19.812	22.362	24.736	27.688
14	21.064	23.685	26.119	29.141
15	22.303	24.996	27.488	30.578
16	23.542	26.296	28.845	32.000
17	24.769	27.587	30.191	33.409
18	25.989	28.869	31.526	34.805
19	27.204	30.144	32.852	36.191
20	28.412	31.410	34.170	37.566
21	29.615	32.671	35.479	38.932
22	30.813	33.924	36.781	40.289
23	32.007	35.172	38.076	41.638
24	33.196	36.415	39.364	42.980
25	34.382	37.652	40.646	44.314
26	35.563	38.885	41.923	45.642
27	36.741	40.113	43.195	46.963
28	37.916	41.337	44.461	48.278
29	39.087	42.557	45.722	49.588
30	40.256	43.773	46.979	50.892
40	51.805	55.758	59.342	63.691
50	63.167	67.505	71.420	76.154
60	74.397	79.082	83.298	88.379
70	85.527	90.531	95.023	100.425
80	96.578	101.879	106.629	112.329
90	107.565	113.145	118.136	124.116
100	118.498	124.342	129.561	135.807

卡方的适应性非常好。它可用于检验任何分类变量之间是否独立,无论这些变量是定类变量还是定序变量,以什么方式组合,不论交叉表的规模有多大。卡方还可用于检验一个变量的分布是否随机——或者是否不同于研究者所涉及的某个预期分布。乔治·伯恩斯太特(George Bohrnstedt)和大卫·诺克(David Knoke)举了出生月份的例子。[8]某些月份的出生数会比其他月份要多吗?在没有其他原因干扰的情况下,我们可期待个案在一年的 12 个月里平均分布。在一个随机抽样的个人样本里,我们可期待从 1 月到 12 月的每一个月都有十二分之一的人报告是自己的出生月。因此,如有一个 120 人的随机抽样样本,落入每个月的期待频数应当为 10。卡方正是以我们刚刚讨论过的方式,把这些期待频数分布与观察数据加以比较,并报告一个计算获得的 χ^2,这个统计值可与随机误差的可能边界进行比较(当我们检验一个变量的分布时,自由度数目就径直为分类数减 1。因为在本例中有 12 个月,所以自由度为 11)。伯恩斯太特和诺克的分析发现,不存在与期待模式具统计显著性的不同分布。[9]

尽管它很长寿,但是卡方也有其缺点。当期待频数很小(通常为 5 或更小)时,卡方就不能很好地运作。这个问题经常是通过整合那些带来麻烦的变量分类来解决的。统计学家还发展了其他方法来解决这个问题。[10]更普遍地说,卡方对样本的规模相当敏感。事实上,χ^2 与 n 的关系是一一对应的成比例关系。例如,如果我们把表 7-6 的观察样本扩大 1 倍,χ^2 统计也将扩大 1 倍,产生一个比原先要更加遥远的 P-值。因此,大规模样本经常产生统计上具显著性的结果,即便从实际的观点看,自变量和因变量之间的关系看起来相当之弱。记住,卡方就像任何显著性检验一样,能揭示的仅仅是观察结果凭偶然出现的概率。卡方并不为我们解释数据,它也不会给我们一个有关关系强度的直接读数。解释需要思维和想象,需要显著性检验没有提供的属性。并且,在关系强度这件事上,研究者还有其他的统计工具可用。

相关性测量

确定有趣关系的统计显著性是检验假设、探索解释的重要的第一步。相关性测量是研究者可用的另一个资源。相关性测量可发现自变量和因变量关系的强度。虽然统计显著通常是你对关系所要了解的主要问题,相关性测量总能增加解释的深度——而且它们还能成为检验假设的核心组成部分。设想你正在调查性别与党派的假设关系:妇女比男子更可能成为民主党人。虽然你期待这个关系在所有组别都存在,但你推理它在年轻人那里表现较强,在老年人那里表现较弱。因此,研究路径的第一站是发现,这一关系对各个年龄段的人是否在统计上显著。第二站是发现这个关系是否在年轻一代那里表现得更强。

统计学家已经发展出许多测量相关的工具。是否有的工具比其他工具更好？一个比较好的相关性测量有两个特征：第一，它使用**误差比率削减**（proportional reduction in error，PRE）方法来度量关系的强度。PRE 测量是一个变化幅度在 0 和 1 之间的基于预期的测量工具。这个测量的准确值告诉你，通过认知一个自变量比不通过认知这个自变量，你对因变量的预测能否改善多少。如果对自变量的认知，没有对预测因变量提供任何帮助，那么，PRE 统计将取值为 0。如果对自变量的认知使我们对因变量做出完美的预测，那么，PRE 统计取值将达到 1。第二，非对称性测量比对称性测量好。**对称相关测量**（symmetric measure of association）对预测方向不加辨别，视为等值，不管使用自变量预测因变量，还是用因变量预测自变量。与此相反，**非对称相关测量**（asymmetric measure of association）把自变量构建为原因变量，因变量构建为结果变量。由于非对称性测量更适宜于检验因果假设，因此，它们比对称性测量更好，后者在原因和结果问题上为盲眼状态。在以下的小节中，我们介绍两个非对称性 PRE 测量：Lambda 按设计是用于测量两个分类变量——至少其中之一是定类变量——之间的关系强度。Somers' d_{yx} 适用于测量定序变量的关系强度。[12]

Lambda

假定有人向你展示表 7-8 的上半部分，并请你就性别和枪支管制的关系做一个总结。显然，这个交叉列表并没有给出任何关于自变量的信息。但是，你仍旧能确定因变量：所有 1 514 个受访者在反对/赞同意见上的分布。你能进一步报告这个变量的众数"反对"，有 807 个受访者做出了这个反应。现在，假定仅仅根据这个信息，你随机每次抽出一个受访人，并尝试猜测被抽到的人的枪支管制意见。你预测什么更好，"反对"还是"赞同"？因为反对的多于赞同的，你的更好的猜测就是众数答复，"反对"。从长期的观点看，对每一次的随机单个抽样个案你猜"反对"的话，你将保证有 807 个正确的猜测。但是，对每一个不在众数范畴内的个案——总共有 707 个这样的个案，你每抽到一次，就将报告一次错误的猜测。在 Lambda 的逻辑里，707 这个数测量的是在不知道自变量的情况下的错误预测。**自变量未知情况下的预测错误**，是当我们使用因变量的总体分布作为预测工具的情况下产生的预测错误数量。

表 7-8 枪支管制态度与性别

禁枪?	性别		合计
	男性	女性	
不知自变量的情况下			
反对	?	?	807
赞同	?	?	707
合计	?	?	1 514
在知道自变量的情况下			
反对	449	358	807
赞同	226	481	707
合计	675	839	1 514

资料来源:斯蒂芬·罗森斯通、唐纳德·金德尔、瓦伦·米勒和美国全国选举研究,全美选举研究,1996:《选前和选后调查》,第 4 版(安娜堡:密歇根大学政治研究中心〔制作者〕),1999;政治和社会研究校际协同体(发行者),2000)。

注:问题:"你赞同还是反对除了发放给执法官员的枪以外禁止销售所有手枪?"

现在,假设你知道了有关自变量和因变量的关系信息,如表 7-8 的下半部分所示,该部分报告了按自变量性别分的对枪支管制的态度。注意,在男子中,有 449 人反对枪支管制(男子的众数反应),226 人赞同。在女性那里我们看到了一个不同的分布方式:481 表示赞同(为女性的众数反应),358 人反对。设想,基于因变量在自变量的范畴上是如何分布的知识——男子反对多于赞同,女子赞同多于反对,你随机地一次抽出一个样本,并尝试猜测各个受访者对枪支管制的态度。你更好的猜测是什么,"反对"还是"赞同"?对每个随机抽出的男子,猜"反对"有更大的胜算。这一策略保证你猜对 449 次。你仍将有错误的猜测:226 个男子的反应是支持枪支管制。对各个随机抽出的女子,你最好猜"支持"。基于你对枪支管制意见在女性中的分布,这样做将使你猜对 484 次,猜错 358 次。总体来说,这样做将产生多少个错误的猜测?答案是把男子 226 次加上女子的 358 次,226+358=584。在 Lambda 的逻辑里,584 这个数字测量了在知道自变量的情况下发生的预测错误。在知道自变量情况下的预测错误,是在使用因变量在自变量的各个范畴的分布为猜测工具下发生的错误数。现在,考虑以下的 Lambda 公式:

$$Lambda = \frac{在不知自变量情况下的预测错误 - 在知道自变量情况下的预测错误}{在不知自变量情况下的预测错误}$$

公式的分子为在不知自变量情况下的预测错误减去在知道自变量情况下的预测错误,即 PRE 的削减错误部分。如果自变量并没有提供多少改进的可能,即在有自变量知识的情况下所做的猜测错误,和在没有这一知识的情况所做的猜测错误差不多,那么,分子将趋近于 0。但是,如果通过知道自变量能减少许多预测错误,那么,分子的大小将向第一个数即在不知自变量情况下的预测错误靠近。在枪支管制这个例子里,在不知自变量的情况下有 707 个预测错误,在把自变量纳入考虑之后有 584 个猜测错误,预测的改进幅度为 707 减去 584,即 123。公式的分母是在不知自变量情况下的预测错误,把错误削减转换为比例,提供了 PRE 的比率部分。在枪支管制这个例子那里:

$$\text{Lambda} = \frac{707 - 584}{707} = \frac{123}{707} = 0.17$$

在只使用因变量信息为向导产生的 707 个错误中,自变量帮助我们挑出 123 个来,即 123/707,这个分数约等于 0.17。因此,自变量提供了 17% 的预测错误削减。

这是一个弱关系? 或者是温和的关系? 还是强关系? 在社会科学数据分析中,特别是对个体层次的数据分析中,大值的 PRE(如 0.5 或更大)是不常见的;更小的值(0.3 或更小)是更常见的。虽然一个自变量可以在预测因变量上起作用,但是通过把新的自变量加入考量,预测几乎总能获得改善。记住这些限定,以下陈述可作为我们标记 Lambda 统计强度的一个指南:

> 弱 =低于或等于 0.1
>
> 温和 =大于 0.1 但低于或等于 0.2
>
> 温和偏强 =大于 0.2 但低于或等于 0.3
>
> 强 =大于 0.3

根据这个指南,我们从表 7-8 获得的 Lambda 统计(Lambda = 0.17)落入"温和"的范围。

Lambda 的一个问题

Lambda 是基于简单的 PRE 模型之上的,它相当的直观明了。Lambda 对强度的测量,是通过把因变量的总体分布的预测力,与因变量在自变量的各个分类中的分布的预测力加以比较而实现的。但是,这个方法有时会造成一个问题。当组内分布方式与总体分布方式相同时,Lambda 值将回复为 0,甚至对那些清晰地显示了自变量与因变量之间有关系的交叉列表也是如此。让我们审视一下这个问题,并给出一个有效的解决方案。

表 7-9 检验了定类的自变量即性别与参加竞选活动的兴趣(这个变量被整合为两类)的关系。为了使事情变得有趣,也为了阐明使用相关性测量时产生的一个与上述讨论不同的问题,表 7-9 展示了控制了种族条件下的性别与竞选兴趣的关系。运用你的读表技巧,你能很好地对控制变量的各个类别中自变量与因变量的关系进行描述。在白人那里,性别有点作用,因为男人比女人更倾向于说他们对竞选"非常感兴趣"。这个差异

大约为 6 个百分点,是有意义的,虽然不是惊天动地的。然而,在黑人那里,性别差异巨大。在那里,表示对竞选高度兴趣的比例,在黑人男子和女子那里,分别占 44.3% 和 25.8%,相差近 20 个百分点。显然,交互作用在这里也发挥了作用,因为自变量的作用取决于控制变量种族的取值。卡方的计算值对白人和黑人均为统计上显著。

但请注意,Lambda 对所有这些关系没有回应。对白人和黑人,PRE 测量均表明性别对预测竞选兴趣毫无帮助。为什么这样?因为在猜测因变量的众数值"有些/不太"时,在有自变量知识和没有自变量知识的情况下产生的错误数目一样。例如,在白人那里,众数反应是"有些/不太";而在白人女子和男子那里的众数反应也是"有些/不太"。这是 Lambda 的一个特有问题。当因变量的变异度很小时,如它的一个分类的样本数远远大于另一个分类的样本数,Lambda 变成一种对强度不敏感的测量。

在这些情况下,推荐对相关的另一个测量,Cramer's V。Cramer's V 是基于卡方的统计工具,它取值于 0(毫无关系)到 1(完美关系)之间。[14] 因为 Cramer's V 不是一种 PRE(误差比率削减)测量,研究者不能把它的值解释为预测准确性的度量。但是,当用它来解释如表 7-9 所示的控制下的比较时,它是完全合适并有用的。正如我们的实质性解释所表明的那样,Cramer's V 对白人的性别与竞选兴趣的关系做出了弱的反映(0.067),但对黑人的性别与竞选兴趣的关系做出了强得多的反映(0.192)。

表 7-9 竞选兴趣:按性别分,并控制种族

对竞选感兴趣吗?	种族					
	白人			黑人		
	性别		合计	性别		合计
	男	女		男	女	
非常	30.0%	24.1%	26.8%	44.3%	25.8%	32.9%
	(198)	(191)	(389)	(35)	(33)	(68)
有些/不太[a]	70.0%	75.9%	73.2%	55.7%	74.2%	67.1%
	(462)	(603)	(1 065)	(44)	(95)	(139)
合计	100.0%	100.0%	100.0%	100.0%	100.0%	100.0%
	(660)	(794)	(1 454)	(79)	(128)	(207)
Lambda			0.000			0.000
Cramer's V			0.067			0.192

资料来源:1996 年全美选举研究。

注:个案数见于括号内。问题:"有的人并不太关注政治竞选。你的情况如何?你愿意说你对政治竞选非常感兴趣,有些兴趣,还是不太有兴趣?"

a 回答"有些"或"不太"有兴趣的受访者被合并为一类。

Somers' d_{yx}

Somers' d_{yx} 和 Lambda 都带有强烈的 PRE 家族色彩。如你所知,定类变量的价值传达的仅仅是两个个案之间的差异。对选择的分类测量,Lambda 告诉你这一差异是否对预测因变量上的差异起作用。定序变量的价值传达了两个个案之间差异的方向。如果这两个个案有差异,那么,其中的一个,相对于另一个而言,具有更多或更少的测量特征。对相关的定序测量,如 Somers' d_{yx},告诉你自变量的个案之间差异的方向,是否有助于预测这些差异对因变量造成的影响的方向。

设想我们正在调研这样一个假设:参加宗教服务较少的人,比参加宗教服务较多的人,更加支持堕胎权。我们使用 3 个定序分类来测量参加宗教服务:经常,有时,或极少。因变量支持堕胎权,用两个定序分类来测量:低或高。现在想象这样一对观察,一个人经常参加宗教服务,另一个人不常参加。我们的假设预测,这两个观察应在因变量上有不同的值:经常参加的受访者将在支持堕胎权上表现为"低",极少参加的受访者将属于"高"支持堕胎权一类。如果交叉列表中所有人都像这一对受访者一样——宗教服务的低参加者,比宗教服务的高参加者有更高的堕胎权支持度,那么,Somers' d_{yx} 的规模将趋近于 1。但是,想一下我们也可能碰到别样的成对组合。在有的成对观察那里,高宗教服务参与受访人可能会比低宗教服务参与受访者,具有更高的堕胎权支持度。或者,两个受访者可能在参加宗教服务的频率上不同,但却在是否支持堕胎权问题上持相同的意见。如果一个交叉列表尽由这样的人——无法用其在自变量上的值预测其因变量值的人——组成的话,那么,Somers' d_{yx} 的取值将趋近于 0。

表 7-10　宗教参与和堕胎权支持

堕胎权支持	宗教参与			合计
	经常	有时	极少	
低	7	5	4	16
高	3	5	6	14
合计	10	10	10	30

注:假想数据。

表 7-10 使用了虚构的数据来处理宗教参与-堕胎意见假设,它将有助于我们阐明 Somers' d_{yx} 的逻辑和计算(为简明起见,该表只显示原始频数)。注意,表中报告的 30 个观察值倾向于从左上到右下区分开来。在 10 个经常参加宗教服务的个人中,有 7 个位于

表的左上部分。有时参加者在堕胎意见上对半分布。10 个不常参加者中有 6 个位于右下角。Somers' d_{yx} 使用如下的模板来决定交叉列表关系的方向。如果样本是按照从左上格到右下格的方式来区分的,则该表的关系分布就可测量为正向。如果个案是按照从右下格到左上格的方式来区分的,该关系可测量为负向。如你所见,这个关系的方向取决于分析表格是如何布局的。表 7-10 是这样布局的,宗教参与的频数自左向右减少,堕胎权支持的频数自上到下增加。基于这一安排,我们的假设表明 Somers' d_{yx} 将报告一个正向的关系。当然,如果我们把宗教参与的价值安排为从左至右增加也是完全可以的。如果这样做的话,我们的假设就将预期在测量相关时会发现一个负向的关系。因为这类武断的存在,很重要的一点是不要计较 Somers' d_{yx} 为正向还是负向。把注意力放在测量结果的规模大小上。Somers' d_{yx} 公式如下:

$$\text{Somers'} \, d_{yx} = \frac{C - D}{C + D + T_y}$$

其中

C = 协调配对数

D = 不协调配对数

T_y = 在因变量上被绑在一起的配对数

在相关性的定序测量的语言中,**协调配对**(concordant pair)是与正向关系相一致的一对观察。**不协调配对**(discordant pair)是与负向关系相一致的一对观察。**绑定配对**(tied pair)在自变量上有不同的值但在因变量上有相同的值。根据这个公式,如果协调配对大大多于不协调配对,而且几乎没有绑定配对的话,那么,Somers' d_{yx} 将趋近于 1。同理,如果不协调配对的数量压倒协调配对的话,那么,Somers' d_{yx} 将趋近于-1。但是,如果观察分布变得缺乏一致性——许多协调配对和不协调配对互相抵消,从而使公式的分子变小,再加上许多绑定配对使分母膨胀,那么,对相关性的测量值将跌落到零。

让我们计算一下表 7-10 的关系的 Somers' d_{yx}。请考虑左上格,宗教参加频数低的格子包含了 7 个观察值。在这一格里的每个个体,与每个低宗教参与即有时或极少参加的个体以及表示高度支持堕胎权的每个个体之间,具有协调的关系。因此,位于"经常-低"一格的 7 个观察值和位于"有时-高"一格的 5 个观察值,以及"极少-高"一格的 6 个观察值,形成了协调的配对关系。与"经常-低"格子形成协调关系的对数为:(7×5)+(7×6)=35+42=77。现在,让我们转到"有时-低"一格的 5 个人那里看看。这一格的每一个个案都与每一个低宗教参与且高堕胎权支持的个人,即位于"极少-高"一格的 6 个个案,保持正向的关系。这些彼此协调的配对数可计算如下:5×6=30。现在,转移到"极少-低"一格。还有任何观察值能同这一格的个案形成正向的配对关系吗? 无。我们已经穷尽了该表中全部的协调配对。让我们把所有的协调配对数目加总：77+30＝107。因此，表7-10共有107对具有协调关系即与正向关系相一致的观察值。

根据 Somers' d_{yx} 的逻辑，协调的观察数必须与不协调的观察数相减。实际上，如果许多人属于负向的模式——宗教的经常参加者却支持堕胎权，不常参加者却反对堕胎权，那么，公式的分子需要记录这一反向而行的倾向，并报告一个接近 0 的值。表 7-10 中有多少对这样不协调的观察呢？让我们从"经常-高"一格的 3 个观察（信仰宗教却支持堕胎权的 3 个人）开始。这一格的每个个案与每个不常出席宗教活动却自陈不支持堕胎权的人，即"有时-低"一格的 5 个个案和"极少-低"的 6 个个案，保持不协调的配对关系。把它们相乘并加总：(3×5)+(3×4)＝15+12＝27。移到"有时-高"一格。这一格的 5 个占据者与"极少-低"的 5 个个案为负向的配对：5×4＝20。表中出现的不协调配对就只有这些。加总，有 27+20＝47 不协调配对，属于在宗教参与和堕胎权态度关系上为负向关系的配对。

Somers' d_{yx} 像所有对定序变量的相关性测量一样，是通过把协调配对数与不协调配对数相减而获得分子的。在我们的阐释例子中：107-47＝60。与假设一致，表 7-10 中的协调配对多于不协调配对。我们如何才能把 60 这个数转换为比率？有多少配对以及哪些配对，属于公式的分母？不同的定序测量对这个问题做出不同的回答。[15] Somers' d_{yx} 是建基在这样一个在直观上具有吸引力的观念之上的：任何两个在原因变量上具有不同值的观察，均提供了有关自变量对因变量的影响的信息。影响或许是正向的，或许是负向的，还可能为零。那些在自变量上的值是绑定的观察值，即零影响的观察值，削弱了自变量和因变量的关系。例如，在表 7-10 中，就有为数不少的个人在自变量上变化，从经常到有些到极少，但在因变量上保持不变。这些个案需要考虑。

从"经常-低"的格子中的 7 个观察开始。这些观察在因变量上与"有时-低"格子中的 5 个个案以及"极少-低"格子中的 4 个个案，在因变量上绑定即保持不变：7×5＝35 和 7×4＝28。"有时-低"和"极少-低"格子中的个案也互相绑定：5×4＝20。移到因变量的另一个值"堕胎权的高支持"上，找出绑定配对：3×5＝15，3×6＝18，5×6＝30。表 7-10 合计包含了一个很大数目的在因变量上是绑定的个案：35+28+20+15+18+30＝146。现在，我们有了为计算 Somers' d_{yx} 所需的数据。

$$\text{Somers'} \, d_{yx} = \frac{107 - 47}{107 + 47 + 146} = \frac{60}{300} = 0.20$$

Somers' d_{yx} 传达了通过使用自变量为预测工具，相比不这样做，在预测因变量值分布上能改进多少的信息。与宗教参与频率未知的情况下我们对堕胎权支持态度的预测相比，在已知个人参加宗教活动频率的情况下，我们的预测改进了0.20即20%。两者的关系处于温和相关的范围。

总　结

　　如我们在本书的此前各章所看到的,政治研究者的兴趣在于描述政治变量,建构关于政治现象的解释。他们提出假设,分析关系,以发现其解释是否与在真实世界里所发生的相一致。但是,我们还看到,政治研究者经常没有关于他们意欲理解的每一个分析单位的完全信息。因为他们往往需要依靠抽样数据,所以研究者学会了谨慎行事:"我进行了分析,并发现了某一关系。如果我断言我的发现描绘了存在于总体'那里'真实发生的东西,我是否做出了一个错误的决定?"

　　当然,在使用的是样本数据的情况下,我们永远无法以完全的确定性知晓这个问题的答案。然而,依靠统计显著性检验,我们能确定做出错误决定的概率。如本章所论,显著性检验告诉研究者做出一个推论错误——在总体中不存在某个关系但却断定它存在——的概率。我们讨论过的检验方法——非正式的目测检验、1.645 检验、卡方检验,都建基于同一个观念之上。如果样本结果能被随机抽样误差所解释,那么,我们必须说在总体中不存在某关系。我们接受零假设。与此相反,如果样本结果在概率上不能归之于随机抽样误差,那么,我们就能说在总体中确实在概率上存在某关系。我们愿意在一个可接受的机会的范围内,拒斥零假设。计算机报告的 P-值,即假如零假设是正确的,我们可能获得所观察关系的准确的概率值,这为研究者做出这个推断决定提供了高度精准的统计学依据。

　　我们还讨论了相关性测量,一类能帮助研究者测度自变量和因变量之间关系强度的统计工具。多年来,社会科学家和统计学家发明了众多的用于这个目的的统计测量工具。较优的测量工具提供了误差比率削减的解释。非对称测量又优于对称测量。误差比率削减测量告诉我们,在自变量已知的情况下,相比自变量未知的情况下,对因变量的预测能改进多少。非对称测量的模型中,自变量为原因,因变量为结果。在分析分类变量关系时,Lambda 是合适的选择。在 Lambda 无法探查出关系的场合,建议采用 Cramer's V。在分析定序关系时,Somers' d_{yx} 是优选的 PRE 相关性测量工具。在这一章里,我们考察了 PRE 逻辑及其在定类和定序关系中的运用。同时,同样的逻辑也适用于定距变量之间的关系。对定距关系的分析是我们下一章的话题。

关键术语

0.05 的显著性水平(0.05 level of significance)

非对称相关测量(asymmetric measure of association)

卡方显著性检验(chi-square test of significance)

协调配对(concordant pair)

置信区间方法(confidence interval approach)

Cramer's V

关键值(critical value)

不协调配对(discordant pair)

Lambda

相关性测量(measure of association)

零假设(null hypothesis)

统计显著性单尾检验(one-tailed test of statistical significance)

误差比率削减(proportional reduction in error)

P-值方法(P-value approach)

Somers' d_{yx}

差异的标准误(standard error of the difference)

对称相关测量(symmetric measure of association)

统计显著性检验(test of statistical significance)

检验统计(test statistics)

绑定配对(tied pair)

t-比值(t-ratio)

统计显著性双尾检验(two-tailed test of statistical significance)

类型 I 错误(Type I error)

类型 II 错误(Type II error)

练 习

1. 我们现在的选举法应该如何改变,才能使更多的选民在选举日去投票站? 一个建议是在非工作日,如节假日或周末,而不是像美国目前实行的那样在工作日进行选举。然而,有意思的是,在工作日进行选举的民主国家的投票率均值,反而高于在非工作日选举的民主国家。下表报告了 18 个在工作日选举的民主国家的投票率均值和 40 个非工作日投票的民主国家的投票率均值:[16]

工作日或非工作日	投票率均值	标准误
工作日	71.8	2.75
非工作日	68.5	2.24

A.工作日选举国家和非工作日选举国家的投票率均值差是多少? 陈述关于工作日-非

工作日比较的零假设。

B.工作日选举国家和非工作日选举国家的投票率均值差的标准误是什么？计算 t-统计值。

C.均值差通过了目测显著性检验了吗？你的推论决定是什么:拒斥零假设,还是接受零假设？请解释。

D.在看到工作日选举的民主国家的投票率高于非工作日选举的民主国家这一事实后,一位选举制度改革者建议,为了提高投票率,那些目前在假日或周末选举投票的国家应该把投票转移到工作日。这个改革建议能得到数据的支持吗？请解释。

2. 政治发展学者一直在研究资源诅咒学说。该学说认为,富油国倾向于不发展民主的治理体制,所谓"石油与民主不兼容"。这个学说以假设的方式表现出来:在国家层面的比较中,那些在经济上对石油依赖度低的国家,将比那些在经济上对石油依赖度高的国家更加民主。请看以下数据,它展示了 40 个非石油国家和 15 个石油国家的信息。因变量是一个 7 分制的民主指数量表,分数越高越民主。数据包含了非石油国家和石油国家的民主指数均值及其标准误。

石油依赖经济	民主指数均值	标准误
非	4.7	0.51
是	2.6	0.28

A.陈述非石油依赖-石油依赖国家的零假设。

B.计算非石油依赖国和石油依赖国的民主均值差。计算这个差的标准误。计算卡方统计。

C.均值差是否通过了 1.645 检验？请解释你何以知道。

D.基于这些结果,假定一位研究者决定拒斥零假设。这个决定能够得到统计数据的支持吗？请解释。

3.以下是两个常识,两个通常被认为是对世界的准确描述的陈述。伴随每个陈述的是使你能够检验每个常识的数据(来自 2008 年综合社会调查)。对每一个陈述:

A.表述零假设。

B.计算比率或均值之间的差。

C.计算比率或均值之间的差的标准误。

D.使用目测检验法,(1)说你应接受零假设还是拒斥零假设,并且(2)解释你的理由。

常识一:拉美族裔人的家庭规模比非拉美族裔人的家庭大。2008 年综合社会调查询问受访者其家庭有多少个孩子。拉美族裔受访者家庭平均有 1.98 个孩子(标准误=0.12),非拉美族裔家庭平均有 1.93 个孩子(标准误=0.04)。

常识二:南方人比非南方人更倾向于持有枪支。根据 2008 年综合社会调查,0.43 的南方人拥有一支枪($n=482$),而非南方人这一比率为 0.33($n=855$)。

4.2010 年 12 月 18 日,美国参议院就是否废止军中同性恋"不问不说"(DADT)政策进行投票。议员的党派所属与其投票的关系如下表:

废止 DADT	党派		合计
	民主党	共和党	
否	0	31	31
是	55	8	63
合计	55	39	94

注:两个独立党人也投了肯定票。4 个参议员,包括 3 个民主党人和 1 个共和党人,没有投票。

A.计算这个表的卡方。显示出你的计算步骤。画一张如上的表,在每一格留下空间记录以下的数据:观察频数 f_o,期待频数 f_e,f_o-f_e,$(f_o-f_e)^2$,$(f_o-f_e)^2/f_e$。

B.使用卡方检验零假设,即在样本抽取来源的总体中,不存在党派和投票的关系。使用表 7-7,找到合适的关键值(使用 0.05 的显著性水平)。(1)写出关键值。(2)你应拒斥零假设还是接受零假设?(3)道明你的理由。

C.计算这个表的 Lambda。(1)显示你的计算步骤;(2)写一句话解释计算所得 Lambda 值的准确含义是什么;(3)请说明党派和投票的关系是弱、温和、温和偏强或强。

5.以下有关原始频数的表可用于检验这样一个假设:在对个人的比较中,那些教育水平较低的人比教育水平较高的人更强烈地支持死刑。

支持死刑	教育		
	高中或更低	大专	大学或更高
不强烈支持	47	43	56
强烈支持	49	50	35

A.思考该表布局的方式。如果假设是正确的,我们应发现一个正向的 Somers' d_{yx},还是

负向的 Somers' d_{yx}？解释你是如何知道的。

B.计算这个表的 Somers' d_{yx}。在一张纸上，标示出以下 3 个列：协调配对 C、不协调配对 D 和绑定配对 T_y。把 3 个列的内容填写出来，并计算协调配对数、不协调配对数和绑定配对数。

C.检验你的 B 步骤计算获得的 Somers' d_{yx} 值。这个值在你使用教育水平为预测工具来预测死刑态度的分布上，究竟有何意义？

D.说明教育与死刑态度的关系是弱、温和、温和偏强还是强。

注 释

1.这里描述的方法设想次样本方差(妇女对民主党的评价的方差和男子对民主党评价的方差)是不相等的。作为一个缺省状态选择，这个方法比另一个方法更可取，后者设想次样本方差是相等的。这是因为方差不相等的方法提供了更加保守的检验。

2. David Knoke, George W. Bohrnstedt, and Alisa Potter Mee, *statistics for Social Data Analysis*, 4th ed.(Belmont, Calif.: Wadsworth/Thomson, 2002), 128.

3.*P*-值这个术语被广泛使用，但并没有达到无处不用的地步。计算机输出通常在"*significance*"(显著性)或其缩写"sig"项下报告 *P*-值。*P*-值和 significance 是同义的术语。两个术语告诉你的都是如果零假设是正确的，则获得观察结果的概率是多少。

4.统计上来说，我们可把一个随机样本(如说含 100 个个案)想成规模 $n=1$ 的样本进行 100 次抽样。我们赋予每个落入变量的某一特定值的个案价值1，对落入变量的其他值的个案编码为 0。那么，通过把 100 个 1_s 和 0_s 加总并除以 100，我们即可获得平均值。当然，这一结果是个比率。

5.在第 6 章，我们已经看到一个样本的比率标准误是等于 $\sqrt{pq}/\sqrt{n}$。因此，标准误平方等于 pq/n。

6.Alan Agresti and Barbara Finlaly, *Statistical Methods for the Social Sciences*, 3rd ed.(Upper Saddle River, N. J.: Prentice-Hall, 1997), 255.卡方是非参数检验这个大家庭中一员。非参数检验对样本抽取的来源总体做了更少的限制性假定。

7.这一获得期待频数的直观方法很好用，但它可能带来相当大的四舍五入误差。获得期待频数更加精确的方法是列的合计乘以行的合计再除以样本规模。例如，"女性-武力"一格的期待频数可这样计算获得："女性"一列中的全部个案 530 乘以因变量的"武力"一类的全部个案 353，然后除以样本规模 1 041：(530×035)/1 041 = 179.7。

8. George W. Bohrnstedt and David Knoke, *statistics for Social Data Analysis*, 2nd ed. (Itasca, Ill.: F. E. Peacock, 1998), 124-126.

9. Bohrnstedt 和 Knoke 分析了来自 1984 年综合社会调查中的 1 462 个人的出生月份分布。他们计算获得的 χ^2 为 11.39。在自由度为 11 的情况下, 使用 0.05 的门槛, 随机误差的上限是 19.68。因为 11.39 的 χ^2 凭偶然在 100 次中出现的概率多过 5 次, 因此, 我们不能说在有的月份的出生显著多于其他月份。

10. 亚兹改正(Yates correction)是在计算机计算中常见的调整。它的构成方式是在期待频数中加上或减去 0.05, 以减少 f_o-f_e 之差。

11. Leo A. Goodman and William H. Kruskal, "Measures of Assiciations for Cross Classifications", *Journal of the American Statistical Association* 49, no, 268 (December 1954): 732-764.

12. Robert H. Somer's, "A New Asymmetric Measure of Association for Ordinal Variables", *American Sociological Review* 27, no.6(December 1962): 799-811.

13. 在白人那里, $\chi^2 = 6.50$。在黑人那里, $\chi^2 = 7.60$。两者的 P-值都小于 0.05(1 个自由度)。

14. Cramer's V 是经样本规模(n)调整后的 χ^2。它是数学表达式 $\chi^2/(n)(\min(r-1, c-1))$ 的平方根, 这里的 $\min(r-1, c-1)$ 告诉我们插入行数减 1 或列数减 1(使用两者中更小的那个)。有的研究者偏好或有系数(contingent coefficients)(C)这一基于卡方的另一类非 PRE 测量。它输出与 Cramer's V 相似的值。因为 Cramer's V 相比较而言简单明了, 因此, 它更受学者们的欢迎。参见 H. T.Reynolds, *Analysis of Nominal Data*, 2nd ed. (Thousand Oaks, Calif.: SAGE Publications, 1984), 46-49.

15. 使用得最广泛的 3 种定序相关性测量是 gamma, kendall's tau-b 和 Somers' d_{yx}。所有的都使用同样的分子($C-D$), 都同意协调和不协调配对数的相加和属于分母的范畴。3 个测量在如何处理绑定的观察问题上分道扬镳。观察可以有两种方式绑定。观察可以在自变量(x)上有同一值, 但在因变量上不同值(在 x 上绑定, 标记为 T_x)。或者, 在因变量上同值, 但在自变量上不同值(在 y 上绑定, 标记为 T_y)。Gamma 是一种对称性测量, 它忽略绑定配对情况, 只报告协调配对数在所有的非绑定配对数的比率: ($C-D$)/($C+D$)。因为它对绑定配对的信息做了不相干的处理, 所以 Gamma 倾向于高估相关的强度。kendall's tau-b 把所有的绑定配对都加以考虑: $(C-D)/\sqrt{(C+D+T_x)(C+D+T_y)}$。kendall's tau-b 是一种对称的测量, 只可用于平方表, 即列与行相等的列表——这个属性限制了它的使用面(另一种对称测量, kendall's tau-c 能用于非平方列表)。Somers' d_{yx} 是非对称测量, 报告的是协调配对与不协调配对之差与所有在自变量上具不同值的配对总数的比率。

16. 有关 58 个民主国家在工作日选举和非工作日选举的信息来自: Lawrence LeDuc, Richard G. Niemi, and Pippa Norris, "Introduction: Comparing Democratic Elections", in

Comparing Democracies 2: New Chanllenges in the Study of Elections and Voting, ed. Le-Duc, Niemi, and Norris (London: SAGE Publications, 2002),1-39.投票记录数据来自: Shared Global Database (revisedFall 2004) Pippa Norris, John F. Kennedy School of Government, Harvard University, Cambridge, Ma-Mass.各国的投票率是它们在 1990 年代举行的所有全国性国会选举的平均值。

17. Michael L. Ross, "Does Oil Hinder Democracy?" *World Politics 53* (April 2001): 325-361. 这个引文见于 325 页。这篇论文比较了经 Ross 确认的 15 个高度石油依赖国家(表 1326 页)和 20 个从《共享全球数据库》(2004 年修订版)中随机抽样的其他国家。因变量信息来自自由之家的政治权利和公民自由指数(2003-2004),数据也是从《共享全球数据库》获得。

18. 这些数据是从 2004 年全美选举研究数据库中随机抽取形成的一个子数据库。死刑变量是基于 V043187,受访者对死刑支持或反对的强度。凡强烈赞同的受访者被分类为"强烈",其他所有的反应(不强烈赞同,不强烈反对,强烈反对)分类为"不强烈"。教育水平基于 V043252。为避免混乱,不显示边际合计数。

第8章　相关性和线性回归

学习目标

在本章中你将学到：

- 如何用线性分析来描述两个定距变量之间的关系
- 如何用回归分析来估计一个自变量对一个因变量的影响
- 如何操作和解释虚拟变量回归
- 如何用多元回归做控制比较
- 如何用多元回归分析交互关系

到现在为止，你已学习了相当多的方法论基础知识。在第3章中，你学到了分析一个自变量与一个因变量的关系的基本方法：交叉列表分析和平均值比较分析。第4章和第5章涵盖比较控制的逻辑和实践——如何在控制第三个变量的情况下，在一个自变量和因变量之间建立关系并解释这一关系。在第6章和第7章中，你学到了推论性统计在估计一个关系的统计显著性上的角色，并且还了解了有关相关性的测量。现在，你会构建可检验的假设，做出适合的分析，解释你的发现，并且查明你观测到的结果只凭偶然发生的概率。

在许多方面，相关性和线性回归与你已学到的方法是相同的。**相关性分析**（correlation analysis）产生了一个对关联性的测量，它以皮尔逊相关性系数或皮尔逊 r 而为人所知。它度量两个定距变量的关系的方向和强度。回归分析产生一个统计指标，即回归系数，它被用来估计自变量对因变量影响的程度。

例如，假设我们正在处理调查数据，并且想要调查个体的年龄与他们每天在看电视上花费时间的关系。这个关系是正向的，即年老者比年轻者花费更多的时间看电视？还是负向的，即年老者比年轻者花费更少的时间看电视？年龄与看电视时间之间的关系强度如何？相关性分析会帮助我们解决这些问题。

回归分析与平均值比较分析相似。在操作平均值比较分析时，你学会了依据自变量

（如男性与女性）来划分研究对象，然后比较他们在因变量上的值（如民主党热度表测量均值）。同时，你学会了如何检验零假设，即观测样本中男性与女性之间的差异是由随机抽样误差造成的。同样的，回归分析揭示的是研究对象在自变量上的差异（如女性与男性之差异），在因变量上（如民主党热度表测量上）造成的平均差异，而且正如两组样本的均值比较一样，回归分析提供的信息使研究者能够判定观测到的差异是由随机因素导致的概率。

　　然而，回归与之前讨论的方法在两个方面不同：首先，回归分析很精确。它产生一个统计指标即回归系数，它揭示了一个自变量与一个因变量关系的精确的性质。回归系数报告了在自变量中每一单位的变化导致因变量的变化量。严格地讲，回归只有当因变量是在定距层级上被测量时方可运用[1]。然而，自变量可以是任何形式的：定类、定性或定距层级。在本章中，我们展示当因变量是定距层级变量时如何解释回归分析。我们还将讨论一个可称为**虚拟变量**（dummy variable）回归的方法，在这里，用作自变量的是名义或定序变量。

　　回归的第二个区别性特征是它可轻松地拓展到控制比较分析。此前，在构建控制了第三个变量下的交叉列表分析时，我们操作的是一种机械性控制——依据控制变量把分析单位分离，然后重新考察自变量与因变量的关系。回归分析也分析因变量与单一自变量的关系。此乃简单或双变量回归。然而，回归很容易容纳研究者想要增加的更多的控制变量。在多元或多变量回归模型中，回归用统计控制来因应新增变量的可能效应。就这点而言，回归具有很可观的灵活性。运用得当，回归可用于探查并估计伪关系，它还使研究者能对累加关系和交互效应进行建模。

相关性

　　图 8-1 展示了两个变量的关系：各州有高中或以上文凭的人口百分比（自变量）和在 2006 年选举中投票者占有投票资格人口的百分比（因变量）。这一显示称为**散点图**（scatter plot）。在散点图中，自变量沿横轴测量，因变量沿纵轴测量。因此，图 8-1 在二维空间中定位了 50 个州的每一个州。思考一下这个关系的整体模式。你会说该关系很强、温和还是很弱？这个关系（如果有的话）的方向是什么，正向或负向？哪怕没有有关强度和方向的数据测量，你也可获得关于这些问题的合理答案。

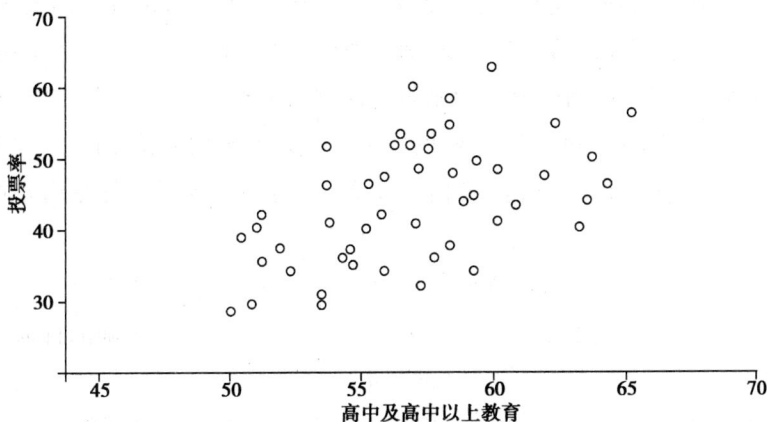

图 8-1　　散点图：教育和投票率（用百分比表示）

资料来源：高中及以上教育水平百分比数据来自美国人口普查局网页，投票率数据反映
的是 2006 年选举投票者占有投票权人口（VFP）的百分比，后者是由乔
治·梅森大学公共与国际事务系米切尔·麦当劳计算的，见其个人网页。

　　关系的方向很容易确定。很显然，随着自变量从较低的值移动到较高的值——把具有较低教育水平的州与较高教育水平的州加以比较——因变量的值也倾向于按照同样的方式排列，在投票率的轴上较高的地方聚集。因此，关系的方向是正的。关系的强度有多大？在评价强度时，你需要考虑这一模式的一致性。若关系很强，基本上你每一次将较低教育水平的州与较高教育水平的州相比较时，你都会发现较高教育水平的州有较高的投票率。在大多数的时候，自变量的增大将会同因变量的增加相连。若关系很弱，你会遇到许多不符合正向模式的案例，许多教育水平较高的州的投票率会与水平较低的州大体相等，甚至更低。自变量的增大不会连续不断地导致因变量的增大。现在，假设你必须在从 0 到 1 的量表上评价图 8-1 的关系，在这个量表中，评价靠近 0 表示很弱的关系，0.5 左右表示温和的关系，接近 1 表示很强的关系。你会给出什么评价？接近 0 的评价看来就不正确，因为关系的模式让我们可用各州的自变量值来预测它们的因变量值。但是，评价的另一极即 1 看起来也不对，因为有一些州在投票率上，似乎被安放到了与它们的教育水平不相符的"错误的"地方。评价在 0.5 左右，即温和相关，看来是对这一关系强度比较合理的测量。

　　皮尔逊相关系数（Pearson's correlation coefficient），标记为小写字母 r，正是用这个方法来决定定距变量的关系的方向和强度。皮尔逊 r 的值总落在 −1 和 +1 之间，−1 表示变量之间存在着完美的负向关系，+1 表示两者之间有一个完美的正向关系。如果两个变量之间没有关系，皮尔逊 r 的取值为 0。相关系数就是一个纯数字，即不受被测量变量的单位的影响。[2] 把用年测量的年龄与用小时数测量的看电视时间相关联，皮尔逊 r 将报告一个介于-1 和+1 之间的值。把州的教育水平和投票率(两者都以百分比测量)相关联,r 将再次给出一个介于-1 和+1 之间的值。这个不受测量对象的计量单位影响的特征是皮尔逊 r 的一个主要吸引点。请考察有关样本相关系数的公式:

$$\frac{\sum \left\{ \frac{x_i - \bar{x}}{s_x} \right\} \left\{ \frac{y_i - \bar{y}}{s_y} \right\}}{n - 1}$$

其中

$$x_i = x \text{ 的个体观测值}$$
$$\bar{x} = x \text{ 的样本平均值}$$
$$s_x = x \text{ 的样本标准差}$$
$$y_i = y \text{ 的个体观测值}$$
$$\bar{y} = y \text{ 的样本平均值}$$
$$s_y = y \text{ 的样本标准差}$$

注意公式中的分子发生了什么:标准化。在第 6 章中我们讨论了标准化。为了将一个数值标准化,首先要找出它距离均值的偏差(离均差)。高于平均值的数值会有一个正向偏差。低于平均值的数值会有一个负向偏差。与平均值相等的数值会有一个等于 0 的偏差。根据皮尔逊 r 公式,距离均值的偏差计算在自变量 x_i 与因变量 y_i 的各个值上进行。把每个离均差除以标准测量单位即可实现标准化。标准差是标准化的相关系数单位,因为在处理的是两个变量,自变量的标准差标记为 s_x,因变量的标准差标记为 s_y。当将每个离均差除以标准差时,我们就把每个样本的值转换为 Z 值。第 6 章也涉及 Z 值。每个观测的 Z 值告诉我们它位于平均值之上几个标准单位(正向的 Z 值),或者位于其下几个标准单位(负向的 Z 值)。当观察的原始值等于平均值时,Z 为 0。

在图 8-1 展示的数据中,教育变量的平均值为 56.9,标准差为 3.9。投票率的平均值为 43.3,标准差为 7.8。例如,蒙大拿州在自变量上的值(高中及以上58.4%)和在因变量上的值(投票率为 56.7%),转化为 Z 值后分别为 0.4 和 1.7,略高于教育平均值,高于投票率的平均值 1.7 个标准差。同理,佛罗里达州在自变量(55.2)和因变量(39.9)的原始值,可转化为教育-0.4 的 Z 值和投票率-0.4 的 Z 值。根据相关系数的公式,我们将各个观察的 Z 值相乘。在蒙大拿州,应得出:$0.4 \times 1.7 = 0.68$。在佛罗里达州,为$(-0.4) \times (-0.4) = 0.16$。为得出 r,我们将这些得分全部加总,然后取平均值,更确切地,我们用乘积总和除以样本总数减 1 后的差。

为了解相关性系数如何概括方向和强度,让我们检验图 8-2,它展示了教育变量与投票率变量转化为 Z 值后的散点图。自变量和因变量的平均值上标有基准线,即每一条轴线上 Z 值为 0。基准线产生了 4 个象限。在左下方象限内的所有的州,在两个变量上均低于平均值,即在教育上为负的 Z 值,在投票率上为负的 Z 值。因为两个负数的乘积为正,在这个象限内的案例会产生一个正相关系数。例如,佛罗里达州的 Z 值 -0.4 与 -0.4 就产生一个正值 0.16。在右上方象限内的所有的州,在两个变量上都高于平均值,因而会产生正的 r 值。将蒙大拿州的 Z 值 0.4 与 1.7 相乘得到一个正值 0.68。左上方和右下方的象限是负相关象限。当把低于教育平均水平但高于平均投票率(左上方象限)或者高于平均教育水平但是低于平均投票率(右下方象限)的个案的 Z 值相乘时,可获得负的数值。因为这些负值也对乘积的总和做出了贡献,因此,这些象限内的州减损了正相关关系,削弱了正相关关系。即使在正相关的象限内,你也可以看到不一致性的存在,如两个州在教育上有不同的 Z 值,但在投票率的 Z 值上却相同。不一致性的存在使 r 保持在正的范围内,但却减弱了它的量级。随着个案整合为一致的模式,且负象限内的个案在数量上缩减,皮尔逊 r 趋近于 1。当然,对于 r 为负值的个案而言,这样的对称是反方向而行。在左上和右下象限内的个案按一致的方式分布,而在正相关象限内个案很少,则会产生接近于 -1.0 的相关系数。那么,图 8-2 的皮尔逊 r 会是多少? 在对 50 个州做必需的相乘和相加后,我们得到的总和为 24.9。把它除以样本数减 1:24.9/49 = 0.51。因此,这个关系的 r = +0.51。

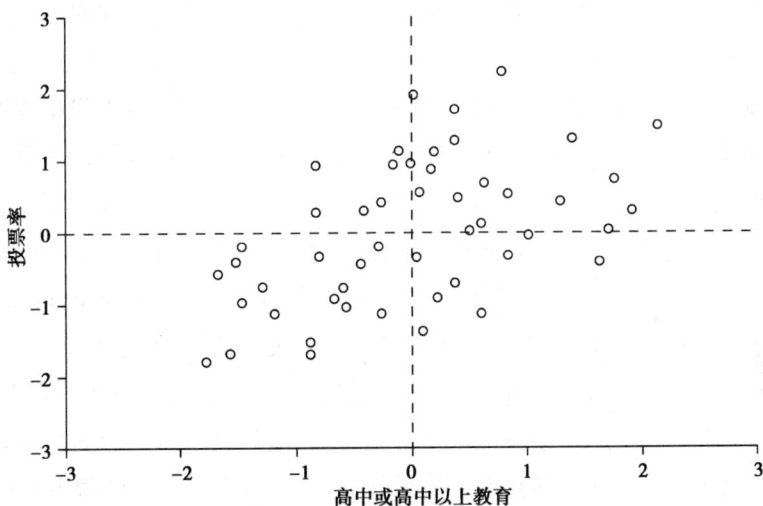

图 8-2 散点图:教育与投票率(Z 值)

应当指出的是,皮尔逊 r 是一个关于两个变量之间关联的对称性测量。这意味着自变量与因变量之间的相关性与因变量与自变量之间的相关性相同。因此,如果图 8-1 与图 8-2 里的轴线被翻转——纵轴为受教育水平,横轴为投票率,则皮尔逊 r 应依然是 +0.51。这一点使相关性分析在研究的早期阶段特别有用,因为在这个阶段,研究者致力于就两个变量之间的总的关系提出某种想法。但是,在关于哪个变量是因果变量或哪个变量是有效的问题上,皮尔逊 r 是中立的。因此,不能基于一个相关性系数来进行归因。研究者为解释变量之间的联系所描述的过程才是因果推论的源泉。再者,皮尔逊 r 不是

对相关的 *PRE*(误差比例减小)的测量。它的取值范围被严格界定于-1 与+1 之间,从而能用一个常见的度量标准来表达强度和方向。但是,*r* 确切值的大小并不能告诉我们,知道自变量的情况下,比不知道自变量的情况下,会在多大程度上改善对因变量的预测。令人欣慰的是,另一个测量可以帮我们做这个工作,但需要首先理解回归。下面,我们开始讨论回归。

双变量回归

为介绍双变量回归,请考虑一个假想性案例。让我们说,有位教师想要分析他的学生考试得分(因变量,*y*)与他们花在应对考试上的小时数(自变量,*x*)的关系。表 8-1 呈现出他的 8 个学生的原始数据。仔细查看这些数字,你可以为这个关系确定一个模式吗?你可以看到关系是正相关的:花费更多时间学习的学生会比花费较少时间学习的学生得分高一些。你可以确定变量之间的相关性确实是非常强的。但是,回归分析允许我们对这一关系做出更加精致的描述。在这个案例中,学习上花费的小时数每增加 1 就会导致考试得分相应增加 6 分。学习花费 1 小时的学生比完全不学习的学生多得 6 分。学习 2 小时的学生比学习 1 小时的学生多得 6 分,等等。不仅如此,*xy* 的这一关系模式可用一条线来概括。想象一下,什么样的线性方程式可以概括学习花费的小时数与考试得分之间的关系?

表 8-1　学习花费的小时数(*x*)和考试得分(*y*)

小时数(*x*)	得分(*y*)
0	55
1	61
2	67
3	73
4	79
5	85
6	91
7	97

注:假设数据。

为了想象或画出一条线,你必须知道两个东西:*y*-截距和直线的斜率。*y*-截距就是直线经过 *y* 轴时的点——当 *x* 为 0 时 *y* 的值。直线的斜率是"随运行而上升(rise over run)",即因 *x* 的每一单位的变化导致 *y* 的数值变化。你对高中代数的记忆中或许还包括以下关于直线的公式：$y=mx+b$。在这个公式中，两个让我们感兴趣的指标，斜率和截距，分别用字母 m 和字母 b 表示。在表示**回归线**（regression line）的普遍公式上，统计学家倾向于用一个不同的版本来表示相同的想法：

$$y = a + b(x)$$

在这个公式中，y-截距或常数，一般用字母 a 表示，它是公式右边的第一个元素。基于表 8-1 中的信息，y-截距是 55，即没有学习的学生（$x=0$）的得分。b 这个术语代表直线的斜率。回归直线的斜率也称**回归系数**（regression coefficient），是回归分析的主力。在你早先考察表 8-1 时，你或许已径直计算出回归系数。随着自变量中每一单位的变化，因变量就会有 6 个单位的变化。在这个案例中，回归系数 b 等于 6。因此，图 8-1 的回归线是：

考试得分 = 55 + 6(小时数)

注意这个方法的一些方面。首先，回归方程式提供了一个关于自变量与因变量关系的一般概括。表 8-1 中任何给定的学生，我们将其学习花费的时间代入方程式，做相应计算，就会得到他或她的考试得分。然后，公式似乎应有一些预测性能力，即估计出未现身该表的学生得分的能力。例如，如果我们知道了一个新学生的学习努力程度是学习了 3.5 小时，那么我们就有一个预测工具来估计该学生的得分。我们的估计是：$55+6×3.5=76$。运用已建立的回归方程来预测当一个自变量有新的值时对应的因变量值为何，乃是回归分析的一个常见应用。

无论如何，经验关系从来不会如表 8-1 中的数据所展示的那般完美，因此，我们需要修改案例来使它变得更实际。假设教师从学生总体中随机抽取 16 个学生的样本。表8-2 将这些案例按自变量分组。根据表 8-2，前两个学生都没有在学习上花费时间（每个人，$x=0$）。一个得分 53，另一个好一些，得分 57。接下来的两个学生在自变量上的值相同，均为 1 小时，但是他们的得分却不同，一个 59 分，另一个 63 分。其他成对的案例也是如此。现在假设你必须为每组案例计算出一个数字来概括它们在因变量上的价值。你将要如何进行？这就是回归分析要做的——计算自变量的每一个值所对应的因变量值的平均值。对两个没有学习者，你将他们的得分平均 $(53+57)/2=55$；学习了 1 小时的个案 $(59+63)/2=61$；等等。注意这一平均的过程没有再生原始数据。相反，它产生的是对每个学习花费小时数的实际考试得分的估计值。因为 y 的这些估计值不代表 y 的真实值，它们被给予一个单独的标签，$\hat{y}$（"y-hat"），字母 y 的顶部有一个"帽子"。现在假如基于表 8-2，教师必须描述自变量与因变量之间的关系，她可能会说："根据我的样本，学习花费的小时数每增加 1，就会导致考试得分平均增加 6 分。"因此，回归系数 b 表达的是，x 的每一单位变化导致的 y 的平均变化。线性回归方程式采用以下的一般形式：

$$\hat{y} = \hat{a} + \hat{b}(x) + e$$

表 8-2 学习花费的小时数[x],考试得分[y],估计得分[$\hat{y}$]

小时(x)	得分(y)	x 一个给定值的估算得分($\hat{y}$)
0	53	55
0	57	
1	59	61
1	63	
2	65	67
2	69	
3	71	73
3	75	
4	77	79
4	81	
5	83	85
5	87	
6	89	91
6	93	
7	95	97
7	99	

注:假设数据。

$\hat{y}$ (" y -帽子")是因变量的估算平均值, $\hat{a}$ (" a -帽子")是自变量为 0 时自变量的平均值, $\hat{b}$ (" b -帽子")是当自变量的每一单位变化时所导致的因变量的平均变化。 e 这个术语表示误差——线性方程不能准确预测每个案例的 y 值。误差这个术语在构成回归分析的基础的统计假设中扮演核心角色[3]。对表 8-2 可做以下概括:

$$估计得分 = 55 + 6 \times (小时数)$$

回归分析是建立在对均值的估计之上的。假定在样本中并不存在根本就没有学习的学生。没关系,回归会使用存在的信息计算出 y -截距,后者就是对那些没有学习的学生所得到的平均分的估计。同理,如果 $x=5$ 小时的经验样本并不存在,回归仍旧会产生一个估计,55+6×5=85,一个对平均得分的估计。回归线在由 x 和 y 界定的二维空间中延伸,以它经过的点估算平均值。[4]

回归机械地整理出线性关系。向它输入一些 x 和 y 的样本值,它就会导出 a 和 b 的估计。但是,因为这些系数是从样本数据中计算获得的平均值,它们会包含随机抽样误差,任何样本平均值都是如此。让我们仔细看看回归的关键——回归系数 $\hat{b}$ 。根据表 8-2,教师可以推测,在抽取样本的总体中,每当学习花费的小时数增加 1,得分的平均变

化是 +6 分。但很明显,这个估算包含一些误差,因为对 x 的任何给定值,学生的实际得分落在高于或者低于平均值的地方。正如其他样本平均值一样,回归系数中误差的大小是用一个熟悉的统计值来测量,即它的标准误。我们知道在总体[用希腊字母 β("贝塔")表示]中 b 的真实值等于样本的估计值 $\hat{b}$,并在标准误的边界内:

$$\beta = \hat{b} + (\hat{b}\ \text{的标准误})$$

在这一点上,回归分析并无任何神秘或特别之处。你所学的全部统计规则——非正式的 ±2 拇指法则、更正式的 1.645 检验、P-值的计算、检验零假设的推论设置,都适用于回归分析。在估计两个样本平均值的差异时,我们检验了假定总体中差异为 0 的零假设。回归分析中的零假设表达的也是同样的事情,即在总体中 β 的实际值为 0。换言之,H_0 声称自变量 1 个单位的变化导致因变量 0 单位的变化,即真实的回归线是平的,斜率为零。正如在两个样本平均值的比较中,通过计算 t-统计值或 t-比值来检验零假设:

$$t = \frac{\hat{b} - \beta}{\hat{b}\ \text{的标准误}},\ \text{在自由度}(\text{d.f.}) = n - 2\ \text{上}$$

非正式而言,如果 t-比值等于或者是大于 2,那么,我们就可拒绝零假设。当然,对于 t 来说,可用相同的方式获取一个精确的 P-值[5]。学习花费的小时数每增加 1 小时,我们可估算考试得分($\hat{b}$=+6)增加 6 分。用计算机计算,$\hat{b}$ 的标准误是 0.233。因此,t-统计量是 6/0.233=25.75,该统计值的 P-值四舍五入后为 0.000。如果在总体中 β 的真实值是 0,那么,获取一个样本估计值 $\hat{b}$=6 的可能性是微乎其微的。

这个假设性的例子已展示了一些基本要点。但是,让我们回到一个在现实世界中出现的关系即图 8-1 介绍的教育-投票率案例上,并讨论回归分析更进一步的特性。图 8-3 再次展示了各州分布的散点图,只不过这一次把估计的回归线置于散点之中。这条线是从何而来的呢?

在考试得分的假想案例中,我们通过平均自变量的每一个值来得出回归线。对于实际数据来说,回归线的估算也使用相同规则。线性回归就是找到一条可为数据点提供最佳适配的直线。线性回归使用案例的自变量的每一个值 x 找到 $\hat{y}$,即 y 的估计值。然后,它会计算这个估计值与案例实际的 y 值的差异。这个差异称为**预测误差**(prediction error)。y 的各个案的实际值用 y_i 表示,读作"y 的个案 i 的值"。预测误差用 $y_i - \hat{y}$ 来表示,即用因变量的实际值减去因变量的估计算值。回归用自变量的值(高中及以上学历的百分比)来决定因变量的估计值(投票率的百分比)。各州的预测误差就是它们的实际投票率 y_i 与其估计投票率 $\hat{y}$ 之间的差异。例如,根据教育变量上的值,蒙大拿州的预测投票率即其 $\hat{y}$ 等于 44.8%。蒙大拿州的实际投票率比这要高了许多,为 56.7%。因此,对于蒙大拿州来说,预测误差就是:56.7-44.8=+11.9。与此相似,佛罗里达州的预测投票率是 41.6。因为佛罗里达州的实际投票率等于 39.9,它的预测误差等于 39.9-41.6=-1.7。

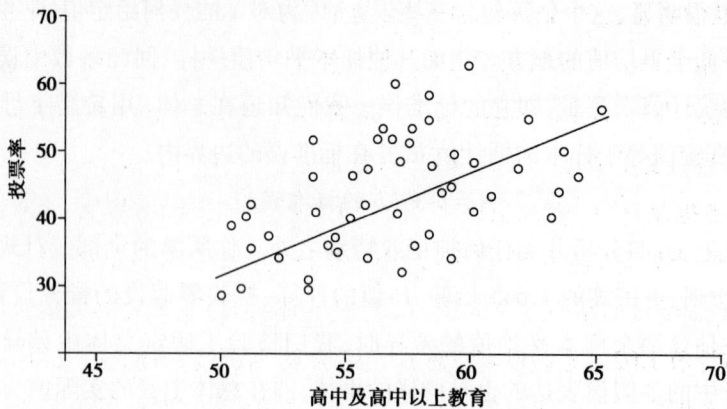

图 8-3 回归：教育与投票率

如蒙大拿州和佛罗里达州这两个个案所表明的，任何给定州的预测误差可能是正向的——实际投票率高于估算投票率，也可能是负向的——实际投票率低于估算投票率。事实上，如果将所有的正向的和负向的预测误差相加，它们总和为 0。因此，当回归找到最适配的直线时，它并非在 y 和 $\hat{y}$ 之间的简单差上起作用，而是在差额平方 $(y_i - \hat{y})^2$ 上起作用。回归将各州的实际投票率与它的估计投票率之间的差进行平方。在回归的逻辑中，最佳适配线是将所有个案的预测误差的平方最小化的那条直线。这也就是说，回归是找到一条将 $(y_i - \hat{y})^2$ 最小化的直线。最佳适配这一标准，即一条将 y 的实际值与 y 的估算值间的差平方最小化的直线，经常被用于把最小二乘法（OLS）与其他以回归为基础的技术区别开来。图 8-3 呈现的线就是一条 OLS 回归线。一如既往，回归也报告了对自变量和因变量关系的最佳适配的方程式：

$$\text{估计投票率} = -14.53 + 1.02(\text{高中及高中以上教育})$$

如何解释估计值 a 和 b 呢？首先思考估计值 a，它是当 x 为 0 时的投票水平。负的 14.53 的投票率有何意义？在这个案例中，它没有什么意义。当然，在实际的数据中，没有哪个州的自变量为 0（高中及以上教育为 0%）。尽管如此，回归仍旧产生一个估计值 $\hat{a}$，并把直线固定在 -14.53 的投票率处[6]。在有的回归应用那里，$\hat{y}$-截距的值即估计值 $\hat{a}$ 没有有意义的解释（然而，有时 $\hat{a}$ 是重要的。这在下文有讨论）。那么，$\hat{b}$，即教育对投票的影响的估计值，该作何解释呢？

解释回归系数有两个规则：第一，被测量自变量和因变量的单位要清晰。在这个案例中，因变量 y 用百分比来测量，即各州合格选民的投票百分比。自变量 x 也是用百分比来表示，即各州人口中接受过至少是高中教育的百分比。第二，记住回归系数 b 表示的是因变量而非自变量的单位。因此，回归系数 1.02 告诉我们随着教育（x）每增加 1 个百分点，投票（y）平均增加 1.02 个百分点。

事实上，初学者常犯的一个错误是用自变量的单位来解释 $\hat{b}$。以下说法似乎是合理的："高中毕业生的百分比每增加 1.02%，投票率就增加 1%。"但这个说法是不对的。记住，在回归方程式中所有的系数都是用因变量的单位来测量。截距就是当 $x=0$ 时因变量的值。斜率是当自变量变化一个单位时，因变量变化的估计值。

图 8-3 的数据是针对一个总体即所有的 50 个州而非一个州的随机样本进行计算的。当然，严格来讲，当处理的是一个总体时，统计推论的问题不会进入考量中。但是，为了阐释起见，我们将继续假定在这里处理的是一组样本，对应于真实的总体 β 值，我们获得了一个样本估计值 1.02。零假设将宣称 β 实际为 0。我们获得的样本估计值为 1.02，并在抽样误差的范围内。如前所示，我们诉诸回归系数的标准误，计算机计算为 0.25，并得到一个 t-值：

$$t = \frac{b - \beta}{b\text{ 的标准误}}, \text{d.f.} = n - 2$$

$$= \frac{1.02}{0.25}$$

$$= 4.08, \text{d.f.} = 50 - 2 = 48$$

让我们用这些结果来练习一下推理技巧。非正式的经验法则 ±2 提示我们拒绝零假设。根据上述统计结果，95% 的所有可能的随机抽样所产生的回归系数都将落于低端（1.02−2×0.25）与高端（1.02+2×0.25）的范围，即 0.52 和 1.52 之间。H_0 的幸运之树 0 并不在这个范围之中。使用 1.645 的规则来寻找 β 的最低可能的值：1.02−1.645×0.25 = 0.61。这个数字落在 H_0 的 0 标志之上吗？是的，它在 0 之上。计算机计算的 P-值为 0.000 1，这个数字终结了我们的推论：拒绝零假设。

R 平方

回归分析给出一个关于自变量对因变量影响的精确估计。它研究一个关系，并报告关系的准确性质。因此，如果有人想要探究，"教育对各州投票率究竟产生了什么影响？"的问题时，回归系数提供了一个答案："各州人口中高中及以上教育水平所占百分比每增加 1 个百分点，投票率就增加 1.02 个百分点。同时，回归系数的 P-值为 0.000 1。"然而，回归系数，就其本身而言，并没有测量这一关系的完整性，即因变量被自变量所解释的程度。一个怀疑论者看着图 8-3 可能会指出这一点。确实，只有一小部分的州准确地落在了回归线上。大多数州的投票率要不低于回归的预测值，要不高于回归的预测值。总体来说，自变量在解释因变量上做得有多好？我们对州的投票率的预测，在知道州的教育水平的情况下,比不知道的情况下,有了多大程度的改善?

在教育水平与投票之间存在关系这一点上,我们已没有疑问。问题在于 x 对 y 的解释上所做的贡献有多大。你或许会想有没有某些变量可以解释为什么有的州低于或高于回归线。或许,低于回归线的个案倾向于是南方的州,它们在历史上就有较低的投票率,而高于回归线的个案则是非南方州。或许,那些低于预测投票率的州与高于预测投票率的州相比,具有更严格的选民登记要求。这些都很难说。无论如何,州的教育水平,尽管显然与投票率相关,但是它提供的对后者的解释确实是不完整的。

在回归分析中,关系的完整性是用统计 R^2(R 平方)来测量的。**R 平方**(R-square)是一个误差比率削减(PRE)测量,因此,它以与 Lambda 和 Somers' d_{yx} 同样的方式提出有关强度的疑问:"与未知自变量相比,已知自变量在多大程度上改进了我们对因变量的预测?"考虑一下州的投票数据。假设你不得不在未知一个州的教育水平的情况下去推测它的投票率,你最好的推测是什么? 如在第 7 章对 Lambda 的阐述中所看到的,对一个定类变量最好的猜测是它的集中趋势,即它的众数。在如投票百分比之类的定距因变量的案例那里,最好的猜测也是由对变量集中趋势即平均值的测量来提供的。这个猜测,y 的平均值,是用 $\bar{y}$ 来表示的,y 的顶部有一横线。

图 8-4 再次展示了州的散点图和回归线。然而在这里出现了一条落在 43.3% 的水平直线,它是所有州投票率的平均值。因此,$\bar{y}$ = 43.3%。假如我们对自变量一无所知,我们就会对出现的每一个州猜测它的投票率为 43.3%。因为落在因变量平均值附近的州的数目多于落在任何其他值的州的数目,所以这个猜测在许多州那里都挺管用。但是,当然,这个猜测方法也会产生误差。请考虑缅因州个案,它在散点图中以实心的点显示。缅因州的投票率为 53.5%。对缅因州而言,我们猜测 43.3% 低估了它的投票率,其低估水平等于实际投票率减去平均投票率:53.5-43.3 = 10.2 个百分点。缅因州的投票率比仅仅根据所有州的平均投票率而做的预测点高了 10.2 个百分点。这个误差正规的标记方式为 $y_i-\bar{y}$,y 的实际值减去 y 的所有值的平均值。逐个计算每个个案的这个值,构成了建构 R 平方的起点。确切地说,R 平方是为每个个案找到其 $(y_i-\bar{y})$ 差值,将每个差值平方,然后将观测到的所有的平方值相加。这个结果就是所有 y 值偏离平均值的值的平方的总和:$\sum (y_i - \bar{y})^2$。在第 6 章讨论方差和标准方差时,我们曾遇到过总的平方和。总平方和构成了 R 平方的基石之一,其计算过程是标准一致的。R 平方首先确定每个观测值与所有的观察值分布的平均值之间的偏差,然后将所有案例中偏差的平方加总。**总平方和**(total sum of squares)是对所有个案在因变量上的偏差的全部加总。它也代表了当我们使用因变量的平均值作为预测工具来猜测每一个个案的因变量值时所产生的全部误差。

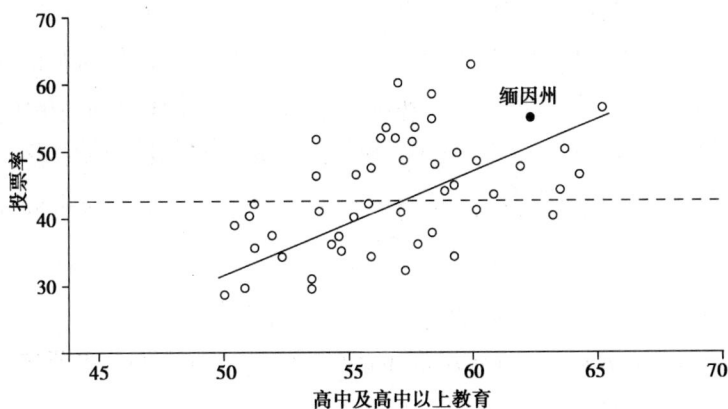

图 8-4　y 均值和回归 $\hat{y}$ 估计值：教育与投票率

现在让我们再度考察一下图 8-4 中的回归线，看一下它在多大程度上改善了对因变量的预测。回归线是在知道自变量的教育水平情况下对投票率水平的估算。对每次选取的一个州，我们不是猜测 $\bar{y}$，即因变量的总体平均值。相反，我们猜测 $\hat{y}$，即对自变量的一个给定值的 y 的估算值。例如，缅因州在自变量上有一个 62.4 的值，因为它的总人口中有 62.4% 至少接受过高中教育。我们对它的投票率估计应该是多少？把 62.4 代入回归方程式，对缅因州而言，我们得到：

$$-14.53 + 1.02 \times 62.4 = 48.9$$

用平均值 43.3 来猜测，与缅因州的实际投票率相比，我们错失了 10.2 点。我们新的估计 48.9 与实际值有多近？正式而言，因回归方程而获得的改善程度等于 $\hat{y}-\bar{y}$，以 y 的预测值减去 y 的平均值。对缅因州而言，使用回归方程获得的估计值 48.9 和基于平均值的预测值 43.3 之间的差等于 $48.9-43.3=5.6$。因此，我们从等于 10.2 点的误差开始。回归模型使我们得以从这 10.2 点中提取 5.6 点。但是，在回归预测的 48.9 与缅因州的实际投票率 53.3 之间，仍有解释不了的差异。这就是预测误差。如前所述，预测误差等于 $y_i-\hat{y}$。对缅因州而言，实际投票率 53.3 与预测投票率 48.9 之间的差异等于 $53.3-48.9=4.6$。

注意，我们刚刚得到的两个数值 5.6（因回归而获得的改善）和 4.6（预测误差），合计为 10.2，这是缅因州的投票率与所有州的平均值之间的总距离。确实，对于数据库中的每一个州而言，我们可将它偏离平均值的总距离 $(y_i-\bar{y})$ 分成两部分：用回归解释的部分 $\hat{y}-\bar{y}$ 和预测误差 $y_i-\hat{y}$。更普遍地说，回归分析中的总平方包含有两部分：

$$总平方和 = 回归平方和 + 误差平方和$$

或

$$\sum (y_i - \bar{y})^2 = \sum (\hat{y} - \bar{y})^2 + \sum (y_i - \hat{y})^2$$

如我们所见，总平方和测量了因变量中所有的差异值，并概括了使用因变量的总平均值去猜测每一个案所产生的误差的总额。**回归平方和**（regression sum of squares）是通过已知自变量而提取的总平方和的部分。**误差平方和**(error sum of squares)是预测误差,即没有被回归方程所解释的总平方和部分[7]。显然,如果回归平方和是总平方和的一大组成部分,那么,自变量在解释因变量上就做了很多工作。随着回归平方和贡献的降低,误差平方和的贡献增加,对自变量的知识在解释自变量上提供的帮助减少。R 平方不过是回归平方和对总平方和的比率:

$$R^2 = \frac{回归平方和}{总平方和}$$

R 平方测量回归线与实际数据之间的拟合度。如果 x 完全解释 y,且回归平方和等于总平方和,那么 R 平方等于 1。如果回归平方和没起作用,即我们对因变量的解释,在已知自变量的情况下和未知的情况下一样的话,那么 R 平方是 0。R 平方是一个误差比率削减(PRE)测量,其值始终位于 0 和 1 之间。它的值可理解为在因变量中被自变量解释的变化的比率。在上述州的数据那里,R 平方等于 0.26。因此,州的投票率的 26% 的差异可由它们的教育水平解释。州的投票率差异的剩余部分,即 74% 的差异,不能由各州教学水平解释,但可被其他变量解释。[8]

R 平方也称判定系数,与皮尔逊相关系数 r 有相似之处。事实上,$R^2 = r^2$。因此,州数据的 R^2 值等于 0.26,即 r 的平方,而针对同一数据的 r 在早前报告为 +0.51。皮尔逊 r 在政治分析中几乎人人皆知。当你想要检测变量之间的总体关系时,它是一个很好的测量工具。R 平方增加了回归统计工具库的厚度。因为它与误差比率削减(PRE)标准相关,R 平方传达了回归表现如何的信息,即回归模型对因变量差异解释的程度。

调整后的 R 平方

许多研究文章报告了 R 平方的保守版本,**调整后的 R 平方**(adjusted R-square),它一般接近于(但经常少于)常规的 R 平方。为什么 R 平方需要调整?与任何样本统计一样,一个样本的 R 平方是对总体中真实的 R 平方值的估计。总体的 R 平方等于样本的 R 平方,外加随机抽样误差的范围。但是,R 平方的误差只可能取正值,因为任何负值平方后均产生一个正数。这可能导致 R 平方估计值的膨胀。这一膨胀需要做向下的修正。考虑一下调整后的 R 平方公式:

$$调整后的 R 平方 = 1 - (1 - R^2)\left(\frac{n-1}{n-k-1}\right)$$

在公式中,n 代表样本规模,k 代表回归模型中自变量的数目。大括号内的数量是调整因子。注意调整因子的两个方面:第一,它通常大于 1。因为所有的回归模型至少有一个自变量,因子不会小于 $(n-1)/(n-2)$(以下我们讨论的回归分析均不止一个自变量)。第二,随着样本规模变小,调整因子增大。假设有一个自变量 $n=500$ 的样本,其调整因子等于 $(500-1)/(500-2) = 1.002$。对 $n=50$ 的样本,如州的数据,其调整因子等于 $(50-1)/$

$(50-2)=1.021$。在做调整时,我们把调整因子乘以$(1-R^2)$,然后用 1 减去其乘积。在教育-投票率的关系上:$1-(1-0.26)\times(1.021)=1-(0.74)\times(1.021)=1-0.76=0.24$。因此,经过调整后,我们可做出教育水平解释了投票率 24% 的跨州变化。

虚拟变量回归

如前所述,回归分析的一个吸引人之处是它对众多不同研究问题的适应性。研究者有一个名义或定序变量,而非一个定距变量,乃是一种常见的情形。对此类情形,回归也适用。考虑以下回归方程式,它意在分析投票率(作为因变量再次出现)与标记为"南方"的自变量之间的关系。这个自变量是定类的,把州分为南方和非南方州。

$$\hat{y} = \hat{a} + \hat{b}(南方)$$

现在你对这个方程式的所有的成分都很熟悉了。$\hat{y}$ 是对投票率 y 的估计值,$\hat{a}$ 是截距,是当自变量等于 0 时 $\hat{y}$ 的值。$\hat{b}$ 与之前一样,是当自变量的每一单位变化时,因变量的平均变化值。设想我们把南方这个自变量进行编码,对非南方州赋值为 0。因此,对于数据库中的所有的非南方州来说,南方 = 0。进一步把所有的南方州编码为 1,故数据库中的每一个南方州,南方 = 1。这里的南方是一个虚拟变量。**虚拟变量**(dummy variable)指的是所有落在一个特定种类上的个案取值为 1,而所有不落在这个特定种类上的个案取值为 0 的变量。运用回归逻辑,由于 $\hat{a}$ 是当自变量为 0 时 $\hat{y}$ 的值,在以上方程式中的 $\hat{a}$ 会估算非南方州的投票率的平均水平。为什么? 在南方这个变量里非南方州编码为 0,所以它们的估计投票率等于:

$$\hat{a} + \hat{b}(0) = \hat{a}$$

此处,南方州的投票率的估算值等于 $\hat{a}+\hat{b}$,在南方变量中南方州编码为 1。我们对它们投票率的估算是:

$$\hat{a} + \hat{b}(1) = \hat{a} + \hat{b}$$

表 8-3 南方和非南方州选民投票率

$\hat{y}$	=	$\hat{a}$	+	$\hat{b}$	(x)
估算投票率	=	当南方为 0 时的估算投票率	+	投票率的平均值变化	(南方)
估算投票率	=	46.34	+	−9.44	(南方)
$\hat{b}$ 的标准误				1.98	
t-统计值				−4.78	
P-值				0.000	
调整后的 R 平方	=	0.31			

资料来源:投票率是在 2006 年大选中具投票资格者占实际投票的百分比,由米切尔·麦当劳(乔治·梅森大学公共与国际事务系)计算,自变量是基于人口普查局对地区的定义。

　　既然回归的职责是估算平均值，那么，虚拟变量就适用于比较在定类或定序变量上被区别开来的对象的平均值问题。表 8-3 报告了从对南方和非南方州的投票率比较中获得的估计值。

　　让我们解释这些数字。对 y-截距的估计，在本案中，显然是有意义的。它表示了非南方州的平均投票率，投票率为 46.34。$\hat{b}$ 的系数为 -9.44，告诉我们为求得相对非南方州的南方州的期待值，须做减去 9.4 个百分点的调整。因此，平均而言，南方州在投票率上，比非南方州低 9 个百分点。记住回归系数本身不估算南方州的投票率。相反，它反映了赋值为 1 的南方州与赋值为 0 的非南方州之间的平均差异。当南方这个变量从 0 转变为 1 时，投票率平均下跌 9.4 个点。当然，我们可用这些信息来获得南方州的平均投票率的估计：46.3 - 9.4 = 36.9。

　　对这些结果，零假设应该怎样表达？零假设宣称，在总体中，南方与非南方的投票率没有差异，即 $\beta = 0$。估计的平均差距 -9.4 足以拒斥零假设吗？模型的 t-值的答复是肯定的。把回归系数除以它的标准误，-9.40/1.98，得到的 t-统计值为 -4.78，它远远超过了可接受的随机误差的范围。最后，调整后的 R 平方等于 0.31，它就已知各州是否位于南方，我们能在多大程度上解释投票率的跨州差异的问题上，给出一个总的指示。自变量解释了 31% 的州际投票率差异。[10]

　　虚拟变量的逻辑可扩展到超过两个值的定类或定距变量那里。例如，在州的数据中，地区可用 4 个分类来测量：东北部、中西部、西部和南方。在刚刚讨论的虚拟变量回归里，在虚拟变量南方中，东北部、中西部和西部被合在一起编码为 0。南方的州在虚拟变量上被赋值为 1。但是，假定你现在想要比较这 4 个地区的投票率。在这里，回归也能适用。考虑以下回归方程：

$$\text{估计投票率} = \hat{a} + \hat{b}_1(\text{东北部}) + \hat{b}_2(\text{西部}) + \hat{b}_3(\text{南方})$$

　　东北部是一个把位于东北部的州赋值为 1、其他州为 0 的虚拟变量。西部也是一个虚拟变量，西部州赋值为 1，其他为 0。与此相似地，南方这个变量中，1 代表南方州，0 代表所有的非南方州。那么，中西部州呢？我们错误地把它们排除于方程之外了吗？非也。记住虚拟变量"非 0 即 1"的逻辑。一个中西部州在东北部变量上的赋值为 0，在西部变量和南方变量上也为 0。于是，中西部各州的估计投票率就可通过 y-截距即 $\hat{a}$ 获得。一如往常，截距告诉你当自变量等于 0 时因变量的平均值。在本案例中，有 3 个虚拟变量，每一个界定了不同的地区分类。当所有的这些分类都是 0 时，截距报告了在任何其他分类中均没有包含的所有个案的因变量平均值。用虚拟变量回归的语言来说，截距估计的是自变量在基线类别或排除类别上的因变量值。

　　用虚拟变量建立回归时，需要记住一些规则。第一，在用一个有 k 个分类的自变量做虚拟回归时，虚拟变量的数目应等于 $k-1$。由于地区有 4 个分类，在方程中就有 3 个虚拟变量。我们也将这个规则用于开始的那个案例。自变量有两个分类：南方和非南方，所以回归有一个虚拟变量,南方。第二个规则是分类必须是互相排斥的,并且分类合并起来必须穷尽所有个案。互斥意味着在一个分类中赋值为 1 的任何个案,在其他的分类中赋值为 0。合并穷尽意味着所有的分类均包含了所有的个案,因此,没有任何个案不被分类。在基线或者排除分类里的案例满足这些条件,因为通过不被划入所有的其他分类,它们能而且只能被划分为剩余的一类。

现在考虑一下回归系数的记号和意义。为了保持回归系数的身份各自独立,每一个系数都有它自己的下标:$\hat{b}_1$、$\hat{b}_2$ 和 $\hat{b}_3$。各个系数的含义是什么?系数 $\hat{b}_1$ 告诉我们东北州的平均投票率,与作为基线分类的中西部州的平均投票率之间的差异。同理,$\hat{b}_2$ 使我们可与截距比较,获得西部州的估计值,$\hat{b}_3$ 告诉我们南方州与基线分类的平均差异。让我们看一下表 8-4 呈现的分析结果,并借此澄清上述各点。根据回归估计,位于基线分类的中西部州的投票率是 48.7,因为 $\hat{a} = 48.7$。其他 3 个地区的投票率高于还是低于这个数值?东北部的系数是 -2.7,这告诉我们,平均来说,这些州的投票率比基础分类低 2.7 个百分点,即 $48.7 - 2.7 = 46$。西部的平均值也一样,比基线分类 48.7 稍微低一点。从估计 $\hat{b}_2$ 等于 -4.4 来看,西部州的平均投票率大约比中西部的低 4 个百分点。南方的个案则需要做更大的调整。平均而言,南方州得分低于截距 11.8 个单位,因为 $\hat{b}_3 = -11.8$。这使它们的平均投票率落在 $48.7 - 11.8 = 36.9$ 的点上。

表 8-4　4 个地区选民投票率的估计

估算投票率	=	$\hat{a}$	+	$\hat{b}_1$(东北部)	+	$\hat{b}_2$(西部)	+	$\hat{b}_3$(南方)
		48.73	+	-2.69	+	-4.36	+	-11.82
$\hat{b}$ 的标准误				2.85		2.58		2.47
t-统计值				-0.95		-1.69		-4.79
p-值				0.35		0.10		0.00
调整后的 R 平方	=	0.32						

资料来源:投票率是在 2006 年大选中具投票资格者占实际投票的百分比,由米切尔·麦当劳(乔治·梅森大学公共与国际事务系)计算,自变量是基于人口普查局对地区的定义。

对 t-统计值和 P-值的解释与以前讨论过的相关事项完全相同。你能看到系数 $\hat{b}_1$ 并没有通过零假设的考验。$\hat{b}_1$ 的 t-值 -0.95 及其 P-值 0.35 表明中西部与东北部的平均差异可用抽样误差来解释。$\hat{b}_2$ 的 t-值 -1.69,P-值 0.10 也是一样的道理。[11]然而,南方的系数与 0 有显著的差异。它的 t-值 -4.79 和 P-值 0.00 表明了 $\hat{b}_3$ 的估计值太大了,不可能因偶然而产生。

多元回归

现在对回归分析已有所了解,你可能会欣赏它的可塑性。对于政治学研究者来说,普通最小二乘回归是可被使用的最有效的方法之一。确实如此,一旦你熟悉了这个方法,你就可以用它来建立模型和估算复杂的关系。例如,在**多元回归**(multiple regression)中,当控制其他自变量的影响时,我们可将一个自变量对因变量的影响分离出来。

考察一下我们在本章用于解释投票率差异的一些变量。在讨论简单的双变量回归时,我们分析了州的投票率与其教育水平之间的关系。在对虚拟变量回归的考察里,我们分析了投票率与二分虚拟变量南方之间的关系。在两个回归中,我们都发现自变量与投票率相关。但是,还存在着一个潜在的问题。如果两个自变量:受教育水平和南方,本身就有联系呢? 例如,南方的州比非南方的州教育水平低? 如果两个自变量以这样的方式有关联,那么,比较南方州与非南方州时,我们其实是在比较较低教育水平的州(有较低投票率)与较高教育水平的州(有较高的投票率)。确实,检查数据发现,在教育变量上,南方州平均为55.2%,相比之下,非南方州为57.7%。

比较控制的逻辑告诉我们如何将这一点分离出来。如果有的是分类变量,并且做的是交叉列表分析,那么,我们可把州分为两类:教育程度较低和教育程度较高。然后再度考察相对于各类别南方/非南方州与投票率之间的关系。我们也可以通过控制受教育程度,将地区对投票率的局部效应分离出来。这个步骤也允许检验教育程度对投票率的控制性效应。多元回归也做相同的事情。多元回归对每一个自变量产生一个偏回归系数。**偏回归系数**(partial regression coefficient)估计在控制了模型里的其他自变量的情况下,随着自变量每一单位的变化,因变量相应的变化平均值。因此,一个用教育程度和地区作为自变量的投票率多元回归分析,可以报告两个偏回归系数—— 一个为控制地区,估计教育程度对投票率的效应;另一个为控制教育程度,估计地区对投票率的效应。多元回归模型采取的一般方程是:

$$\hat{y} = \hat{a} + \hat{b}_1(x_1) + \hat{b}_2(x_2) + \cdots + \hat{b}_k(x_k) + \cdots + e$$

一个有两个自变量的多元回归模型可估算两个偏回归系数。系数 $\hat{b}_1$,控制 x_2,估算 x_1 每一单位变化导致的因变量变化的平均值。系数 $\hat{b}_2$,控制 x_1,估算 x_2 每一单位变化导致因变量变化的平均值。因此,$\hat{b}_1$ 和 $\hat{b}_2$ 告诉我们每一个自变量对因变量的局部效应。截距 $\hat{a}$,估算当所有的自变量等于 0 时,因变量的平均值。为了描述多元回归的基本特性,并指出它的一些局限和陷阱,让我们回到州的投票率数据。

以下是我们想要估计的回归模型:

$$估计投票率 = \hat{a} + \hat{b}_1(高中及高中以上的教育) + \hat{b}_2(南方)$$

回归系数 $\hat{b}_1$ 是在控制南方的情况下对教育水平的偏效应的估计。回归系数 $\hat{b}_2$ 是在控制教育程度的情况下对南方的偏效应的估计。表 8-5 报告了这些结果。根据表 8-5,教育对投票率的效应的回归系数为 0.74。在多元回归的世界里,这意味着什么? 回归在统计上把个案按地区分类,即分为南方州和非南方州,然后找到教育对投票率偏效应的最佳估计。因此 $\hat{b}_1$ 为 0.74 的意思是,在南方这个变量保持不变的情况下,教育每增加 1 个百分点,投票率增加 0.74 个百分点。与此相似,南方的系数 −7.57 告诉我们,在控制了南方与非南方州的教育水平差异后,南方州在投票率上平均要低 7.57 个百分点。

地区与投票率之间的可能关系污染了教育的效应吗? 没有,回归已经控制了地区。南方州有较低的投票率,或许是因为与非南方州相比,它们高中及以上的毕业生的比重较小? 答案仍旧是不。多元回归已把这一点纳入计量之中。当仅仅使用南方作为预测变量时,我们发现南方州比非南方州平均低 9.4 个百分点。然而,在考虑州之间的教育差异后,南方和非南方州的投票率差异的平均值缩减至 7.6 个百分点。因此,投票率上的部分地区差异是由地区间的教育差异引起的:南方州比非南方州的教育水平更低。当使用教育作为唯一的预测指标时,我们发现,教育变量每增加 1 个百分点,投票率相应增加 1.02 个百分比。然而,考虑到地区差异后,这个效应减至 0.74,大约是一个百分点的 3/4。因此,教育差异对投票率的影响部分是由地区差异造成的:较低教育水平的州,比较高教育水平的州,更倾向于坐落在南方。多元回归已发挥了它的方法论奇迹,将自变量的局部效应分离出来了。

表 8-5　受教育程度和是否南方对因变量投票率的回归估计

估算投票率	=	$\hat{a}$	+	$\hat{b}_1$(教育)	+	$\hat{b}_2$(南方)
		3.70	+	0.74	+	−7.57
$\hat{b}$ 的标准误				0.23		1.90
t-统计值				3.24		−4.00
p-值				0.00		0.00
调整后的 R 平方	=	0.42				

资料来源:投票率是在 2006 年大选中具投票资格者占实际投票的百分比,由乔治·梅森大学公共与国际事务系的米切尔·麦当劳计算,自变量是基于人口普查局对地区的定义。

对表 8-5 其余数值——标准误、t-值和 P-值的解释,也遵循与双变量回归相同的规则。t-值和 P-值表明各个变量都对投票率产生了独立的效应。事实上,两个自变量的回归系数 t-值都大大超过了 2,都通过了显著性的目测检验。在多元回归中,调整后的 R 平方传达了更扩展的误差比率削减(PRE)意义。它的值表明进入回归的所有的自变量,在多大程度上解释了因变量。调整后的 R 平方为 0.42 说的是,知道了有关州的两个事情——高中及以上受教育的人数所占百分比和它们是否坐落在南方,我们就可以解释它们投票率上42%的差异。

多元回归中的交互效应

多元回归方法是线性的和累加的。它通过控制模型里的其他所有的自变量的效应来估算一个自变量的局部效应。这样做,回归设定各个自变量的效应,在其他自变量的所有取值上,都保持不变。例如,在刚刚讨论的个案中,回归在控制南方后,估计了教育对投票率的局部效应。用这个技术所产生的估计,是基于这样一个设定,教育对投票率的效应,在南方和非南方州都是一样的。根据回归的结果,在南方和非南方州,教育每增加一个单位,都会同样地带来投票率的0.74单位的增加。多元回归是检测伪关系的现成工具,并可用于对累加关系建模。如果研究者认为南方与投票率之间的关系可能是虚假的——投票率上存在的明显的地域差异,是由于非南方与南方州的受教育程度差异造成的伪结果,那么多元回归就会发现这些伪效应。如果累加关系在起作用,那么,两个变量都对我们理解投票率做出了贡献,回归将估计两个变量各自的局部效应。

在第4章和第5章中,我们讨论了交互关系。你应当还记得,在交互关系中,自变量对因变量的效应,并非在控制变量的所有值上都是一样的。在多元回归分析中,交互关系被称为**交互效应**(interaction effect)。当自变量的一个局部效应不能很好地概括它的全部效应时,交互效应就产生了。在这种情况下,它的效应随着模型里的另一个变量的值的变化而变化。例如,在刚刚估计的回归模型里,多元回归的线性-累加系数告诉我们,可通过把教育的局部效应加上南方的局部效应来估算投票率。但是,如果教育效应在南方州比在非南方州大,那该怎么办呢? 如果情况真是这样的话,那么,我们刚刚描述并估计的模型将是一个对关系的不正确描述。大多数时间里,多元回归的线性-累加假设运转良好。然而,如果数据中存在着交互关系,或研究者所描述的解释或过程蕴含着交互关系,那么,就需要确认一个不同的模型。

为了介绍回归分析里的交互效应,让我们考虑一个与民意相关的有趣理论,我们将其称为**极化观**。基于约翰·扎拉(John R. Zaller)有影响力的著作,极化观讲的是最热衷政治的人也是被政治分裂最甚的人。[12]例如,当比较大多数共和党人和民主党人对堕胎的意见时,我们可以发现一个可辨认的(即便是微弱的)模式:民主党人比共和党人更加支持堕胎权。然而,在那些具有政治意识的人,即那些密切关注政治并具备高水平政治知识的人那里,党派将会按照互相斗争的意识形态营垒的方式组合起来,民主党人比共和党人更加支持堕胎权利程度变得非常强烈。莫里斯·菲奥丽娜、萨缪尔·亚伯兰和杰瑞米·波普(Morris P. Fiorina,Samuel J. Abram 和 Jeremy C. Pope)认为,这个规模很小但能见度很高的群体,打造了一场"文化战争"正在美国政治中进行的神话。他们主张,在大多数公民那里出现的党争极化,不过是对正在政治热衷者中进行的战争的一个微弱的回声。[13]

　　从方法论的立场看,极化观意味着交互效应。把民主党人和共和党人在一个重要议题上的观点加以比较,就能显示具备较高政治知识的人,同较低政治知识的人相比,具有更加强烈的党争差异。在使用回归对这些关系建模前,让我们回到所熟悉的均值比较分析,以对这里的数据的意义有一个较清晰的认识。表 8-6 使用美国国家选举研究的数据,对政治知识水平较低和较高的民主党人、独立人士和共和党人对堕胎权利的意见做了比较。堕胎态度的量表由 10 分组成,从 0(最反对堕胎权)到 9(最支持堕胎权)。政治知识用受访者正确确认的政治事实的数量来测量。[14]花点时间来检验表 8-6,那里发生了交互效应吗?

　　事实上,交互效应的特征在数据中表现得很明显。我们先来看看政治知识水平较低的受访者在党派-堕胎意见上的关系。民主党人平均为 4.3,独立人士为 3.7,共和党人为2.9。在具较低政治知识水平的人那里,随着自变量值的变动,意见的平均值下降了 1.4分。现在考虑一下具有较高政治知识的人在党派-堕胎意见上的关系。民主党人平均为5.7;独立人士为 4.6,共和党人为 2.8——随着自变量值的变动,下降了将近 3 分。还请注意,控制变量的效应也随自变量的值的变化而不同。虽然,高政治知识民主党人比低政治知识民主党人更支持堕胎权,但这个控制变量在共和党人那里不起作用。

表 8-6　按党派支持堕胎权平均得分,控制政治知识

党派属性	政治知识		总计
	低	高	
民主党人	4.3	5.7	4.8
	(184)	(111)	(295)
独立人士	3.7	4.6	4.1
	(205)	(142)	(347)
共和党人	2.9	2.8	2.8
	(144)	(156)	(300)
总计	3.7	4.2	3.9
	(533)	(409)	(942)

资料来源:2004 年全美选举研究。

　　很明显,我们在这里处理的不是线性-累加效应。什么样的回归方程式能准确地描绘这些关系呢? 思考以下模型:

$$\hat{y} = \hat{a} + \hat{b}_1(党派) + \hat{b}_2(高知识) + \hat{b}_3(党派 \times 高知识)$$

其中

$\hat{y}$ 是在支持堕胎权量表上的估计得分;

党派:民主党人赋值为 0,独立人士为 1,共和党人为 2;高知识是个虚拟变量,高政治知识的受访者赋值为 1,低政治知识的受访者为 0。

把政治知识变量转到 0,看看估计值会是什么。当政治知识这个虚拟变量等于 0 时,那么,b_2 和 b_3 退出回归,$b_2(0) = 0$,$b_3(0) = 0$,只剩下 $a + b_1$(党派)。因此,b_1 会估计低政治知识的受访者的党派属性效应。尽管这个效应看起来很温和,但是均值比较分析表明低政治知识独立人士得分低于民主党人,低政治知识共和党人得分更低。根据党派属性的编码方式(编码值越高越倾向于为共和党人),b_1 应该是负向的,随着党派属性从民主党人转移到独立人士,再到共和党人,它与截距相加的结果变得越来越小。现在把政治知识这个变量的值转为 1。当知识这个虚拟变量等于 1 时,b_2 就活跃起来。这个数值估计的是什么?系数 b_2 告诉我们政治知识对因变量的局部效应。检视表 8-6 中"总计"一列时,你可能已注意到高政治知识的受访者比低政治知识的受访者更支持堕胎权。我们不知道这个效应是否有统计学上的显著性,回归统计会提供更多的信息,但我们期待 b_2 为正值。

回归系数 b_1 和 b_2 构造了回归模型线性-累加关系的基础。例如,对低政治知识的民主党人,因变量的基线估计等于 $a + b_1(0) + b_2(0)$。高政治知识的民主党人:$a + b_1(0) + b_2(1)$。低政治知识的共和党人:$a + b_1(2) + b_2(0)$。高政治知识共和党人:$a + b_1(2) + b_2(1)$。注意,模型的这些线性-累加部分告诉我们,需要对截距 a,即当所有的自变量等于 0 时的模型的估计值,做多大的调整。我们能使用回归系数来估计在党派属性和政治知识的所有组合情况下的堕胎权量表值。如果我们不对交互效应建模,回归分析将以对基线的估计为始,以对基线的估计而终。然而,根据表 8-6,党派属性 b_1 的基础效应本身并不足以刻画在高政治知识群体中产生的效应。在低政治知识受访者中,共和党人比民主党人得分低于 2.9——其中含 1.4 个基线效应分,外加 1.5 的效应分。

把你的注意力转到交互变量上,"党派×高政治知识"。**交互变量**(interaction variable)是两个(或者更多)自变量的乘积产物。注意,对于高政治知识受访者来说,交互变量的取值等于党派属性。对于民主党人而言,它等于 $0(0 \times 1 = 0)$;独立人士为 $1(1 \times 1 = 1)$;共和党人为 $2(2 \times 1 = 2)$。系数 b_3 估计的是交互变量的局部效应。具体而言,b_3 告诉我们相对于高政治知识个人在党派属性上的每一单位的变化,党派属性和政治知识的累加效应即 $b_1 + b_2$ 将要做多大程度的调整。如果 b_3 接近于 0,那么,交互效应是很弱的,因此,我们或许可以就用基线效应来估算高政治知识者的堕胎权态度得分。随着 b_3 离开 0,交互效应就变强,因此,我们需要依据 b_3 的值是正的或负的,来对累加效应做或增加或减少的调整。表 8-6 表明,党派效应在低政治知识和高政治知识个体那里都具有相同的走向——随着党派属性增加,平均得分下降。但是,它对具有更多政治知识的人的影响更大。因此,应可期待 b_3 为负值。

表 8-7　交互影响的建模：党派属性，政治知识，堕胎意见

变量	系数	标准误	t-统计	显著性
常数	4.33			
党派属性	−0.070	0.15	−4.57	0.000
高政治知识	1.50	0.29	5.17	0.000
党派身份×高政治知识	−0.76	0.22	−3.45	0.001
调整后的 R 平方 = 0.11				

资料来源：2004 年全美选举研究。

表 8-7 报告了回归分析的结果。表 8-7 的布局不同于本章之前例证的表样式，它更接近于你将要在计算机输出和研究文章中见到的格式。变量出现在表的最左一列。对各变量的估计和统计值出现在变量的右侧。或许除了"显著性"（它是 P-值的另一个说法）这个标签外，其余的元素我们都很熟悉了。让我们解释一下它们。我们从所有的变量均为 0 开始。常数 4.33，是对低政治知识的民主党人的堕胎意见的估计得分：

$$4.33 - 0.70(0) + 1.50(0) - 0.76(0) = 4.33$$

党派属性的系数−0.70 为负相关，且具有统计上的显著性。党派身份每增加一个单位，堕胎意见得分平均减少 0.70 个点。我们对低政治知识的独立人士的估计是：4.33−0.70(1) = 3.63。对低政治知识的共和党人的估算是：4.33−0.70(2) = 2.93。高政治知识变量系数+1.50 是正向的，且具有统计上的显著性。让我们用这个系数获得高政治知识受访者的基础模型估计。使用党派和政治知识的基线效应，我们可得到民主党人的估计 5.83(4.33+1.50)，独立人士 5.13(3.63+1.50)，共和党人 4.43(2.93+1.50)。

现在我们让交互效应发挥作用。我们发现，交互变量的系数−0.76 具有显著性。这个系数告诉我们必须修正对高政治知识人群的估算。对于他们来说，党派属性每增加一个单位，因变量的估计就要下调 0.76 个点。因为在党派变量上民主党人编码为 0，所以他们的高政治知识估计保持不变，为 5.83，比低政治知识民主党人高出 1.50 个点。独立认识的党派属性为 1，我们从原初的累加估计中减去 0.76：3.63−0.76 = 2.87。共和党人在党派属性上编码为 2，因此，需要减去的量为系数值的 2 倍：4.43−0.76(2) = 2.91。在共和党人那里，这一负相关的交互效应完全中和了高政治知识人群的基础效应，使高政治知识(2.91)和低政治知识的共和党人(2.93)在这个问题上达成一致。[15]

多重共线性

在本章的几个例证中，多元回归用于估算两个自变量对一个因变量的局部效应，然

而这个方法不局限于两个变量。事实上，研究者可以在方程式中包含任何数量的自变量。例如，在解释州的投票率时，我们可以假设还有另一个州层次上的变量，如州内党与党之间的竞争程度，对投票率产生影响。我们可很容易地把这个变量引入方程，估计它的局部效应。以此类推，在解释支持堕胎权利的意见中的差异时，我们可提出其他合理的变量，如宗教或者性别，并进一步扩展模型。多元回归会导出回归系数，如 t-统计、R 平方等指标值。然而，如果研究者太痴迷于回归分析的能力和灵活性，就有可能忽视一个严重的统计问题。

这个问题可通过思考交叉列表控制比较而得以很好地领会。考虑一个现实的例子。假设你想要通过使用调查数据找出自变量种族（白人/黑人）与因变量投票率（投票/未投票）之间的关系。这个双变量分析应该是很简单的：把白人中投票者占比与黑人中投票者占比加以比较。进一步假设，你想要控制党派属性（民主党人/共和党人）。逻辑上，这也是很容易完成的。你将对象按照党派属性分类——民主党人一组，共和党人另一组，然后分别重新检验民主党人的种族-投票率之间的关系和共和党人的种族-投票率之间的关系。在这点上，你将会面临一个经典问题。当你查看共和党人这组时，想要比较白色人种与黑色人种，你会发现很少的黑色人种——事实上，少到不能做合理比较的地步。当然，问题是两个自变量，种族和党派属性联系密切。黑色人种压倒性地是民主党人。因此，当你把样本分为民主党人和共和党人时，大多数的黑人落在控制变量的一个分类民主党人之中。虽然你可能还会有少许黑色人种的共和党人，但是你计算得出的百分比可能会被高度怀疑，因为可供计算的个案实在太少。

当这个问题出现在多元回归之中时，它被称为**多重共线性**（multicollinearity）。当自变量彼此之间的联系是如此之强，以至于难以估算每个自变量对因变量的局部效应时，就会发生多重共线性。当多元回归试图在统计上控制一个自变量从而能估计另一个自变量对因变量的局部效应时，它也会遭遇我们在交叉列表例证那里遇到的问题：个案太少。自变量之间有联系是正常的。毕竟，多元回归的魅力在于它能在排除自变量中的共变部分的情况下，获得各个自变量的回归系数的估计。问题在于自变量之间的相关性程度。

我们怎样才能知道一个回归模型是否有多重共线性问题？如果自变量之间的相关系数规模小于 0.8，那么，多元回归将会正常工作。如果相关性是 0.8 或者更高，那么，多元回归就不会做出好的估计。带有交互效应的回归模型特别有多重共线性的嫌疑，因为根据设计，交互变量就是模型中一个自变量与其他自变量的结合物。例如，在我们刚刚估计的模型中，交互变量（党派×高政治知识）与党派的相关性为 0.55，与高政治知识的相关性为 0.73。令人高兴的是，方法论者已找到改善这个问题的方法。[16]另一个鉴定多重共线性的线索是比较含一个自变量和含两个自变量的回归模型的调整后的 R 平方值。这个比较告诉你在知道两个自变量的情况下，你对因变量的解释能改善多少。如果两个自变量相关性很强,那么,R 平方值就不会有多大改善。在州的投票率的例子中,仅用教育就可得到一个调整后的 R 平方 0.24,仅用南方的虚拟变量得到的值为 0.31。两个变量结合则得到 0.42。这是一个合理改善,它在统计上指示,在这个多元回归结果中,多重共线性不是一个严重的问题。

总　结

本章介绍了两个可用于政治分析的有力的方法:相关和回归。相关和回归一块对关于关系的 4 个问题提供了答案:关系的强度为多少? 关系的方向是什么? 关系的准确本质是什么? 观测到的关系是偶然发生的吗? 如我们所见,相关讲述的是强度和方向的问题。如果两个变量的测量是在定距水平上的话,皮尔逊 r 会通过 r 值的正负号表明其关系的方向,并给出从 −1 到 +1 的强度读数,研究者通常在研究进展的早期阶段使用相关分析,用它来探讨感兴趣的变量之间的总体关系。

回归分析比相关分析更具体。回归分析也揭示自变量与因变量之间关系的方向。回归系数的正号或负号指示了关系的运行方式。正的斜率指示正向的关系,负的斜率指示反向的关系。回归经常用于检验变量之间的因果联系。我们看到的回归系数,显示了这个联系的精确本质:自变量每一单位的变化导致因变量变化的平均值。多亏了回归提供的统计,研究者可检验伪假设,即真实的回归系数等于 0 的假设。回归分析也是测量强度的工具。R 平方是一个误差比率削减测量,它告诉研究者自变量在多大程度上解释了因变量。

关键术语

调整后的 R 平方(adjusted R-square)

相关性分析(correlation analysis)

虚拟变量(dummy variable)

误差平方和(error sum of squares)

交互效应(interaction effect)

交互变量(interaction variable)

多重共线性(multicollinearity)

多元回归(multiple regression)

偏回归系数(partial regression coefficient)

皮尔逊相关系数(Pearson's correlation coefficient)

预测误差(prediction error)

回归分析(regression analysis)

回归系数(regression coefficient)

回归线(regression line)

回归平方和(regression sum of squares)

R 平方(R-square)

散点图(scatter plot)

总平方和(total sum of squares)

练 习

1.一个研究者正对 10 个国家的经济发展(x)与宗教信仰(y)关系进行调查(研究者对两个变量的测量均在定距层次)。研究者推论,与处于经济发展高端的国家的公民相比,处于经济发展低端的国家的公民的宗教崇拜水平更高。随着经济发展的增加,宗教崇拜减少。按照以下要求画出并且标注 4 组轴线:

    A.根据研究者假设,x 与 y 是正相关,x 与 y 是负相关,或者 x 与 y 之间没有相关性? 请解释。

    B.在你画出的第一组轴线上,用一个点来代表 10 个国家中的一个国家,描绘出经济发展与宗教崇拜水平相关性为−1 时的关系。

    C.在你画出的第二组轴线上,描绘出经济发展与宗教崇拜水平相关性为+1 时的关系。

    D.在你画出的第三组轴线上,描绘出经济发展与宗教崇拜水平相关性为 0 时的关系。

    E.假设研究者发现自变量与因变量之间的相关性为−0.7。在第四组轴线上,显示−0.7 的相关性是什么样子(使它看起来真实一些,不用太精确)。

    F.根据−0.7 的相关性,研究者推断:"经济发展解释了宗教信仰上 70%的差异。"这是正确的吗? (提示:回顾皮尔逊 r 与 R 平方之间的差异)

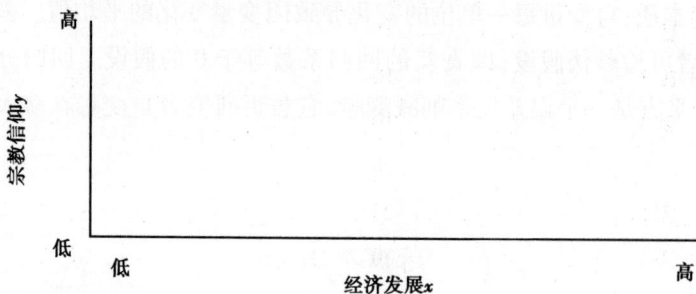

2.以下为两列数字:x 与 y 各有五个观测值。x 变量的平均值为 3,标准差为 1.6。y 变量的平均值为 11.6,标准差为 5.0。在这个练习中,你将要手动计算 x 与 y 之间关系的皮尔逊相关系数,R 平方和调整后的 R 平方。

x	y
1	18
2	13
3	14
4	7
5	6

A.将这些列复制到一张纸上。标注 3 个附加的列："x 的 Z 值""y 的 Z 值"和"x 的 Z 值×y 的 Z 值"。

B.计算并写出每一列的合适值。

C.展示你对两个变量关系的皮尔逊 r 的计算过程。

D.计算变量关系的 R 平方。

E.展示你计算关系的调整后 R 平方的工作过程。

3.环境公平是一个有趣的并有争议的研究领域。一些观察者论证说,当州和地方政府在选择建设不受欢迎的设施(如危险废弃物处理厂)的地点时,他们选择少数民族人口比较密集的地方。因此,根据这个观点,可用各地区(x)的种族构成去预测它们与有害环境和健康设施的远近。如下为虚拟的 10 个人口普查区数据。自变量是人口中黑人所占百分比;因变量是每个地区与最近的废弃物处理厂的距离(英里)。假设在对人口普查区的比较里,与那些黑色人种百分比较低的地区相比,黑色人种百分比较高的地区更靠近污染源。

人口普查区	黑人占百分比 x	距离(英里)y
区 1	0	32
区 2	0	28
区 3	10	26
区 4	10	22
区 5	20	20
区 6	20	16
区 7	30	14
区 8	30	10
区 9	40	8
区 10	40	4

A.这个关系的回归方程式是什么? 解释回归系数。x 对 y 的影响是什么?

B.解释 y-截距。这个截距究竟告诉了你什么?

C.根据这个方程式,人口普查区中黑色人种占比为 15% 的预测值是什么? 人口普查区中黑色人种占比为 25% 的呢?

D.这些数据调整后的 R 平方是 0.94。解释这个值。

4.与非枪支拥有者相比,枪支拥有者会对共和党做出更高的评价? 为了查明这个问题,研究者检验了一个以共和党的情感温度表为因变量 y 的回归模型。受访者给予共和党从 0(冷的或负向的)到 100(热的或正向的)的评价。研究者创造了一个虚拟变量,命名为"拥有者",编码为 1 代表拥有枪支,编码为 0 代表没有枪支。拥有者是自变量,x。这是回归结果:

$$y = 44.8 + 8.0(所有者)$$

$$b 的标准误 = 1.1$$

$$调整的 R^2 = 0.02$$

A.根据这些发现,研究者下结论道:"不拥有枪支的人对共和党的评价平均值为 44.8。然而,在枪支拥有者中,共和党平均评价仅为 8.0。因而,非枪支拥有者比拥有枪支的人更多地支持共和党。"这个推论正确吗? 为什么正确或者为什么不正确?

B.研究者得出的另一个结论是:"自变量对因变量的影响并不具备统计上的显著性。"这个推论正确吗? 为什么正确或者为什么不正确?

C.研究者还有一个结论:"自变量几乎没有解释因变量的变化。"这个推论正确吗? 为什么正确或者为什么不正确?

5.看到练习 4 中的调整后的 R 平方的微小的值,另一个研究者建议,另一个变量——个体是自由主义者或是保守主义者,可能会影响对共和党的评价。研究者定义了一个虚拟变量,"保守主义者"。凡自称为保守主义者赋值为 1,0 则代表不是保守主义者。回归估计为:$y=a+b_1(拥枪者)+b_2(保守主义者)$,"拥枪者"是枪支拥有者/非枪支拥有者,"保守主义者"是保守主义者/非保守主义者的虚拟变量。以下是回归结果(圆括号内的数据是回归系数的标准误):

$$y = 38.7 + 6.4(拥枪者) + 20.1(保守主义者)$$

$$(1.2) \qquad (1.2)$$

$$调整后的 R^2 = 0.16$$

A.控制保守主义信仰后,枪支所有权对共和党人的评分的局部效应是什么? 在人口总体中,与非枪支所有者相比,枪支所有者会对共和党做出更高的评价。这个推论是合理的吗? 解释一下。

B.控制枪支拥有者与非枪支所有者,保守主义者对因变量的局部效应是什么? 在人口总体中,与非保守主义者相比,保守主义者会对共和党做出更高的评价。这个推论是合理的吗? 解释一下。

C.根据这个回归,枪支所有者的保守主义者中,对共和党评价的平均值是什么? 非枪支所有者呢?

D. 调整的 R 平方值是 0.16。这意味着对共和党评价差异的_____%，可由模型里的两个变量来解释。这也意味着_____%的差异无法由模型里的变量来解释。

E. 列举一个别的变量，它也可能解释因变量里的差异。简单描述你为什么认为这个变量可能有助于对共和党评分的解释。

6. 假设你要对枪支所有者、保守主义者和对共和党人评价之间的关系建立一组模型。你认为枪支所有权对共和党评价的正向影响，在保守主义者那里显著大于非保守主义者。在练习 5 展示的基线效应模型的基础上，构建一个交互效应模型：$y = a + b_1$（拥枪者）$+ b_2$（保守主义者），此处"拥枪者"为枪支所有者/非枪支所有者，"保守主义者"为保守主义者/非保守主义者。在你确定模型之前，需要计算交互变量的系数。

A. 交互变量是由_____乘以_____计算得来。以下组群的受访者中，哪一个的交互变量为 1：拥枪者/非保守主义者，非拥枪者/非保守主义者，拥枪者/保守主义者，非拥枪者/保守主义者？

B. 写出要估计的交互模型。

C. 聚焦观察交互影响的估计系数。如果你的想法是正确的，即"枪支所有者对共和党的评价，在保守主义者那里要显著大于非保守主义者"，那么，你期望的系数的符号是负向的、正向的，还是接近于 0？解释你的答案。

注　释

1. 在实际中，回归也经常用于因变量为含多个分类的定序变量的场合。

2. Michael S. Lewis-Beck, *Data Analysis : An Introduction* (Thousand Oaks, Calif. : SAGA Publications, 1995), 21.

3. 这个误差代表两种误差：遗漏变量和随机误差。遗漏变量是调查者可能不知道的自变量，它对因变量有因果影响，但却未包含在回归模型里。在学习-考试得分的例子中，学生可能存在别的差异——专业，修习（或没有修习）该教师开设的其他课程的经验，等等，而这些差异解释了回归模型为什么不能精准预测学生们的考试成绩。随机误差涉及压低一些学生的得分，或提高另一些学生得分之类的混乱或者随意的情况。

4. 回归系数概括了自变量每一单位变化时因变量的变化。就计算而言，$\hat{b}$ 等于 $\sum (x_i - x$ 的平均值$)(y_i - y$ 的平均值$)$ 除以 $\sum (x_i - x$ 的平均值$)^2$。这个等式中的分子概括了 x

和 y 的共变,分母概括了 x 的变化。计算的结果是 x 每一单位变化时导致 y 的平均变化值。

5. 估计的回归斜率的标准误是基于 y 的预测值距离 y 的实际值有多近计算出来的。从逻辑上看,如果回归线产生接近于实际值的预测值,那么,$\hat{b}$ 的标准误会很小。随着预测误差增大,斜率的标准误也增大。参见:Edward R. Tufte, *Data Analysis for Politics and Policy*(Englewood Cliffs, N. J.:Pretice-Hall,1974),65-73.

6. 最小平方方法(OLS)回归通过方程式(y 的平均值)$-\hat{b}$(x 的平均值)来确定 $\hat{a}$。

7. 这些标签依据 Michael S.Lewis-Beck, *Applied regression*:*An Introduction*(Thousand Oaks, Calif.:SAGA Publications,1980)使用的标签。

8. 回归线适配度的另一个测量,很不幸地被命名为估计标准误。这个指标不常使用。但是,它出现在计算机程序的输出结果中,成为产生困惑的一个潜在来源。这是因为这个名字听起来与我们一直使用的统计术语**回归系数的标准误**(standard error of the estimate)相似。这是一个应该避免的混淆。

9. Barbara G. Tabachnick, Linda S. Fidell, *Using Multivariate Statistics*, 3rd ed.(New York: HarperCollins, 1996), 164-165.

10. 回归分析也产生了 y-截距的标准误和 t-统计值。y-截距的标准误可用于检验零假设,即在总体中 y-截距的真实值 α 等于 0。这些统计是否有用取决于研究者的研究问题。在当前的例证里,对假设 α 为 0,即非南方州的投票率为 0 的假设,我们并不感兴趣。因此,在表 8-3 中,$\hat{a}$ 的标准误及其 t-值均被省略。

11. 你可能已注意到虚拟变量西部的 t-值 -1.69 通过了 1.65 的显著性检验,从而使我们得以拒斥中西部与西部州的差异等于 0 的零假设。如果我们检验的是(基于更有道理的解释)西部州投票率低于中西部的假设,那么,回归结果确实会在 0.05 的显著性水平上拒斥零假设。这样做的话,我们所做的是对投票率的地区差异进行一个因果调查。你或许还注意到,尽管 t-值超过了 1.645,西部系数的 P-值 0.10 却大于 0.05,后者覆盖的曲线区域位于 $Z=1.645$ 绝对值之上。就本书作者所知,所有计算机分析程序(包括产生表 8-3 结果的程序)输出的回归结果所产生的均为双尾 P-值,而不是单尾 P-值。如第 7 章讨论所述,双尾值提供了一个严格的 0.25 的单尾显著性检验,这使得它更难以拒斥零假设。因为 0.025 的检验比 0.05 的检验更保守,大多数研究论文报告的是双尾 P-值,因此,使用的是 0.025 的显著性检验标准。即使如此,如果你希望在你的回归分析中明确采用 0.05 的标准,你需要通过把双尾值对半分来获得单尾值。

12. John R. Zaller, *The Nature and Origins of Mass Opinion*(New York:Cambridge University Press, 1992).

13. Morris P. Fiorina, Samuel J. Abrams, Jeremy C. Pope, *Culture War? The Myth of Polarized America*, *2rd ed.*(New York:Pearson, 2006).

14. 表 8-6 呈现的数据来自美国国家选举研究,2004:选举前后调查(计算机文件),
ICPSR04245-V1(Ann Arbor: University of Michigan, Center for Political Studies(制作
者),2004;Inter-university Consortium for Political and Social Research(发布者),2004。
堕胎权比例来自 V043179(受访者支持/反对政府对堕胎行为的支出?)、V045132(堕
胎立场:自我报告)。V043179 和 V045132 被再编码为(1 = 4,2 = 3,4 = 2,5 = 1)。
V043181 被再编码为(1 = 1,2 = 2,4 = 3,5 = 4)。这两个变量值再加总,尺度重新调整为
从 0(低支持堕胎权利)到 9(高支持堕胎权利)。政治知识虚拟变量是基于对 V045089
(确认哪一党控制白宫)、V045090(确认哪一党控制参议院)、V045162(确认丹尼斯·
哈斯特)、V045163(确认威廉姆·伦奎斯特)、V045164(确认托尼·布莱尔)及
V045165(确认迪克·切尼)的正确答案。在表 8-6 中,受访者正确答案在 0~3 个的被
测定为"低",在 4~6 个的被测定为"高"。党派属性是基于 V043116。

15. 这个简短的阐述显示了交互模型的要旨。关于对更高级方法运用的指南,可参见以下
优秀著作:James Jaccard, Robert Turrish, *Interaction Effects in Multiple Regression*, 2rd ed.
(Thousand Oaks, Calif.: SAGE Pulications, 2003)。

16. 一个称为取中的方法对自变量值偏离其平均值做再计算。凡低于平均值的值为负向
偏离,高于平均值的值会为正向偏离,处在平均值上的值等于 0。交互变量可通过计
算新形成的中心变量的成绩加以计算。取中的自变量和使用取中变量计算得出的交
互变量的相关系数,比在非取中状态下的同样变量的相关系数要低。有关取中的一般
规则可在 Lawrence H. Boyd Jr. Gudmund R. Iversen 的书中找到, *Contextual Analysis*:
Contextual and Statistical Techniques(Belmont, Calif.: Wadsworth, 1979),65-70。也可参
见 Lcona S. Aiken 和 Stephens G. West, *Multiple Regression*: *Testing and Interpreting Inter-
actions*(Thousand Oaks, Calif.: SAGE Pulications, 1991),28-36。关于虚拟变量的取中讨
论,参见 Anthony S. Bryk, W. Raudenbush, *Hierarchical Linear Models*(Thousand Oaks,
Calif.: SAGE Pulications, 1992),25-28。

17. 练习 4 和练习 5 中的回归结果取自于对 2008 年全美大选研究的变量 V03044b(共和
党温度计)、V083165(枪支所有)和 V083069/V083069b(自由-保守的自我报告)的分
析中获得。在练习 5 中,受访者自我描述为"保守主义"或"极端保守主义"的编码为
1;其余编码为 0。练习 4 的回归的 $n = 2\ 220$;练习 5 的 $n = 1\ 667$。

第 9 章　Logistic 回归

学习目标

在本章中你将学到:

- 如何使用 Logistic 回归描述定距自变量和二项分类因变量之间的关系
- Logistic 回归和普通最小二乘回归(OLS)的相同点和不同点
- 最大似然估计的运行原理
- 如何使用带多个自变量的 Logistic 回归

政治分析就像是一直在使用一套工具。研究人员审视手边的实然性问题,选择最适合分析某类关系的方法工具,然后进行分析。工具的选择主要取决于相关变量的计量尺度。如果自变量和因变量都在定类和定序层面测量(这很普遍,尤其在调查研究中),那么研究人员最有可能选择交叉分析。如果自变量和因变量都以定距为测量尺度,那么就采用普通最小二乘回归(OLS)。最后,如果研究人员想要分析一个定距因变量和一个分类变量的关系,那么他/她可能会选择均值比较分析,或者研究者可建立并检验一个含虚拟变量的线性回归模型。这些技术在前面的章节都探讨过,构成了一个工具箱。即使如此,仍有一个工具还未提到。

Logistic 回归是这个工具家族中的一员,这个工具家族被设计用来分析一个定距自变量和一个分类因变量,即一个具有定类或定序值的因变量之间的关系。因变量值的分类数目可以是任意的,多个、少许或者两个。我们在这一章讨论如何在这些情形中的最简单情况下,即因变量只有两个值,使用以及解释Logistic回归。例如,假设用调查数据研究教育和选民投票的关系。我们认为这里存在正向关系:随着教育的增加,投票可能性也随之增长。教育自变量按年增量测量,从 0(无正规教育)到 20(20 年教育)。而因变量只有两个值——被访者投票或不投票。在这种情况下,我们得到一个二元因变量。**二元变量**(binary variable)是二项分类变量,只能有两个值。二元变量与第 8 章讲解的虚拟变量相似。因此,投票/没有投票、吸烟者/不吸烟者、同意/反对、已婚/未婚都是虚拟变量或二元变量的例子。

在某些方面,Logistic 回归与 OLS 回归相似。与 OLS 回归一样,Logistic 回归也是通过估计截距(intercept)和斜率(slope)来测量自变量的影响,而这两者均为线性回归中熟悉的特征。同时,Logistic 回归还提供了斜率的标准误差(standard error),从而使研究者能检验关于自变量对因变量影响的假设。如 OLS,Logistic 回归非常灵活,允许使用包括虚拟自变量在内的多个自变量。

然而,Logistic 回归与 OLS 根本是两回事。当使用 OLS 回归时,我们可合理地认为在自变量 x 和因变量 y 之间存在线性关系。例如,对自变量教育年数 x 和美元收入 y 的关系,我们可以利用线性模型来评估教育每增加一年所带来的美元收入的平均变化。OLS 可告诉我们,x 和 y 之间的关系在何种程度上符合线性模型。但是,当面对一个二元因变量时,必须假设这个因变量和 x 之间是非线性关系。因此,当教育年数从 8 年增长到 9 年再到 10 年,我们极有可能认为 y 投票可能性是低的,并且教育每增长一年投票的可能性只稍微增一点。但是,当教育年数从 11 年增加到 12 年再到 13 年,我们预期在这个 x 范围内,教育每增加一年选民投票概率大幅度增长。而当教育年限更高时,如超过 13 年时,我们可预期投票率已经很高了,教育年数每一年的增长对投票的影响将变弱。Logistic 回归分析告诉我们,x 和 y 的关系在何种程度上符合非线性模式。

本章分为 4 节。在第一节里,我们使用假想的和真实的数据来阐释 Logistic 回归背后的逻辑。这里我们介绍一些你还不熟悉的术语,如**胜算**(odds)和**胜算对数**(logged odds),这些术语定义了这个工具的工作原理。你会学到在分析中应寻找什么,应如何描述和解释你的发现。在第二节里,我们对**最大似然估计**(maximum likelihood estimation)做深入的探究。Logistic 回归用来评估自变量(或一系列自变量)对因变量影响的方法正是最大似然估计。你将在这里看到 Logistic 回归和前面讨论的其他工具,尤其是卡方分布的相似性。在第三节里,我们演示 Logistic 回归模型如何能延展至容纳多个自变量,就像多元线性回归一样。最后,我们考察可以用来展示并阐释 Logistic 回归结果的其他一些方法。学完本章,你的政治研究方法工具箱将再添加一个强大的工具。

Logistic 回归方法

让我们从一个假设的例子开始谈起。假设我们正在研究,在随机抽取的 500 个人 ($n = 500$)中,教育 x 是否影响选民投票 y。为了方便解释,我们假设自变量教育是一个定距变量,从 0(低)到 4(高);选民投票是一个二元因变量,编码投票为 1,没有投票为 0。表 9-1 显示了对假想的样本数据进行交叉表分析的结果。虽然百分比并未在表 9-1 的列下报告,但算出来并不难,因为教育的每个赋值下都包含 100 个个案。例如,在低教育范畴的 100 人当中,有 6 个人投了票,相当于 6% 或 0.06 的人投了票。百分之二十(0.20)的中低教育者投了票,百分之五十(0.5)的中教育者投了票,以此类推。表 9-1 的底端一行显示了每个教育水平对应的投票比例,然而它的标签是"投票概率"。为什么用**概率**而不是**比例**呢? 两个术语是同义词。请这么思考:假设你随机从 100 个低教育对象中抽取一个人,这个随机抽取对象的投票概率是多少呢? 因为随机选择保证每个个案都有同等的胜算被选中,从这群人中选出一个投票者的概率为 100 次中有 6 次机会,即 0.06 的概率。同样,你可以说对低教育组中的任一人,其参加投票的随机概率等于 0.06,中低教育组任一人的投票随机概率等于 0.20,余者类推。把你的思维从比例转换为概率是重要的,因为 Logistic 回归的目标就是要决定一个自变量(或者一系列自变量)能在多大程度上预测一个事件(如投票)发生的概率。

请考虑表 9-1 所展示的概率,并深入地观察。显然,在教育和投票概率之间存在正相关关系:随着教育年限 x 的增加,投票概率 y 也随之增加。现在让我们更仔细地考察一下这样的关系模式,并对之施用线性回归的逻辑。自变量的增长导致了投票概率的持续一贯地增长吗? 让我们先看看从低教育到中低教育发生的变化,投票概率从 0.06 增长到 0.20,增加了 0.14。因此,在这个区间自变量增长一个单位,投票概率增长 0.14。但是,在中低教育和中教育之间这个效应增长显著,从 0.20 增长至 0.50,增加了 0.30。下一个增量,从中到中高教育产生了另一个 0.30 的投票概率增长量,从 0.50 到 0.80。但是,这个效应在自变量的两个最高值之间再次平缓。从中高到高教育水平产生了更温和的投票概率增加量 0.14。因此,线性逻辑并不适用。教育的一个单位的改变导致投票概率改变量为 0.14 或 0.30,取决于被研究的自变量变动范围。换言之,投票概率 y 与教育 x 的关系是非线性的。

表 9-1 教育和投票概率

是否投票?	教育					
	0.低	1.中低	2.高	3.中高	4.高	总共
1.是,投票	6	20	50	80	94	250
0.否,没有投票	94	80	50	20	6	250
总共(n)	100	100	100	100	100	500
投票概率	0.06	0.20	0.50	0.80	0.94	0.50

注:假设数据。

毫无疑问,有坚实的统计学依据决定研究者不应该使用 OLS 回归来测量一个定距自变量对一个二元因变量的影响。[2] 或许同样重要的是,我们还有强有力且充分的理由,对线性模型会符合一个如表 9-1 所描绘的关系不抱期待。让我们在此停留思考一下。假设年薪 1 万美元的你面临一个重大的购买决定，如购房。你很可能决定不购买。现在假设你的年薪涨到 2 万美元，增加了 1 万。诚然，收入增加会影响你的盘算，但最可能的情况是它不至于把你的决策推向购买这个门槛，从决定不买到买。同样的，如果你的起初年薪为 9.5 万美元，你可能决定买房，而增加 1 万至 10.5 万美元，则对你的决定影响甚微，你的购买决定是根据你的初始薪资水平而非加薪做出的。但是，假定你年薪 4.5 万美元。在这个工资水平上，你对买房的想法可能会有所不同："如果我赚更多的钱，我就可以买房。"因此，在此基础上，增加 1 万美元会使你越过买房的心理门槛。工资从 4.5 万美元到 5.5 万美元很大程度上提高了你从不买到买的概率。因此，在薪水初始水平很低和很高时，原因变量（causal variable）的增长变化对你的二元决定（买/不买）的影响，要比薪水初始水平居中时的相同增量所产生的影响弱得多。

尽管表 9-1 所报告的概率是生造的，但是它们仍旧显示了一种很可能存在的模式。教育水平较低的个人不太可能投票，而且你不会期望教育水平的少量提升会导致投票概率的大幅度变化。同样的道理适用于教育水平高的人们。从中高到高教育水平的个人都很可能投票。对于高教育水平者来说，自变量一个单位的变化会对投票可能性产生很大的影响，这显然是不合理的。正是在自变量的中间阶段（从中低到中高），你可以预期教育产生最强的影响。随着这个阶段的人得到更多的在理论上与投票相关的资源（教育），自变量的边际变化最有可能把他们的二元选择从"不投票"转向"投票"。Logistic 回归使我们得以构建一个能以非线性关系把握教育和投票概率关系的模型。

如上所述，理解 Logistic 回归的第一步是以结果概率进行思考。下一步是形成以结果胜算进行思考的习惯。做这个改变并不太难，因为胜算是概率的另一种表达形式。概率基于一个结果（如投票）发生的次数除以所有结果的总数（投票加没有投票），胜算基于一个结果（如投票）发生的次数除以其他结果发生的次数（没有投票）。例如，根据表 9-1，在中高教育的 100 个人中有 80 个人投票——投票概率就是 80/100 或者 0.80。这组的投票胜算是多少呢？运用投票者和没有投票者的原始数据，胜算是 80 比 20，或者用更常见的方式表述，4 比 1，每 4 个投票者对应 1 个没有投票者。在描述胜算时，我们通常去掉"……比 1"的言语部分，而说投票胜算为 4。因此，对于中高教育组来说，投票概率是 0.80，胜算是 4。在计算胜算时，你可以如我们所做的那样使用案例的原始数据，或者使用概率来计算胜算。把概率转换为胜算的公式为：

$$胜算 = \frac{概率}{1 - 概率}$$

表 9-2　5 个教育水平的投票概率、投票胜算和投票胜算对数

教育(x)	投票(y)概率	投票(y)胜算	投票(y)胜算对数
0. 低	0.06	0.06/0.94 = 0.06	−2.8
1. 中等偏低	0.20	0.20/0.80 = 0.25	−1.4
2. 中	0.50	0.50/0.50 = 1	0
3. 中等偏高	0.80	0.80/0.20 = 4	+1.4
4. 高	0.94	0.94/0.06 = 16	+2.8

注:假设数据。

把这个转换公式运用到刚才讨论的例子上面。对中高教育这一组,胜算是 0.80/(1−0.80),结果是 0.80/0.20,或者 4。表 9-2"投票胜算"一栏显示了 5 个教育组别的胜算。

思考一下"投票胜算"一栏中的数字,注意胜算的一些其他特性。你会注意到小于 0.50 的概率得到的胜算小于 1,大于 0.50 的概率得到的胜算大于 1。低和中低教育投票概率分别为 0.06 和 0.20,转换成胜算为 0.06 和 0.25。最高的两组转化成胜算为 4 和 16。如果一个事件发生的可能性等于不发生的可能性,如中教育这一组,则其概率为 0.50,胜算是 1(0.50/0.50 = 1)。

现在让我们更仔细地考察表 9-2 中的"投票胜算"一栏。随着你从该列的上方移动到下方,即从低教育水平向往高教育水平运动,你能发现数字中的系统模式吗? 事实上,你可能注意到了中低教育组的投票胜算是(非常近似)低教育组投票胜算的 4 倍,因为 4 乘以 0.06 大约是 0.25。中教育组的投票胜算是中低教育组投票概率的 4 倍,因为 4 乘以 0.25 等于 1。每增加一次移动,从中到中高(胜算从 1 到 4),从中高到高(胜算从 4 到 16),都会导致胜算增长 4 倍。因此,当由自变量的较低值移动到较高值时,任意一个教育水平的投票胜算是较它低一组的投票胜算的 4 倍。用 Logistic 回归的语言表述,自变量一个值的胜算和低于其一个值的自变量的胜算之间的关系称为**胜算比**(odds ratio)。用这个术语来描述表 9-2 中的"投票胜算"一栏,我们会说教育每增加一个单位,胜算比增加 4。

表 9-2 中胜算所显示的模式也可以用另一种方法表述。我们计算的不是对教育每个变化的胜算比,而是对教育每个单位变动的投票**胜算百分变化比率**(percentage change)。为了达此目标,我们要看胜算增加了多少,然后把这个数字转换成百分比。例如,在低和中低教育之间,投票胜算从 0.06 增长到 0.25,增长了 0.19。胜算的百分变化率是 0.19 除以 0.06 等于 3.17,比投票胜算增长 300% 略高一些。对中等偏低到中等,我们得到(1−0.25)/0.25 = 3.00,投票的胜算增长了 300% 多一点。事实上,教育每增加一个单位,投票胜算增长 300%:从中到中高[(4−1)/1 = 3.00],从中高到高[(16−4)/4 = 3.00]。用这种方法描述表 9-2,我们可以总结,教育每增加一个单位,投票胜算增长 300%。

简单地回顾一下到现在为止我们所学的内容。当研究教育和投票概率关系时，我们看到自变量的增加并不导致因变量持续一贯的变化。但是，通过考察教育和投票胜算的关系，我们看到教育每一个单位的增加导致了投票胜算比的持续一贯变化——自变量 x 每一单位变化对应的是胜算比 4。换个方式来看，自变量的每一个变化引起投票胜算持续一致的百分比增长，即自变量 x 每增长一个单位，百分比变化率为 300%。什么模型可以概括这一持续一贯的模式呢？

对这个问题的回答，构成了 Logistic 回归的核心。Logistic 回归并不评估随着 x 每变化一个单位 y 概率的变化，而是评估 x 每变化一个单位 y 的胜算的对数变动。请考察表 9-2 第三栏的数字。这一栏报告了另一个转化，称为"胜算对数"（logged odds）。对低教育组，该数字为 -2.8；中低教育组为 -1.4；中教育组为 0；中高教育组为 +1.4；高教育组为 +2.8。这些数字是怎么得来的呢？

对数（logarithm，缩写是 log）把一个数表示为某个常数或其他数为底的指数。如果我们选择 10 为底数，100 则被表达为 2，因为 100 等于 10^2。我们会说"2 称为以 10 为底的 100 的对数（logarithm）"。以 10 为底的对数称为**常用对数**（common logarithm），它们在电子学和实验科学中运用广泛。统计学家通常运用一个不同的底数，标记为 e。

底数 e 大致等于 2.72。以 e 为底的对数称为**自然对数**（natural logarithms），缩写为 ln。用底数 e，我们把 100 表达为 4.61，因为 $e^{4.61} \approx 100$，或者 $\ln(100) \approx 4.61$。我们会说"100 的自然对数等于 4.61"。表 9-2 第三栏中的 5 个数字"投票胜算对数"就是 0.06 的自然对数（$e^{-2.8} = 0.06$），0.25 的自然对数（$e^{-1.4} = 0.25$），1 的自然对数（$e^0 = 1$），4 的自然对数（$e^{1.4} = 4$），16 的自然对数（$e^{2.8} = 16$）。用常规的记法表达就是：$\ln(0.06) = -2.8$，$\ln(0.25) = -1.4$，$\ln(1) = 0$，$\ln(4) = 1.4$，$\ln(16) = 2.8$。

这 5 个数字说明了**对数转换**（logit transformation）的一些普遍特征。任何小于 1 的数字的对数为负。因此，为了用自然对数表达 0.25，我们应将底数 e 做负的乘方，-1.4。任何大于 1 的数字的对数为正。为了把 4 转换为自然对数，我们应把 e 做 1.4 的乘方。1 的对数是 0，因为 $e^0 = 1$。胜算的自然对数转换通常称为 logit 对数变换（logit transformation，或缩写为 logits），所以 4 的 logits 为 1.4。[3]

或许你并不习惯用胜算而是用概率来思考问题。甚至我们有充分的把握认为，你一定不习惯用胜算的对数转换来思考问题。不过，还是让我们继续关注表 9-2 的"投票胜算对数"这一栏。让我们再一次用线性回归逻辑思考。自变量教育每一个单位的变化会产生投票胜算对数持续一致的变化吗？我们可以看到从低教育到中低教育，胜算对数从 -2.8 升到 -1.4，增加了 1.4。从中低到中教育，胜算对数同样增加了 1.4（0 减负 1.4 等于 1.4）。从中到中上，从中上到高，教育每一单位的变化都使投票胜算对数增加了 1.4。

现在我们可看到 Logistic 回归的魅力所在。尽管不可能用线性模型来评估一个自变量对一个二元因变量概率的影响，但是我们可以运用线性模型来评估一个自变量对一个二元因变量胜算对数的影响。思考一下最简单的回归模型。

$$胜算对数(y) = \hat{a} + \hat{b}(x)$$

众所周知,回归系数 $\hat{b}$ 测量自变量每一单位的变化对因变量的影响。截距 $\hat{a}$ 测量当 x 等于 0 时因变量的值。用"投票胜算对数"一栏的数据,可得到:

$$胜算对数(投票) = -2.8 + 1.4(教育)$$

让我们看一看这个模型是如何符合数据的。在低教育组(教育赋值为 0)那里,投票胜算对数为-2.8+1.4(0),等于-2.8。在中低组(教育赋值为 1)那里:-2.8+1.4(1),等于-1.4。在中教育组(教育赋值为 2)那里:-2.8+1.4(2),等于 0,以此类推。这个线性模型精准地概括了教育和投票胜算对数之间的关系。

现在如果有人问"教育对投票可能性的影响到底是什么?"我们就可以回答"教育每增长一个单位,投票胜算对数增加 1.4"。这个解释尽管正确,但是极不直观,很可能引起读者/听众的一片困惑之色。因此,我们可用回归系数 1.4 来获得一个便于理解的数字:教育每增长一个单位对投票胜算比的影响。怎么做到呢? 记住,不论用哪个回归,右边所有的系数都是用因变量单位来表达的。因此,当 x 为 0 时,截距 a 是投票的胜算对数。斜率 b 评估教育每增长一个单位对投票胜算对数的影响。因为胜算对数是 e 的指数,可通过算出 e 的次方来从胜算对数得到对数。相应的,为了转换斜率 1.4,可算出 e 的 1.4 次方。这个指数化过程缩写为 $\text{Exp}(b)$,表示为:

$$\text{Exp}(b) = \text{Exp}(1.4) = e^{1.4} = 4$$

现在我们的回答更便于理解:"教育每增加一个单位,胜算比增加 4。某个教育水平的成员投票可能性是比其低一个水平成员投票可能性的 4 倍。"

为了更加简便,我们可把系数 1.4 转化为投票胜算的百分比变化率。其公式为:

$$y 的胜算百分比变化 = 100 \times [\text{Exp}(b) - 1]$$

用我们这里的例子:

$$投票胜算百分比变化 = 100 \times [\text{Exp}(1.4) - 1] = 100 \times (e^{1.4} - 1)$$
$$= 100 \times (4 - 1) = 300$$

因此,我们可以说:"教育每一单位的增加使投票胜算增长 300%。"

进一步观察,则有 Logistic 回归方程式,"胜算对数(投票)= -2.8+1.4(教育)",我们就可估计出自变量每个取值所对应的投票胜算,从而估计投票的概率。例如,对于中等偏低水平而言,Logistic 回归告诉我们投票的胜算是-2.8+1.4(1)等于-1.4。再因为-1.4 是 e 的指数,这个教育水平的投票胜算为 $\text{Exp}(-1.4)$ 等于 0.25。如果投票胜算为 0.25,投票的概率为多少呢? 我们已知:

$$胜算 = \frac{概率}{1 - 概率}$$

运用一些代数知识:

$$概率 = \frac{胜算}{1 + 胜算}$$

因此,中低教育水平的投票概率为:

$$\frac{0.25}{1 + 0.25} = \frac{0.25}{1.25} = 0.20$$

通过逆向转换 x 的每个赋值所对应的值——从胜算对数到胜算,再从胜算到概率,可得表 9-2 中"投票概率"一栏中的数字。如果给 x 每个单位赋值所对应的概率绘制图表,即可得到图 9-1。

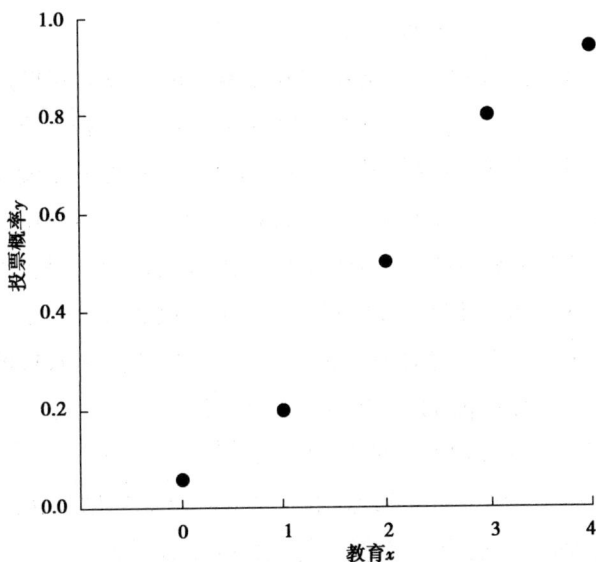

图 9-1　按教育 x 估计的投票概率 y 图示

资料来源:假设数据。

在本章的开头,我们就意识到线性回归逻辑不能精确地或合适地运用于教育和投票概率的非线性关系。但是,在把因变量转化为胜算对数后,我们就可以运用线性模型了。因此,x 和 y 的概率的关系是非线性关系,而 x 和 y 的胜算对数关系则是线性关系。再者,因为 y 的胜算对数与 y 的概率之间存在非线性关系,Logistic 回归模型允许我们评估 x 的每个赋值所对应的事件发生概率。

Logistic 回归的图形化是如图 9-1 所示的 S 形关系。正如 OLS 回归能告诉我们数据在何种程度上符合一个自变量和一个定距因变量值之间的线性关系,Logistic 回归能告诉我们数据在何种程度上符合一个自变量和一个二元因变量概率之间的 S 形关系。[4] 在这个假设的教育-投票例子中,S 形关系完美地解释了两者之间的关系。Logistic 回归模型使我们精确地回溯出教育每个赋值所对应的投票概率。通过观察表 9-2 中"投票胜算对数"一栏,我们可轻松地识别 Logistic 回归方程式的截距和回归系数。没有预测错误。当然,在真实的政治研究中,关系从来不会这么清晰的。

为了运用你到此为止所学到的,并为了讨论 Logistic 回归某些更深层次的特性,我们在此引用一个真实世界的数据库,1998 年综合社会调查(GSS),重新审视教育和投票之间的关系。我们使用 Logistic 回归方程式来进行评估,即:

$$胜算对数(投票) = \hat{a} + \hat{b}(教育)$$

因变量是 1996 年总统选举的报告投票情况。如假设的例子一样,投票者编码为 1,没有投票者编码为 0。与假设的例子不同,自变量教育是以正规教育年数来测量的。这是一个更真实的定距变量,其赋值从 0(即没接受过正规教育)到 20(即接受过 20 年的教育)。表 9-3 汇报了用 Stata 进行 Logistic 回归分析所得到的结果。

表 9-3　教育和投票:Logistic 回归系数及相关统计

截距教育胜算对数(投票)	=	$\hat{a}$	+	$\hat{b}$
系数估计		−1.581		0.180
标准误				0.016
Wald				128.85
显著性				0.000
Exp(b)				1.197

资料来源:抄录自 James A. Davis, Tom W. Smith, and Peter V. Marsden,综合社会调查, 1972-2002 (芝加哥:全国舆论研究中心(制作者), 2003; Storrs,康涅狄格州:罗伯公共舆论研究中心,康涅狄格大学/安堡:政治与社会跨高校集团(经销者),2013。

注:展示的数据来源于 1998 年综合社会调查(General Social Survey)。N = 2 605。因变量是 1996 年总统选举选民报告的投票情况。自变量是正规教育年数。

首先思考"系数估计"这一栏中的数字。把各项值代入公式,可得到:

$$胜算对数(投票) = -1.581 + 0.180(教育)$$

这些系数告诉我们,对于没接受正规教育的个人而言,投票的估计胜算对数为 −1.581,教育每增加一年就会使估计胜算对数增长 0.180。最下端一行的值"Exp(b)"把胜算对数转化回胜算,从而提供了一个更便于理解的解释。教育每增加一个单位就会使胜算比增加 1.197。在投票的可能性上,处于任何给定教育水平的个人是低于他们一个教育水平的人的约 1.2 倍。也就是说,当从一个值的教育水平移到更高一个值的教育水平时,我们应用 1.2 乘以投票胜算。也许描述这一关系特征的一个最直观和吸引人的方法是估计教育每增加一年投票胜算的百分变化率。正如我们已经看到的,这一点可通过从指数 1.197 中减去 1 再乘以 100 获得。进行以下计算:100 ×(1.197−1) = 19.7。因此,自变量每增长 1 年,投票胜算增加大约 20%。

零假设(null hypothesis)对这些结果会有什么说法呢? 零假设会一如既往地说在样

本所出的总体中,自变量和因变量之间没有任何关系,个人的教育水平对他们是否投票不起任何作用。用 Logistic 回归系数的术语来说,零假设就是,在总体中,回归系数的真实值等于 0,即自变量一个单位的增长不会引起投票胜算对数的任何变化。零假设也可以以胜算比 Exp(b) 的语言来构造。正如我们已经看到的,胜算比告诉我们,自变量每增加一个单位,需要用多大的数字乘以因变量的胜算。小于 1 的胜算比意味着随着自变量的增加,胜算会下降(负相关)(有关 Logistic 回归中的负相关讨论,见专栏 9-1)。大于 1 的胜算比意味着随着自变量的增加,胜算也随之增加(正相关)。胜算比为 1,则意味着自变量增加并不会引起因变量变化,因此,一个为 1 的胜算比对于零假设来说是个好消息,因为这意味着任意一个教育层次的个人的投票可能性并不比低一教育层次的个人的投票可能性大,所以如果 Logistic 回归系数等于 0 或者 Exp(b) 等于 1,那么,我们会说自变量对因变量没有影响。[5] 但是,我们得到的估计系数(estimated coefficient)等于 0.180,大于 0,胜算比等于 1.197,大于 1。然而,我们如何判断这些数字是否在统计上显著呢?

请注意,正如在 OLS 回归中一样,Logistic 回归为估计的斜率 b 提供了一个标准误差值。也如 OLS 一样,标准误告诉我们估计系数当中包含了多少预计误差。[6] 因此,根据表 9-3,教育每增加 1 年,投票胜算对数增加 0.180,上浮或下减 0.016。OLS 回归根据学生 t-分布计算检验统计量,而 Logistic 回归则计算 Wald 的统计量,后者追随卡方分布。[7] 计算机程序如 SPSS 提供了 Wald 的 P-值,这一点非常有帮助。与任何 P-值一样,这个数字告诉你在假设零假设正确的情况下,你得到所观察到结果的概率是多少。P-值等于 0.000 即如果零假设是正确的话,那么,获得 0.180 的回归系数的概率非常小——显然远远超过 0.05 标准。因此,我们可以放心地拒斥零假设,并下结论教育对投票概率具有统计上显著的影响。

如你所能感知到的,Logistic 回归在某些方面与 OLS 回归有亲属关系。在运行 OLS 时,我们获得一个最小化预测误差的线性回归系数估计值。也就是说,OLS 在因变量预测值与因变量真实的观察值之间提供了一个最佳适配。OLS 也报告回归系数的标准误,后者告诉我们回归系数中包含多少预测误差。这个信息使得我们能够决定 x 是否对 y 有显著性影响。同样的,Logistic 回归也是通过找到能在 y 的预测概率和 y 的观察概率之间提供最大化适配的 Logistic 回归系数的估计值,来使预测误差最小化。此外,它也报告了这一估计效果的标准误。

但是,上述对 OLS 和 Logistic 回归的类比中看不见一个有价值的统计项:R 平方。如你所知,R 平方告诉研究者自变量(或者在多元回归中所有的因变量)能在多大程度上解释因变量。在这个例子中,知道自变量教育在何种程度上能解释投票可能性当然是很好的。那么,Logistic 回归能否提供一个类似于 R 平方的数据呢?严格来说,答案是否定的。[8] 不过,方法论学者已提出了若干像 R 平方的测量,以对自变量和因变量的相关关系强度做全面的解读。为了理解这些方法,我们需要仔细研究最大似然估计,Logistic 回归就是用这个工具达到 y 的预计概率与 y 的观察概率之间的最佳适配的。

专栏 9-1　如何解读 Logistic 回归中的负相关

如我们所期待的，表 9-3 揭示了教育和投票可能性的正相关。教育每增长 1 年，投票胜算对数增长 0.180。换言之，教育每增加一个单位，促使胜算比增加 1.2——教育程度每增长一年投票可能性增长 20%。但是，在你自己的或者别人的研究中，经常会遇到负相关，即自变量每增加一个单位，因变量胜算对数随之减少。负相关在 Logistic 回归中要比在 OLS 回归中更难解释一些，因此，让我们思考下面一个例子。假设我们要去调查投票可能性和被访者每天看电视的小时数之间的关系。在这种情况下，我们可能会预期发现一个负相关：人们看电视越多，他们投票的可能性越小。事实上，我们得到估计值

$$胜算对数（投票）= 1.110 - 0.107（看电视小时数）$$

因此，每天看电视的时间每增加 1 小时，投票胜算对数减少 0.107。计算胜算比，可得 $Exp(-0.107) = e^{-0.107} = 0.898$。正相关关系产生的胜算比大于 1，负相关关系产生的胜算比小于 1。你如何解读 0.898 的胜算比呢？可以这样解释：每天看电视时间达到任何给定小时数的个人的投票可能性，大约是比他们少看一个单位时间个人的 0.9 倍。例如，每天看电视 4 小时的人，其投票的可能性是每天看电视小时数为 3 小时的人的 0.9 倍。按照百分比转化公式计算为 $100 \times (0.898 - 1) = -10.15$。看电视时间每增加 1 小时，则投票胜算降低 10%。[a]

注：a　用以分析的数据来源于 2008 年综合社会调查。自变量观看电视的小时数的统计基于以下这个问题："你平均一天看多少小时电视？"在此呈现的 Logistic 回归分析（$n = 1\ 163$）产生的系数为 -0.107，标准误为 0.027，Wald 统计为 15.498（显著性 = 0.000）。

发现最适线：最大可能性评估

为了介绍最大似然估计，我们不妨回忆一下对相关关系的误差比率削减（PRE）测量（如 Lambda 和 R 平方）的背后的逻辑。你会记得，PRE 测量首先确定的是，我们在不知自变量的情况下，对因变量的值的预测能达到什么水平。然后，我们把这个值同在知道自变量情况下预测的因变量值进行比较。PRE 用因变量的总体平均值来"猜测"自变量的各个值所对应的因变量值。这样的猜测策略会产生一些误差。然后，PRE 计算出在把自变量纳入考量下产生的误差数。通过比较这两个数字——在不知自变量的情况下产生的误差和在已知自变量情况下产生的误差——PRE 帮助我们确定自变量究竟有多大的预测力。

　　最大似然估计（maximum likelihood estimation，MLE）走的是同样的路子。MLE 确定在一组样本中观察到一个二元因变量的某个具体值的概率，看这个概率在何种程度上能预测样本中每个个案的结果。至少在起始阶段，MLE 忽略了自变量。正如在 PRE 那里一样，这种策略会产生一定数量的误差。MLE 接着把自变量考虑进来，确定在已知自变量的情况下，预测误差能否被减少。

　　思考一个极其简化的例子，这个例子再度使用教育 x 来预测个人投票与否。MLE 首先会问：“若不用教育为预测物，我们能在何种程度上预测个人是否投票呢？”为简便起见，假设我们的样本包含 4 个人，见表9-4。如你所见，有两个人投票（编码为 1），两个人没有投票（编码为 0）。仅凭因变量的分布，每一个人的投票预计概率是多少？MLE 会通过计算投票的全样本概率并把这一预测运用于每个个案来回答这个问题。因为样本中一半投票，另一半没有。MLE 的初步预测概率（标记为 P）为每个人 0.5。为什么是 0.5？因为在样本中，任一个人投票都有 0.5 的机会投票，0.5 的机会不会投票。我们把这个产生初次预测的模型标记为模型 1。表 9-4 展示了模型 1 的预测概率以及某些其他信息。

表 9-4　模型 1 的预测和似然度：不使用教育来预测投票

个人	y^{a}	投票预测概率 P	似然度（可能性）
A	1	0.5	$P=0.5$
B	1	0.5	$P=0.5$
C	0	0.5	$1-P=0.5$
D	0	0.5	$1-P=0.5$

注：假设数据。

a　1＝投票；0＝没有投票。

　　总体上，模型 1 能在多大程度上预测 y 的真实值呢？MLE 通过计算**似然函数**（likelihood function）来回答这个问题，这个数字概括了一个模型的预测在何种程度上符合观察数据。计算这个函数的时候，MLE 首先决定每个个案的似然度。个体的似然度告诉我们模型对这个个案的预测值，与该个案实际观察到的结果，到底有多大程度的契合。然后，MLE 通过计算个体似然度的乘积，即把所有个案的拟然度相乘来计算似然函数。似然函数可以是 0（意味着模型的预测与观察数据完全不一致）和 1（意味着模型的预测与观察数据完全符合）之间的任何值。

　　虽然以正式语言表述，似然函数看起来相当费解。[9] 但是，在实际上，如果把它运用于一个小规模的数据集，似然函数的计算并不难。如果一个事件 y 的观测值为 1（投了票的个人），那么，这个事件发生的似然度等于 P。因此，对拥有预测概率 0.5 的个人 A 和 B，事件的似然度就等于 P，即 0.5。如果一个事件 y 的观测值为 0（没投票的个人），那么，这个事件发生的似然度等于 $1-P$。因此，对拥有预测概率 0.5 的个人 C 和 D，事

件的似然度等于 $1-P$ 或 $1-0.5$,即 0.5。每个个人的似然度在表 9-4 中的最右边一栏列出。模型 1 的似然度由所有的个人似然度相乘得到:

$$模型 1 \quad 似然度 = 0.5 \times 0.5 \times 0.5 \times 0.5 = 0.062\ 5$$

MLE 会用 0.062 5 这个数字作为基线来概括在不知自变量教育的情况下,我们在何种程度上可以预测投票。[10]

下一步,MLE 将通过以下步骤把自变量代入计算中:确定教育的 Logistic 回归系数,重新计算概率和似然度,然后观察新的估计和观测数据的相近度。再一次为了说明的需要,我们假设这些新的估计(它们被称为模型 2)产生了表 9-5 的预测概率。

把自变量纳入考量的模型 2 在预测 y 的观测值上表现得比模型 1 好。通过使用教育预测投票,模型 2 测量个人 A 和 B(事实上投票了)的概率为 0.9 和 0.8,个人 C 和 D(事实上没有投票)的概率是 0.3 和 0.1。正如模型 1 的程序一样,每个个案的似然度,对于各投票者(其 $y=1$)而言等于 P,而对于各个没有投票者(其 $y=0$)而言等于 $P-1$。每个事件的似然值为 $1-P$。个人似然值在表 9-5 中的最右栏显示。如前所示,模型 2 的似然函数是由各个似然值相乘得到的,即

$$模型 2 \quad 似然度 = 0.9 \times 0.8 \times 0.7 \times 0.9 = 0.453\ 6$$

表 9-5　模型 2 的预测和似然度:使用教育来预测投票

个人	y^a	投票预测概率 P	似然度
A	1	0.9	$P=0.9$
B	1	0.8	$P=0.8$
C	0	0.3	$1-P=0.7$
D	0	0.1	$1-P=0.9$

注:假设数据。

a　1=投票;0=没有投票。

表 9-6　对比模型 1 和模型 2

模型数据	模型 1	模型 2
似然	0.062 5	0.453 6
对数似然(LL)	$\ln(0.625) = -2.78$	$\ln(0.453\ 6) = -0.79$
模型比较		
模型 1LL 减模型 2LL	$-2.78-(-0.79) = -1.99$	
$-2\times$(模型 1LL 减模型 2LL)	$-2(-1.99) = 3.98$	

注:假设数据。

模型 2 比模型 1 好多少呢? 使用教育作为预测物能不能显著提高投票概率预测值的精确度呢? 在这里,MLE 并不直接处理模型的似然度的差异。它所处理的是各个模型

的似然自然对数，或称**对数似然**(logged likelihood, LL)。因此，MLE 会计算模型 1 的似然自然对数，计算模型 2 的似然自然对数，然后决定两者的差异。表 9-6 显示了模型 1 和模型 2 的这些转换以及其他的相关计算。

　　检验表 9-6 的计算。正如我们之前所发现的，模型 2 的似然度(0.453 6)大于模型 1 的似然(0.062 5)。这也在两个模型的 LL 中有体现：从模型 1 的 -2.78 增加到模型 2 的 -0.79。MLE 通过用模型 1 的 LL 减去模型 2 的 LL 来比较两个模型：-2.78-(-0.79) = -1.99。注意，如果模型 2 在预测 y 方面和模型 1 的表现一样，那么，两个 LL 应该是相等的，计算差数应近似于 0。[11]事实上，MLE 计算出的差数为 -1.99。

　　到目前为止，一切顺利。但数字 -1.99 能否帮助我们决定模型 2 显著优于模型 1 呢？是，确实是的。再加做一个计算，就能导致以下结果：两个 LL 的差数遵循卡方分布。这个另加的计算是通过用 -2 乘以 LL 差数得来的。这样做当然使差数加倍，并逆转了符号的方向：-2(-1.99) = 3.98。这个计算通常在计算机输出中被标记为 "Change in -2 Log Likelihood" 或 "Change in -2LL"，是一个卡方检验统计量。MLE 用它来检验命题为模型 1 和模型 2 之间的真实差异为 0 的零假设。这里并没有什么神秘。用卡方来检验假设很普遍。如果计算值为 3.98 的 "Change in -2LL" 在 100 次中出现的频率大于 5 次的话，那么，我们就不能拒斥零假设。我们就不得不得出结论，教育和投票之间的关系并不显著。但是，如果观测到 3.98 卡方值出现的机会小于或等于 0.05，我们就可以拒斥零假设，并推断出模型 2 显著优于模型 1。运用适当的自由度(degree of freedom)和卡方检验统计，MLE 对一个为 3.98 的检验统计量将报告一个 0.046 的 *P*-值。[12]这个 *P*-值小于 0.05，故能拒斥零假设，并得出结论教育在统计上显著地预测了投票概率。

　　MLE 接下来运行的方式与这个例子演示的大体相似。它首先基于降阶模型(reduced model)即只使用 y 的样本概率去预测数据中每个事件 y 的观测值的模型来获得一系列预测和似然值。接着，它在 Logistic 回归模型中"试出"一个自变量系数。MLE 通常是通过使用 x 预测 y 来运行某种版本的最小二乘回归，而获得第一个"试出"系数。它引用这个系数来计算出一个似然值，然后把这个值与简化模型所得的似然值进行比较。然后它以反复的方式运行，用一种复杂的数学运算法则来调整系数，计算出另一个似然值，一个接一个直到它能找到模型预测值和因变量观测值之间的最大适配。

　　MLE 是 Logistic 回归的核心。这个测量技术产生了有助于分析者推断出自变量和因变量之间关系所需的所有的系数估计以及其他有用的统计。让我们回到综合社会调查数据，思考一下表 9-7 所报告的其他有用统计中的某些指标。为便于比较真实世界数据和刚刚讨论过的假设案例，我们把基线模型(不考虑教育变量的估计模型)称为模型 1。模型 2 则指自变量教育被用来预测投票似然度后所得到的一系列结果。注意两个模型的 LL 之间的差别：当教育被用来预测投票，LL 从 -1 627.98 增加到 -1 556.59。这是个显著的改善吗？是的，至少根据表中的"模型比较"一栏中的数字，答案是肯定的。用模型

1 的 LL 减去模型 2 的 LL,结果是−71.39。用−2 乘以这个数字,标记为"Change in −2LL",我们得到一个卡方检验统计量 142.78,这大幅度超过了零假设的范围。因此,与在不知道自变量的情况下预测因变量的能力相比较,知道被访者的教育水平显著地提高了我们预测投票的能力。

关于使用"Change in −2LL"评估 Logistic 回归模型,还有另外两点需要加以说明:第一,可按照这个程序来评估因变量和模型包含的所有的自变量之间关系的统计显著性。因此,如果模型 2 有几个预测投票的变量,如教育、年龄和种族,那么−2LL 的变化会为零假设(即没有一个上述变量与投票显著相关)提供一个卡方检验。第二,−2LL 的变化可用来替代 Wald 检验评估单个自变量的统计显著性,前提是每个变量须以逐步进入回归模型的方式被纳入估计过程。因此,MLE 估计教育的影响,报告一个卡方统计量,然后加入第二个变量,并告诉我们第二个变量是否显著改善了模型的预测能力。事实上,一些方法论学者推荐这个程序来检验各个变量的 Logistic 回归系数。[13]

表 9-7　教育和投票:模型比较和总结

模型数据	模型 1:不包含教育	模型 2:包含教育
对数似然(LL)	−1 627.98	−1 556.59
模型比较		
模型 1LL 减去模型 2LL	−1 627.98−(−1 556.59)=−71.39	
−2×(模型 1LL−模型 2LL) 或"Change in −2LL"	142.78	
变化显著性	0.000	
模型 2 总结		
Cox-Snell R 平方	0.053	
Nagelkerke R 平方	0.075	

资料来源:1998 社会综合调查。

Logistic 回归还会用其他方法来估计似然函数的变化——把它作为导出类似相关的 R 平方类型的测量的基础,其中的两种测量在表 9-7"模型 2 总结"中报告。这些统计基于直观的 PRE 逻辑。模型 1 的 LL 代表在不知自变量情况下的预计误差。模型 1 的 LL 与模型 2 的 LL 之间的差代表因已知自变量而获得的预测的增进。在概念上,我们可把两个模型的差表达为占模型 1LL 的比例:

$$R \text{ 平方} = \frac{\text{模型 1LL} - \text{模型 2LL}}{\text{模型 1LL}}$$

如果模型 2 在预测投票上做得与模型 1 差不多,即两个模型的 LL 相似,那么,R 平方就接近于 0。相反,如果模型 2 的 LL 比模型 1 的 LL 高很多,那么,R 平方就接近于 1。[14] 各种 R 平方测量方法均建立在这个概念框架之上,并努力调整以改进这个框架的不足。Cox-Snell R 平方以样本规模为基础进行调整。但是,Cox-Snell R 平方有些保守,因为它的最大值可以低于 1。Nagelkerke 统计调整了 Cox-Snell 数字,一般产生更高的测量值。但是,这两个测量值以及你可能遇见的其他几个测量给出的强度数据大体都相差无几。[15]

我们该如何解读处于 0.05 到 0.07 这个范围的 R 平方呢? 与最小二乘回归再次不同,MLE 的任务不在于解释因变量的变异。因此,我们不能说,如"教育能够解释大概 5% 的选民投票或不投票的变动"这样的话。但我们知道 R 平方能在 0~1 取值,0 代表非常微弱的关联,1 代表强关联。因此,我们可以说,尽管教育与投票可能性显著相关,但是教育自身并非一个特别强劲的预测工具。从实际的观点看,这并不稀奇。你也许可以想出其他几个变量,它们可能提高 Logistic 回归的预测力。年龄、种族、政治效能及党派之争的强度——所有这几个想到的变量都可作为影响投票的原因。如果运行 OLS,则可确定一个多元回归模型,测量每一个变量对因变量的影响。幸运的是,Logistic 回归也可容纳多个变量。现在我们转向讨论 Logistic 回归使用多个自变量的情况。

使用多个自变量的 Logistic 回归

到现在为止,我们已经学习了不少知识。你现在能理解一个 Logistic 回归系数的意义了。你知道如何用胜算比变化和胜算百分变化率来解释这些系数。你知道如何评估一个 Logistic 回归系数的统计显著性。你还对 MLE 有了基本的理解,你可以体会到 MLE 在提供如"Change in −2LL"和类似 R 平方这样的统计值上扮演的中心角色。但是,到现在为止,我们使用的例子是简化的,只有一个自变量。政治研究人员通常对评估几个自变量对因变量的影响感兴趣。通常我们希望知道通过控制其他可能的构成原因的影响,一个自变量是否会对一个因变量产生影响。在这一节我们将显示,Logistic 回归模型和线性回归模型一样,可延展至容纳多个自变量。我们也将阐明 Logistic 回归模型如何能用于获得并分析二元变量的预测概率。

为了与前面的例子保持连贯,但为了加入一个有趣的东西,我们把一个虚拟自变量引入教育-投票模型:

$$胜算对数(投票) = \hat{a} + \hat{b}_1(教育) + \hat{b}_2(党派)$$

教育,如上文一样,以受教育年数测量,从 0 到 20。党派是一个虚拟变量,测量党派认同的强度:强民主党和强共和党人编码 1,所有其他的人(弱认同者,无党派人士和倾向无党派人士)编码为 0。从经验的观点来看,我们知道有强烈党派意识的人,不论他们属于哪个党派，比起弱党派意识的人都更有可能投票。因此，我们预期党派强度和投票可能性之间正相关。

这个模型中的系数 $\hat{a}$，$\hat{b}_1$ 和 $\hat{b}_2$ 可直接类比于多元线性回归中的系数。系数 $\hat{b}_1$ 将要评估在控制党派强度的影响下，教育每变化 1 年，投票胜算对数的变化。同样的，$\hat{b}_2$ 将要告诉我们，在控制教育影响的情况下，强党派人士的胜算对数的调整幅度。教育和党派两个变量本身彼此相关，为此，Logistic 回归过程将要控制这一点，并估计每个变量对投票胜算对数的部分影响。截距 $\hat{a}$ 将报告当两个自变量的值为 0，即受访人没有学校教育经历（教育＝0）并缺乏强烈的党派认同（党派＝0）时的投票的胜算对数。这里有一点需要强调：上述报告的 Logistic 回归模型是线性累加模型（linear-additive model），在这一点上，它就像普通的多元回归模型一样。教育对投票胜算对数的那部分影响，被设想为在强政党认同和非强党派认同情况下都是一样的，而且党派对投票胜算对数的那部分影响，在每个教育层次都是一样的（这一点的重要性，在我们一会儿回到概率的讨论时就将看到）。

表 9-8　教育、党派强度和投票：Logistic 回归系数和模型总结

胜算对数（投票）	=	截距 $\hat{a}$	+	教育[a] $\hat{b}_1$	+	党派[b] $\hat{b}_2$
系数估值		−2.022		0.194		1.539
标准误差				0.017		0.139
Wald				134.739		123.012
显著性				0.000		0.000
Exp(b)				1.214		4.659
模型总结						
Change in −2LL	292.655					
变化显著性[c]	0.000					
Cox-Snell R 平方	0.109					
Nagelkerke R 平方	0.153					

资料来源：1998 年美国社会综合调查。

注：因变量来自 1996 年总统选举的选民是否投票的报告。$N＝2\,539$。

a　"教育"是接受正规教育的年数。

b　"党派"中，强党派编码为 1，其余为 0。

c　自由度＝2。两个自变量都包含在完整模型中。

表 9-8 报告了使用社会综合调查数据所做分析的结果。把系数值代入这个 Logistic 回归模型，我们发现：

$$胜算对数（投票）＝-2.022 + 0.194（教育）+ 1.539（党派）$$

现在解读这些系数对于你来说已经是轻车熟路了。当控制党派强度时,教育每增加 1 年,投票胜算对数增加 0.194。当把教育的影响纳入考量后,强党派使投票胜算对数增加 1.539。转向表 9-8"Exp(b)"一行报告的胜算比,我们可以看到,教育每增加一个单位,胜算为原来的 1.2 倍。当"党派"从 0 转到 1,胜算比几乎增加了 4.7。换句话说,在控制教育的条件下,强党派者的投票可能性是弱党派者或者无党派人士的 5 倍。用胜算百分比变化来表达这些关系:教育每增加一个单位,投票胜算增加大约 21%,从非强党派认同转为强党派认同将使胜算增加 366%。最后,根据 Wald 统计(以及相伴的 P-值),两个自变量都与投票胜算对数显著相关。

总体上,这个模型的表现如何呢?不是太糟糕。"Change in −2LL"卡方统计(292.655,P-值 = 0.000)说的是在估计程序中加入这两个自变量所形成的模型,相对于基准模型(不知任何自变量的模型)而言,预测能力大大改善了。同时,Cox-Snell 值(0.109)和 Nagelkerke 值(0.153)虽然不那么令人眼前一亮,但却指示教育和党派合在一起,在预测投票上的表现不错,特别是当把这个模型与教育作为唯一自变量的早前分析(见表 9-7)加以对比,我们更可以这么判断。

这些结果加总起来构成了对各种关系相当完整的分析。当然,知道教育和党派强度对投票胜算对数产生的部分影响的规模和显著性,是一件很好的事情;同时,用胜算比和对数百分比变化去表达这些影响,也是一个方便的工作。但是,经常的情况是,研究者希望用具有最直观意义的术语——概率,来理解他们的发现。我们可能会问:"自变量对投票概率的影响是什么?尽管教育和党派认同度明显增加了投票的胜算,但是这些变量在多大程度上影响人们的投票概率呢?"这些问题都非常合理,但也提出了两个挑战:第一,在任何一个 Logistic 回归模型中,包括拥有一个自变量的简单模型,x 和 y 的胜算对数之间存在线性关系,但在 x 和 y 的概率之间则存在非线性关系。正如我们在这一章开头所探讨的,x 对 y 概率的边际效应并非对 x 的所有赋值都一样。因此,如教育增加一年对投票概率的影响将取决于你从哪个教育层次开始算起。第二,在一个多元自变量的 Logistic 回归模型中,如我们讨论过的这个模型,自变量和 y 的胜算对数之间存在线性累加关系,但与 y 的概率之间存在交互关系(interactive relationship)。这就意味着,Logistic 回归会允许党派强度和投票概率之间的关系依据受访者的教育水平而变化。于是,Logistic 回归可能会发现党派强度对较低教育者(不太可能投票)投票概率拥有显著的边际效应,但对于较高教育水平者(投票可能性已经很高)的投票概率则微弱很多。这听起来可能奇怪,但正是这样的挑战定义了 Logistic 回归一些迷人的特征。应用得当,这个工具可使研究者运用概率而不是胜算或者胜算对数进行分析,而且这样做总的来说也能对被研究的种种关系提供实质性的见解。

概率推论

让我们回到刚才估计的 Logistic 回归模型，并弄明白怎样做才能最好地用概率来表现和解读这些关系。当然，对任意组合的自变量，模型都将产生投票的预测（predictive）胜算对数。我们只需代入教育和虚拟变量党派的值，做数学运算，就能得到有关任意组合自变量的投票对数胜算的估计值。如我们之前所见，胜算对数可转换为胜算，而胜算又可转换为概率。这些转换（从胜算对数到胜算，从胜算到概率）构成了两种经常使用的以概率表达复杂关系的方法的基础。第一，研究者可计算并比较在教育和党派强度的若干具诠释性的价值下的投票预测估计概率。利用这些计算结果，研究者可建立一个自变量对投票概率影响的**概率轮廓**（probability profile）。概率轮廓方法非常适用于拥有很少自变量的模型。第二个也可能是更通用的方法是检验每个自变量对投票预测概率的影响，同时使其他自变量的值保持在样本均值上不变。运用**样本均值**（sample averages）法，我们可以显示那些具平均教育水平的人其党派强度的影响，或者那些具平均党派强度的人其教育水平的影响。让我们用社会综合调查数据来考察这两种方法。下面从概率轮廓法开始。

概率轮廓方法

假设我们希望看到教育年限为 8 年、12 年、16 年及 20 年时投票概率会有什么变化。进一步假设，我们想要发现党派强度在上述的教育取值的各个值上是如何影响投票概率的。为了完成这个目的，我们会用模型的估计值来算出自变量第一个组合下——被访者受过 8 年教育（教育 = 8）且为非强党派人士（党派 = 0）——的投票胜算对数，并把这个估值转换为概率。为了算出受过 8 年教育的强政党人士的投票概率，我们会重新计算党派人士（党派 = 1）的胜算对数，并把这个值转化为概率。然后，我们转向教育变量的下一个诠释性值 12 年，并重复这一计算程序。一个完整的概率轮廓包含了有关"教育"的 4 个值和"党派"的 2 个值的每一个组合下的估计概率，需要进行 8 组转换才能形成。这听起来好像需要做很多乏味的数学——确实如此。幸运的是，任何一个合格的数据分析软件都可以为你完成这个任务。[17]但为了知道这是如何实现的，并且为了做一个有趣的实质性对比，让我们一起来计算两个转换。我们将把拥有同等教育水平（8 年），但在党派认同上不一样的人的投票胜算对数转换成投票概率。

为方便起见,这里列出我们之前得到的 Logistic 回归方程式:

$$\text{胜算对数(投票)} = -2.022 + 0.194(\text{教育}) + 1.539(\text{党派})$$

第一个用以诠释的群体是拥有 8 年教育年限的非强党派人士,他们的教育变量的值为 8,党派变量的值为 0。运用 Logistic 回归模型来估计这一组合的投票胜算对数:

$$\text{胜算对数(投票)} = -2.022 + 0.194(8) + 1.539(0)$$
$$= -2.022 + 1.552 + 0 = -0.47$$

因此,投票的估计胜算对数为 -0.47。而这组的投票胜算是多少呢? 通过把胜算对数代入指数函数可重新获得胜算:Exp(-0.47)= 0.625,因而胜算为 0.625。现在让我们回到概率。回忆这个公式:概率=胜算/(1+胜算)。把 0.625 转换成投票胜算,我们得到 0.625/1.625 = 0.385,所以对于教育水平为 8 年的党派意识弱或者无党派人士来说,他们的投票估计概率为 0.385。这个概率明显微弱——这些人投票的可能性只比 1/3 高一点。拥有相同教育水平的强党派人士是什么情况呢? 这些被访者的教育变量的值为 8,党派变量的值为 1。对这组自变量的组合,胜算对数如下:

$$\text{胜算对数(投票)} = -2.022 + 0.194(8) + 1.539(1)$$
$$= -2.022 + 1.552 + 1.539$$
$$= 1.069$$

如果胜算对数为 1.069,那么,胜算为 Exp(1.069)= 2.912。最后,估计概率为:2.912/3.912 = 0.744。这些人投票的可能性几乎达到 3/4。对于处在这个低教育水平的人们而言,党派认同度对投票概率具有巨大的影响。多大呢? 0.744-0.385 = 0.359。因此,对于拥有 8 年教育年限的这群人来说,党派认同强度使得投票概率有了 0.359 的强劲增长。当教育水平增长时,这个影响会发生什么变化呢?

表 9-9 呈现了 8 个教育和党派组别的投票估计概率。首先考察在控制了教育变量的情况下,党派强度对投票估计概率的影响。在最低教育水平,如我们已经见到的,影响是相当大的,达 0.359。在下一个诠释值 12 年上,党派变量的影响还算可观——强党派预计概率(0.863)和弱党派预计概率(0.576)之间有 0.287 的差。但请注意,当移向更高的教育水平时,不论党派认同情况如何,大多数被访者都可能已经投票了。因此,党派变量的边际效应越来越弱。在教育 20 年这个最高水平上,党派认同强度的影响缩小到0.103。当然,我们可以调转分析方向,检验在控制党派变量的情况下教育的影响。如此审视,我们可以看到教育对于那些党派认同不强的人士来说影响更大。在教育层次最低组(0.385)和最高组(0.865)之间,投票概率增加了 0.48。但对强党派人士,教育的影响要温和得多(大约是 0.22)。

表 9-9　教育 4 个值和党派强度 2 个值的预测投票概率

教育	强党派?	预计概率
8 年	否	0.385
	是	0.744
	差值[a]	0.359
12 年	否	0.576
	是	0.863
	差值	0.287
16 年	否	0.747
	是	0.932
	差值	0.185
20 年	否	0.865
	是	0.968
	差值	0.103

资料来源:1998 年美国社会综合调查。

注:教育和党派强度的每个值的个案数 N 如下:8 年(63 否/18 是/81 总个案数),12 年(678/157/835),16 年(321/84/405)和 20 年(48/19/67)。

a　强党派的预计概率减去非强党派的预计概率。

样本平均方法

构建概率轮廓,正如我们已经演示的,能带来丰富、细致的资讯。同时,如果你有 2~3 个自变量,这个方法很好用。但在你自己做分析时,或阅读其他研究者的研究发现时,你很可能会遇到有很多自变量的 Logistic 回归模型。在这种情况下,概率轮廓法就变得有一些杂乱和令人费解。因此,很多研究者运用样本均值法。样本均值法围绕这个问题展开:如果我们保持所有其他自变量的值为样本均值不变,那么,这个特殊的自变量对因变量估计概率的影响是什么? 把这个问题运用到投票例子中,我们可能首先会问:"如果我们保持教育为样本均值不变,党派强度对投票估计概率的影响是多少?"我们也可能问,"如果我们保持党派强度为样本均值不变,教育对投票估计概率的影响是多少?"对这些问题的回答,将帮助我们阐明党派强度和教育对被访者的平均影响。研究者通常会展现当其他变量为样本均值时,因变量的估计概率在一个研究者感兴趣的特定自变量的全部范围上的变动状况。例如,我们希望展示在党派强度为样本均值时,教育变量从最低的编码值(0 年)到最高的编码值(20 年)所产生的全部影响。[18]

　　我们如何操作呢？首先,我们需要两个数字,教育和党派的样本平均值。对一个像教育这样的定距变量,我们得到算术平均数。根据社会综合调查数据,正规教育的平均年数为 13.25 年。对一个虚拟变量,如党派强度,平均值为样本中强党派的比例,即编码 1 在虚拟变量中的比例。在社会综合调查数据中,0.221 的样本属于这个范畴。[19] 为了计算在教育为平均水平时党派强度的影响,我们将引用 Logistic 回归模型的估计值,输入 13.25 作为变量教育的值,然后估计非强党派人士的概率,即党派强度编码为 0 的被访者:

$$胜算对数(投票) = -2.022 + 0.194(13.25) + 1.539(0)$$
$$= -2.022 + 2.571 + 0 = 0.549$$

　　胜算对数等于 0.548,转换成概率为 0.634。因此,对于拥有平均教育水平的非强党派人士来说,他们投票的可能性是 6/10 强。我们接着再做一些计算,这次"党派"从 0 变为 1:

$$胜算对数(投票) = -2.022 + 0.194(13.25) + 1.539(1)$$
$$= -2.022 + 2.571 + 1.539 = 2.088$$

　　2.088 的胜算对数转换成胜算为 8.069,后者又可回转为 0.890 的概率估值,这也就是说,这些受访者的投票可能性接近 10 里有 9。因此,从强党派概率 0.890 中减去非强党派概率 0.634,可计算出在教育保持样本均值状态下,党派强度变量的全部影响:0.890 − 0.634 = 0.256。表 9-10 总结了这些计算,并且也呈现了在党派强度保持样本均值不变时,教育变量从最低值到最高值全域的投票估计概率。如果选择样本均值法,你可用表 9-10 作为展示你自己 Logistic 回归结果的模板。

表 9-10　党派强度和教育对投票估计概率的全面影响

估计概率在	自变量(低值,高值)	
	党派强度(0,1)	教育(0,20)
低值	0.634	0.157
高值	0.890	0.900
全部影响	0.256	0.743

资料来源:1998 年美国社会综合调查。

注:对党派强度,概率在教育为均值(13.25)的情况下计算。对教育,概率在党派强度为均值(0.221)的情况下计算。

总　结

　　一位政治研究者想要解释为何一些人支持而另一些人则反对同性婚姻。她想到了年龄这个原因，于是假设随着年龄的增长，反对的可能性会提高；年纪较长的人比年纪较轻的人更容易反对同性婚姻。这是一个听起来有理并且有趣的想法。检视她的调查数据库，研究员找到一个充当因变量的二元变量（支持同性婚姻的被访者编码为 0，反对者编码为 1）。同时，她找到一个以年数为测量单位的自变量年龄（18 岁到 99 岁）。因此，她拥有了假设、数据和变量。这样又如何呢？哪一个分析工具最适合来解决这个研究问题呢？如果这位研究者不是你，为了检验她的想法，她也许需要把年龄分为 3 到 4 个类别，从她的工具箱里找出交叉表分析，然后对比自变量各个类别内反对者的比例。这样也许是可以的。但如果她决定控制几个其他可能对个人同意或反对同性婚姻产生影响的变量——如教育、性别和党派的话，那该怎么办呢？交叉表分析将变得非常笨重，难以操作。她也许只能将就于一个不完整的关系分析。当然，更重要的一点是，这位研究者回答一个有趣的现实问题的能力，将严重地受到她所使用的工具的限制。

但如果这位研究者是你，现在的你知道一个更好的方法来解决这个问题。搜索你的工具箱，选择 Logistic 回归这个工具，然后估计这个模型：胜算对数（反对）= a+b（年龄）。Logistic 回归系数 b 会告诉你年龄每变化 1 年，反对的胜算对数增加多少。当然，胜算对数并不容易掌握。但通过向你的手持计算器输入 b 值，按下 e^x 键，或者更便捷的是通过检验计算机输出的 Exp(b) 值，你可以找到胜算比，随着年龄增长 1 岁，反对胜算的变化。你可把 Exp(b) 转换为反对胜算的百分变化比。你可通过参照 Wald 统计的 P-值来检验命题为 b=0 的零假设。你可通过检查 −2LL 规模的变化，通过审视与 −2LL 相伴的卡方检验来弄清这个模型的表现如何。几个类似于 R 平方的测量工具，如 Cox-Snell 和 Nagelkerk 使你对年龄和反对同性婚姻似然度之间的关系强度有大致的了解。你可计算并检验少数诠释性年龄组的反对预计概率，从而进一步理解其结果。如果你受到一个怀疑者的挑战，后者认为你应控制教育和性别，你可以通过控制这些变量，以及任何其他可能对你的结果造成影响的变量，来重新分析你的模型。通过把 Logistic 回归加入研究工具箱，你现在可以整装待发去处理任何你感兴趣的研究问题了。

关键术语

二元变量（binary variable）

常用对数（common logarithm）

似然函数（likelihood function）

对数似然（logged likelihood）

胜算对数（logged odds）

对数转换（logit transformation 或缩写为 logits）

最大似然估计（maximum likelihood estimation）

自然对数（natural logarithms）

胜算（odds）

胜算比（odds ratio）

胜算百分变化比率（percentage change in the odds）

概率轮廓（probability profile）

样本均值（sample averages）

练　习[20]

1.比较政治学的学生对民主发展问题颇感兴趣。在哪种情况下国家会更有可能(或不太可能)发展民主形式的政府呢? 一个想法是与财富分配的平等或不平等有关。根据这个推理,当经济资源集中在少数人手中时,那些掌握财富的人会非常偏爱一个不支持人民统治的政治体系。因此,随着经济不平等加重,民主的可能性会降低。这个想法有实证支持吗? 下表是用 Logistic 回归分析政府类型和经济不平等之间关系的结果。二元因变量是民主国家编码为 1,非民主国家编码为 0。自变量经济不平等有 10 个等级,高赋值意味着更加严重的不平等:

胜算对数(民主)	=	截距 a	+	经济不平等 b
系数估计值		3.538		−0.944
标准误				0.249
Wald				14.325
显著性				0.000
Exp(b)				0.389

A.Logistic 回归系数告诉我们,不平等每增长一个单位,民主胜算对数减少 0.944。把你的注意力转到胜算比 Exp(b) 上。这个系数告诉我们,处于某个经济不平等水平的国家成为民主国家的可能性,是经济不平等水平比其低一等级的国家的_____倍。

B.运用 Exp(b) 的值来计算胜算百分变化比。根据你的计算,经济不平等每增加一个单位,民主胜算减少的幅度是多少?

C. 陈述这个关系的零假设。你的推断是什么? 拒绝零假设还是接受?

2.第 2 题是你在题 1 中所检验的想法的延伸。根据一个更宽泛的想法,一个国家任何资源的不平等分配都会降低民主的可能性。资源可以是物质的,如经济财富,但它也可能是象征性的,如赋予语言、宗教或者种族的价值。因此,如果一个国家拥有多种语言或种族群体,而且这些群体都在争夺政治权力的话,那么,这个国家可能难以建立民主,因为各个彼此分离的群体可能寻求一种使其语言或宗教占据统治地位的政府形式。相反,如果一个国家的几乎全体公民共享同一种语言或同属一个种族的话,那么,这个国家可能因免于上面提到的纷争,从而更容易取得民主。这只是一个想法。这个想法有价值吗? 以下是在题 1 你分析的模型中加入一个虚拟变量"同质性"后的 Logistic 回归分析结果。当国家拥有低水平的民族和语言多样性时，变量同质性的取值为 1，非同质性国家取值为 0。

胜算对数		截距		经济不平等		同质性
（民主）	=	a	+	b_1	+	b_2
系数估计		3.033		−0.906		1.033
标准差				0.289		0.525
Wald				9.833		3.881
显著性				0.002		0.049
Exp(b)				0.404		2.811
模型总结						
Change in −2LL	22.307					
变化显著性	0.000					
Cox-Snell R 平方	0.241					
Nagelkerke R 平方	0.322					

A—D 部分展示了根据这些结果给出的解读。对每个部分，（1）陈述解读是否正确，（2）解释为何解读正确或错误。对错误的解读，要保证你在（3）中的回答包括正确的解读。

A.解读 1：如果我们控制国家同质性，经济不平等每增加一个单位，民主可能性减少大约 40%。

B.解读 2：如果我们控制国家的经济不平等水平，同质性国家的民主可能性是非同质性国家的约 2.8 倍。

C.解读 3：与没有包含经济不平等和同质性这两个测量的模型的表现相比，这两个自变量引入使模型的表现获得了统计上的显著改善。

D.解读 4：经济不平等和同质性一同解释了 32% 的民主可能性的变化。

注　释

1.方法论研究者已开发出多种可用来分析二元因变量的工具。其中一个受欢迎的工具是概率分析（probit analysis）。它所根据的假设与 Logistic 回归不尽相同，但却经常产生类似的结果。Logistic 回归也称 logit 分析或 logit 回归，它比概率分析更容易进行计算处理，故是本章的唯一的重点。有关 Logistic 回归和概率回归所属的总的工具家族的一个清晰的讨论,参见 Tim Futing Liao, *Interpretation Probability Models*: *Logit*, *Probit*, *and Other Generalized Linear Models* (Thousand Oaks, Calif.: SAGE Publications, 1994)。

2.把 OLS 用于一个二元因变量时有两个统计上的问题,两个问题都产生于因变量只有两个可能的赋值。OLS 回归假设它的预测误差,即 y 的预测值和 y 的实际值之差,呈正态分布,然而二元变量的预测误差呈二项分布。更严重的是,OLS 同时假设这些误差的同方差性(homoscedasticity),即预测误差对 x 的所有取值都一样。这个假设在二元因变量上是站不住脚的。关于这些问题的一个易于理解的讨论,参见 Fred C. Pampel, *Logistic Regression*: *A Primer* (Thousand Oaks, Calif.: SAGE Publications, 2000),3-10。

3.由于因变量的这一自然对数转换,很多研究者使用术语 Logit 回归或 Logit 分析而不是 Logistic 回归分析。也有研究者对 logit 分析和 Logistic 回归做了区分:前者用来描述自变量并非连续变量而是分类变量的情境,后者用来描述自变量为连续变量或连续和分类变量混合的情境。为避免混淆,我们使用 Logistic 回归来描述所有符合因变量为二元变量胜算的自然对数的情境。

4.Logistic 回归会用 S 形曲线描述一个定距自变量和一个因变量概率之间的关系,但它不一定是表 9-1 中的 S 形图形。例如,Logistic 回归可能得出一个"懒惰的 S"形的测量轨迹,概率以一个缓慢、接近线性图形的速度上升跨越自变量所有的值。或者,这一关系可接近于一个"垂直的 S"图形,概率在自变量高和低的范围内几乎没有变化,但在中段迅速增长。

5.如果 Logistic 回归系数 $\hat{b}$ 等于 0,那么,胜算比 $Exp(\hat{b})$ 就是 $Exp(0)$,即 e^0 等于 1。

6.计算机输出也会报告截距 $\hat{a}$ 的标准差和显著性检验。这将使研究者能够检验截距与 0 有显著性差异的假设。因此,如果我们想要检验没有受过正规教育的个人(自变量为 0)的投票胜算对数等于 0 的零假设,即这个群体的投票胜算等于 1,我们将使用截距标准误。在绝大部分情况下,这一类的检验没有实际意义,故这些统计数据在表 9-3 中被省略。

7.Wald 统计(因统计学家 Abraham Wald 而得名)把回归系数除以其标准误,然后对商进行平方。Wald 的值呈卡方分布,自由度等于 1。

8.Logistic 回归使用的估计程序的目的不在于最小化 y 估计值和 y 观测值之间的离差平方和(the sum of the squared deviation)。因此,对 R 平方的常规解释,因变量变动中有多少百分比能用自变量解释,在因变量为二元变量的情况下不适用。

9.似然函数 $= \prod \{ P_i^{yi} \times (1 - P_i)^{1-yi} \}$。大括号里的表达说的是,对于各个彼此独立的个案而言,把预测概率(P)乘以 y 次方,然后把这个数乘以 1 减预测概率 P 的 $1-y$ 次方。符号 $\prod$ 告诉我们把所有这些独立个案的结果相乘。这个公式实际上并不像它看起来那样可怕。当 y 等于 1 时,公式可简化为($P \times 1$),因为 P 的 y 次方等于 P,$(1-P)$ 的 $1-y$ 次方等于 1。同样的,当 y 等于 0 时,公式可简化为 $1-P$。

10. 基线模型又称降阶模型,因为它是在不使用自变量的情况下来得出预测结果。我们也可非正式地称它为"一无所知模型(know-nothing model)",因为它没有把有关自变量的知识纳入考虑之中。

11. 运用自变量得出预测概率的似然模型称为全模型(full model)或完整模型(complete model)。为了在模型之间做统计比较,有的计算机程序使用了对数似然比(the log of the likelihood ratio),标记为 In(L1/L2)。其中,L1 是模型 1(降阶模型)的似然度,L2 是模型 2(完整模型)的似然度。对似然比取对数等于用模型 1 的对数似然减去模型 2 的对数似然:In(L1/L2) = In(L1) − In(L2)。

12. 自由度等于用于对比的两个模型所包含的自变量数量的差值。在本例中,因为模型 2 有 1 个自变量,模型 1 没有自变量,因此,自由度等于 1。当然,我们可以通过参照卡方检验表这个传统的方式来检验零假设。当自由度为 1 并在 0.05 的水平状态下,卡方关键值为 3.84。因为 Change in −2LL 值等于 3.98,超过了关键值,所以我们可以拒斥零假设。

13. 通常被用来检验 Logistic 回归系数显著性的 Wald 统计多少有一些争议。一些方法论学家认为,如果估计 Logistic 回归系数很大,或者如果使用虚拟自变量,那么,Wald 可能会低估一个自变量的影响,从而使得推论严重偏向 II 类型错误(Type II error)。一些研究人员推荐一个更直接地以似然函数变化为基础的程序。有关 Wald 统计潜在问题的讨论,参见 Scott Menard, *Applied Logistic Regression Analysis*, 2nd ed. (Thousand Oaks, Calif.: SAGE Publications, 2002), 43-48; J. Scott Long, *Regression Models For Categorical and Limited Dependent Variables* (Thousand Oaks, Calif.: SAGE Publications, 1997)。

14. 对数似然可能令人费解。请记得,似然值在 0(模型的预测和数据完全不符)到 1(模型预测和数据完全符合)之间变动。这意味对数似然可以从很大的负值(任何小于 1 的似然值的对数为负)变化到 0(任何等于 1 的似然值的对数等于 0)。因此,如果模型 2 的似然为 1,即这个模型完美地预测了投票状态,那么模型的对数似然为 0。在这个例子中,R 平方的概念公式会给出一个为 1.0 的值。

15. SPSS 中的 Logistic 回归输出中包含了 Cox-Snell R 平方和 Nagelkerke R 平方。另一个受到政治分析研究者欢迎的指标是 Aldrich and Nelson's pseudo R 平方:(Change in −2LL)/(Change in −2LL+N)。其中,N 为样本规模。Menard 提出了另一个测量方法,此法基于 Logistic 回归计算 y 的预测概率和 y 的实际值之间的相关性。再度令人放心的是,我们用综合社会调查数据运算得出的 Aldrich and Nelson 统计值为 0.052,Menard 建议的方法给出的值为 0.051,两个值都接近 Cox-Snell(0.053),并且比 Nagelkerke 稍低一点(0.075)。参见 John H. Adrich and Forrest D. Nelson, *Linear Probability*, *Logit*, *and Probabit Models* (Thousand Oaks, Calif.: SAGE Publications, 1984), 54-58; Menard, *Applied Logistic Regression Analysis*, 24-27。

16. 降阶模型和完整模型的对数似然并未在表 9-8 中显示。只有我们所感兴趣的卡方测验统计,即 Change in −2LL 得到了报告。请注意,因为基线模型不包含自变量,而在完整模型中包含了两个自变量,所以卡方检验在此有两个自由度。

17. 如使用者要求,SPSS 可引用 Logistic 方程(Logistic Equation)来计算并保存数据库中每个个案的因变量预测概率。这些预测值又形成一个新的变量,可被进一步考察和分析。

18. 研究人员已经提议并辩论多种用于呈现和解读预测概率的方法。有关其中的一些方法的讨论,参见 Pampel, *Logistic Regression: A Primer*, 28-30。

19. 认为取值为 0-1 的变量也有均值可言,从均值这个词的常规含义看似乎相当诡异。毕竟被访者的编码不是 0 就是 1。没有被访者的党派强度编码为“0.221”。但是,均值也可以从随机概率的角度加以思考,统计学家称为“期望值(expected values)”。如果你要从综合社会调查数据库中随机选取某个被访者,你选到一个强党派人士的概率是多少呢? 答案是 0.221,此为这个变量的期望值或均值。

20. 练习使用的数据来自:the Shared Global Database (revised Fall 2004), Pippa Norris, John F. Kennedy School of Government, Harvard University, Cambridge, Mass。根据 Norris 的定义,民主国家编码为 1,非民主国家编码为 0。经济不平等用基尼指数测量,并分为 10 级。这个测量值基于世界银行提供的信息,可在 0(最平等)到 10(最不平等)之间波动。变量“同质性”基于 1980 年文化同质性指数(cultural homogeneity index),由 Norris 于 the State Failure Project Phase Ⅲ(国家失败项目第三期)中获取。同质性分数处于或高于中位数的国家编码为 1。同质性分数低于中位数的国家编码为 0。练习 1 的个案数 n 为 102,练习 2 的个案数 n 为 81。

第10章 实证地思考,概率地思考

本书只覆盖了政治分析的基本方法,也就是你理解政治科学或进行分析时所需的基本技能。尽管如此,我们已讨论了相当广泛的主题和方法论问题。前5章涉及政治分析的基础:定义和测量概念、描述变量、提出假设和进行比较、设计研究和控制竞争性解释。在后4章中,我们考察了统计学的作用:进行推理、测量关系强度、执行线性回归分析、解释 Logistic 回归。当你阅读政治科学的研究文章、辩论政治议题或者评估他人的研究程序的细节时,本书传授的基础知识会很好地服务于你。

本书还力求传达出政治分析事业的更大愿景。政治学者试图形成关于这个世界的更多的新知,提供关于政治现象的丰富描述,并精确地测量它们。政治学者也希望解释政治事件及其关系。在实现这些目的的过程中,研究者学会了采用科学的思维方式开展工作,用科学的方法应对描述和分析政治变量的双重挑战。我们鼓励你在进行政治分析时,也采取这种思维方式。有两个建议:一是在描述新事实时,尝试实证地思考。尝试把你将如何测量你所讨论和描述的现象这个过程可视化。在研究思路和想法上向创新开放,但要坚持实证的严谨性。政治科学与其他科学一样,都以经验证据为基础。这里的证据必须以这样的方式来描述和测量,即别人可根据你的操作得到相同的结果。二是在提出和检验解释时要概率地思考。你已经知道政治学者必须依赖概率的一个原因:在大部分政治研究中都需要或必须采用随机样本。另一个原因就是政治科学涉及人类行为与人类事件,因此,它是不精确的科学。让我们简要地阐述一下为什么实证地思考是重要的。我们也看一下政治学者必须概率地思考的原因。

实证地思考

政治科学的首要任务是描述概念,并分析它们之间的关系。但是,潜在的有趣关系往往因模糊的概念化语言而混沌不清。例如,在一个选举和投票课程的课堂上,学生们讨论了选民创设公投(ballot initiatives)这个已在多个州使用的立法工具的选举动力问题。一些引起争议的提案,如拒绝向非法移民提供州福利,或禁止同性婚姻,可以出现在由选民直接决定的公投议题中。在讨论快要结束时,一个学生站起来说:"我发现大多数选民公投提案都是针对特定群体的。大多数公投提案,如果通过的话,都将有损平等。按照平等主义设计的公投提案少之又少。"这是一个有趣的、有想象力的陈述。但它是正确的吗? 如果不阐明概念就无从分辨。

一听到如这个学生所做的一类陈述,你马上就会想起你已经学过的政治分析方法会坚持要求概念性术语,如平等或平均原则,都必须用具体化语言来描述。如何将一个会增加平等的平等主义的公投提案,与一个非平等导向的也即会降低平等的提案区分开来呢? 迫于要求澄清其概念性术语的压力,上述学生着手考虑并获得了一个关于公投提案的平等主义水平的定义性特征。她说,平等主义的程度可以通过公投提案赋予特定群体新的合法权利的水平予以定义。于是,有的提案,如对为商业目的而饲养的动物予以保护的提案,可界定为更加平等主义的。与此相反,像把英语作为州的官方语言的提案则可被归类为较少平等主义的。有了这样的有效测量方法,这位同学才能进一步实证地评估她在课上的主张。使用清晰定义的术语和可重复的发现,这位学生的研究将加深我们对这些直接民主的工具的理解。[1]

唯怀疑之精神方能造就开放之思想,而开放之思想则会滋育政治世界的知识。这意味着政治学者必须不时回顾已发现的关系,并重新思考已建立的解释。追求真理是一个不断的持续过程。思考另一个例子。许多年来,研究美国选举行为的学者都是通过用那些投了票的选民人数除以符合选民的年龄要求的人口(以下简称选举年龄人口)规模的方法,来测量总统选举中的投票率。因此,如果一个人想要描述投票率的趋势,他需要计算每个总统选举年投票人数占选举年龄人口的百分比,然后追溯总统选举的历时变化走向。确实,按照这种方法测量,投票率在 1960 年代达到 20 世纪的高峰后一路不断走低。总统选举的相对低的投票率是被研究最多的美国政治现象之一。有关它的解释因素的研究蔚然成风。有些解释将持续走低的投票率与态度性变量联系起来,如对政党的依附减弱,或者对政府的信任流失。

但是,米切尔·P.麦当劳(Michael P.McDonald)和萨缪尔·波普金(Samuel Popkin)的研究指出,用选举年龄人口作为计算投票率的基数有一个潜在的严重测量问题。[2]他们指出,那些使用选举年龄人口的研究者,一直把多个没有投票资格的大群体,如罪犯和非美国公民,纳入计算中。雪上加霜的是,没有投票权的人的数目一直在增长,如非公民占选举年龄人口的比重从 1966 年的 2%上升到 2006 年的 8.6%。一旦针对这些和其他测量错误做了调整后,麦当劳和波普金(McDonald 和 Popkin)证明,尽管投票率在 1972 年(这一年选举年龄资格放宽至 18 岁)之后下降,但是并不存在一个持续走低的趋势。

这个新的测量策略将如何影响投票率的经验研究? 毫无疑问,在接下来的几年,政治学者将对这个和其他的测量方式展开辩论。他们将提出新的解释,并检验新的假设。

我们可以肯定一件事：我们将扩展关于美国选举参与的知识。建基于严格的方法论和经验事实之上的论证将保证我们做到这一点。

概率地思考

统计在政治研究过程中占据至关重要的中心位置。关于随机误差的讨论已出现在本书的多个主题中——测量、抽样、假设检验和统计显著性。我们已经看到难以控制的偶然因素会影响测量的准确度。在从大且未知的总体中抽取样本时，政治研究者有意识地引入了随机抽样误差这个工具。你已经学会了怎样去评估这个误差的规模。你知道为了解释你的结果该怎么"给偶然一个机会"。你能够识别并采用可接受的标准来拒绝零假设——随机概率的通用代言人。这些是概率地思考的关键技巧。

但是，概率地思考在政治研究中的重要性可以从一种更广泛的意义来看。这种意义所涉及的，与其说是测量误差和随机抽样，倒不如说是科学方法应用于如政治科学这样的社会科学的方法，与应用于如物理学、天文学等物理科学的方法之间的重要差异。为了更好地理解这一差异，请考虑一下政治科学家阿尔蒙德（Gabriel Almond）一再讲述的哲学家卡尔·波普尔（Karl Popper）的著名的"云与钟"的隐喻：

> 波普尔……用云和钟的隐喻来表达在物质系统中确定性与不确定性的常识概念。他让我们设想一个序列，左边为最不常规的、无序的和不可预测的"云"，右边为最常规的、有序的、可预测的"钟"。作为"钟"这一极之确定性系统的最好的例子，波普尔列举了太阳系……作为接近谱系的不确定性的另一极端的例证，他列举了一群小昆虫或苍蝇，其中的每只小虫或苍蝇都随机地扰动着，唯一的例外是当它游离虫群太远时就会向虫群的中心返回。在这一极端的附近，我们可以发现气体云、天气、鱼群、人类社会，以及可能离中心更近一点的人类个体和动物。[3]

物理学家力图解释这一谱系靠近"钟"一端的现象。他们通过收集经验数据，并确定这些数据是否与他们的因果性解释相一致来发展并检验解释。在评估他们的理论时，他们设定了一个确定性的标准。X 必须被发现为决定 Y 的结果的原因因素。政治科学家力图解释政治现象是靠近谱系的"云"一端的行为。政治科学家也提出因果性解释，并收集经验的、可重复操作的事实来检测他们的理论。但是，与所有的人类行为一样，政治行为与物理世界中对象的行为是不同的。人类行为要复杂得多。我们难以肯定地知道政治行为 Y 是由原因 X 所决定的，或者是由我们未知的或无法解释的某些其他因素所决定的。确实，你已经学习到"还有什么？"的问题是政治研究中的控制比较的中心问题。只有通过找出合理的潜在原因并且控制其影响，我们才能对提出的解释具有信心。出于这个理由,政治科学家设置了评估其理论的一套概率标准。政治科学家并不期望他们的理论提供政治行为的决定性预测,但他们的确期待他们的理论做出的预测比单凭机运要好得多。[4] 因此,X 必须被发现为可增加人们选择政治行为(而非选择政治行为 Z)的概率的原因因素。

当你观察世界并提出假设来解释所见所闻时,概率地思考应常伴你左右。考虑最后的一个说明性例证。在 2008 年总统选举中,投大党候选人票的选民中,有 53.4%投票支持民主党,46.6%投票支持共和党。基于这些数值,假定你必须预测任何一个随机选择出来的大党的选民的投票选择,你用抛硬币的方法就可以做得相当不错:正面朝上代表投民主党的票,反面朝上代表投共和党的票。但是,假设你知道每个人的党派身份,知道他们在心理上依附于两党之一的方向和强度。这些知识就可以使你对投票选择的预测比单纯依靠机会要更确定得多。当你在党派归属变量上从一个值转移到另一个值上时,投票给民主党的选民的百分比系统性降低,从强民主党人那里占 95.3%降至强共和党人的3.5%。[5] 因此,党派归属乃是一个有力的预测因素,或许是解释这一特定政治行为的最有力的预测因素。但是,党派归属能为投票选择提供一个决定性解释吗? 不,它不能。毕竟有些强民主党人投票给共和党,一些强共和党人投票给民主党。我们应怎么解释这些投票行为与我们的解释不符的个体? 在政治科学中,无法解释的现象不会导致我们放弃探寻人类行为的决定原因的研究。恰恰相反,"不符合解释的事实"激发我们寻找更好的可能性解释。真理永远存在于那里,等着你去发现。

注　释

1. 这段对话发生在 Richard J. Ellis 的教室讨论中,"The States:Direct Democracy", in *The Elections of 2000*, ed. Michael Nelson (Washington,D. C.:CQ Press,2000),133-159。

2. Michal P.McDonald, Samuel L.Popkin,"The Myth of the Vanishing Voter", *American Political Science Review* 95,no.4(December 2001): 963-974.最近的数据由乔治·梅森大学公共和国际事务系的 McDonald 提供。

3. Gabriel A. Almond, *A Discipline Divided:Schools and Sects in Political Science* (Thousand Oaks,Calif.:SAGE Pubication,1990),33.

4. Charles A. Lave, James G. March, *An introduction to Models in the Social Sciences* (New York:Harper and Row,1975),34.

5. 这些数据来源于 2008 年美国全国选举研究。

译后记

摆在读者面前的这本研究方法教科书,从我首次接触到它,到 2020 年 6 月完成清样校对,已经过去了十多年。我首次学习统计学和社会科学方法论,是在 1990 年代赴美攻读政治学博士期间。2004 年回国到母校南开大学任教后,我于 2006 年夏天赴美办事,并回到读博士的肯特州立大学政治系看望老师。布朗(Steve Brown)教授以 Q 方法享誉世界,在他的办公室里,他送给了我他的 Q 方法专著,同时他说,有出版商给他邮来了一批本科生和研究生用的方法论和统计学教科书,让我随便挑选拿走。当时我挑的书之一就是波洛克三世编写的 The Essentials of Political Analysis(Washington, D. C.: CQ Press, 2003)。从美国回到南开后,我就在周恩来政府管理学院给本科生、研究生开设方法论课程,正缺教学参考书。波洛克三世的这本书将统计学及其在社会科学中的运用讲得深入浅出,成为我开展教学的好帮手。

2015 年前后,我在浙大人文高等研究院做驻访学者时,经南开同事刘骥介绍,认识了重庆大学出版社的林佳木老师,并得知重大出版社购买了这本书的版权,正在找翻译者。我当即不假思索地应承了下来。在翻译的早期阶段,我请我在厦门大学公共事务学院带的研究生一起来做这件事。以下是当时参与翻译的同学的工作任务情况:

马丽,第 2,4,6,8,10 章初译;

尹相飞,第 1,3,5 章初译,初校第 2,4,7,8,10 章;

庄玉乙,第 6 章初译,组织全书初步校对;

赵万里,第 9 章初译;

孙小梅,导言初译,全书译稿初步通读校对;

梁梓然,全书初步通读校对。

本书使用的例证中,许多数据来自美国社会综合调查等数据库。我们把这些数据(SPSS 和 Stata 格式)放在重庆大学出版社的网站上,读者可以扫封底的二维码自行下载,也可以向万卷方法丛书的服务邮箱 wjffsyh@foxmail.com 发邮件索取。

张光,政治学博士

2020 年 6 月 12 日于三亚学院社科楼 401 室